JN076976

資本主義の断末魔

悪政を打ち破る最強投資戦略

植草一秀
Kazuhide Uekusa

ビジネス社

まえがき

日本の衰退が深刻だが一条の光も差し込んでいる。野球の大谷翔平選手や将棋の藤井聡太八冠の活躍は目覚ましい。為政者、財界人、官僚、テレビメディアの劣化が著しく、こちらに目を向けると暗澹たる気持ちに陥る。既存の権力機構にではなく、多様な個の力が発揮される分野で躍動する才能が大輪の花を咲かせている。

それにしても藤井聡太八冠の立ち居振る舞いには驚かされる。前人未到の快挙を成し遂げながら驕り高ぶる気配が皆無である。年齢に関係なく尊崇の念を抱かされる。頂点を極めながら現状に不備があることを忘れぬ謙虚さが、際限のない高みへと同氏を導くことになるのだろう。まさに雲外蒼天の境地を示している。

本書のテーマは以下の3つにまたがっている。激動する現代経済金融動向の解析、世界経済の正体と行く末の展望ならびに政治哲学の考察、そして、悪政を打ち破る最強投資戦略の提示だ。激動する金融市場。その激動のメカニズムを正確に捉えることによって未来を洞察することが可能になる。単なる経済問題ではない。政治、経済、金融、社会、地政学、そして世界を誘導する少数支配勢力の動向。これらすべての事象を欠落なく考察しなければ、正確な近未来予測は不能である。まずは、足下の現実を洞察しなければならない。

他方で、人類はギリシャの古代から政治のあり方についての考察を続けてきた。政治哲学の領域では、いまなおソクラテスもアリストテレスも光を放っている。現実にいかなる悪政がはびころうとも、それとは一線を画して、理想を求める考察を継続することが重要である。人間にとって望ましい社会のあり方、政治のあり方、政府のあり方を考えなければならない。

同時に、現代社会の深層に潜む世界支配の策動にも目を配る必要がある。多くの人は認識しないが、現代社会はごく限られた少数によって支配され、運営されている側面を有している。陰謀と一笑に付すことは自由だが、一笑に付す者が真実を極めているわけではない。世界の成り立ちについての深い考察なくして現世を理解することはできない。

こうした現実認識の上に、私たちは乱世を、悪世を生き延びてゆかねばならない。自己防衛のための金融投資戦略が求められる。悪政を打ち破る最強投資戦略を構築しなければならないのだ。

高貴（第5章参照）高齢者が激増する時代に移行した。高貴高齢者にとって金融投資戦略は極めて重要なものだ。囲碁や将棋、芸術やスポーツに打ち込むことは品格が高いが、金融投資にのめり込むのは品格が低いとの歪(ゆが)んだ見方があるが正しくない。金融投資ほど高度なインテリジェンスを求められる分野は存在しない。金融投資には資金が必要で富裕層とそうでない層とでは投資戦略を構築できる余地に大きな開きがあって公平でないとの声はある。この指摘を全否定するつもりはないが、少額の資金から巨大な利益を生み出す手法が存在しないわけではない。

金融投資の分野でのＭＶＰ、八冠を目指すことには大きな醍醐味(だいごみ)がある。各分野で才能を花開かせる人々がいる。金融投資の分野においてもインテリジェンスを極めて最高位の栄冠を勝ち取ることを目指すことができる。高貴高齢者だけではない。老若男女を問わず、この分野の最高栄誉を勝ち取ることを目指すことは絶賛されこそすれ非難されるものではない。

金融投資の成績の判定は公明正大だ。現実の投資結果として冷厳なる数値が眼前に示される。事実の前にあらゆるプレーヤーは謙虚でなければならない。しかし、客観公正な最優良の結果が提示されるなら、その果実を堂々と受領することができる。金融投資を後ろ向きに捉えずに、才能の開花、夢の実現として厳粛に受け止めることが重要だ。ぜひ、金融投資の分野での世界チャンピオン獲得を目指していただきたく思う。

前書で2023年の日経平均株価急騰を予測した。2024年は日経平均株価がついに35年ぶりの史上最高値突破を窺う展開を想定する。〝雲外蒼天相場〟が期待される2024年は投資チャンピオンにチャレンジする良好な環境に恵まれる可能性が高い。

3つのカテゴリーにまたがって記述した。全体を通読していただいても、関心のある領域のみをご高読賜ってもありがたく思う。現世を見つめるとため息が出ることばかりだが、その気持ちで貴重な人生をすごしていては浮かばれない。理想を追求しつつ、知恵と技術と洞察で乱世を楽しく乗り越えていただきたく思う。本書の記述を読者のみなさまの日々の暮らしにおける何かしらの糧としていただければこれに勝る喜びはない。

本書ご高読に心からの感謝の念を申し添えて巻頭の言としたい。

2023年11月

植草　一秀

第1章 2023年千載一遇の総括

第2章 米国一極支配の終焉

第3章 けもの道に迷い込む日銀

第4章 衰退日本と混迷世界

第5章 生き残るための金融投資戦略

第1章

2023年千載一遇の総括

寒風吹きすさぶ暗闇のなかにこそ潜むチャンス

2023年の年次版TRIレポート（金利・為替・株価特報）を『千載一遇の金融大波乱』として2022年末に刊行した。

このタイトルには2つの意味を込めた。ひとつは、金融波乱が発生するという予測。いまひとつは、その金融波乱のなかに株価急騰の大きなチャンスが潜んでいるということ。

2023年年初に金融専門家が示した経済、金融見通しは弱気一色だった。米国で金融引き締め政策が進行するなか、急激な金利上昇が進展していた。他方、インフレの収束は見通しが立たない状況であった。

2020年2月に始動したコロナパンデミック騒動はなお持続していた。さらに22年2月24日に本格化したウクライナにおける戦乱が長引いていた。

米国金融引き締め、コロナパンデミック、そしてウクライナ戦乱という3つの重大な問題が世界を覆い尽くしていたのである。

インフレが進行するなかで景気後退が発生する。インフレと景気後退の〝同時進行〟をスタグフレーションと呼ぶ。2023年はスタグフレーションの年であり、したがって世界的な株価暴落を回避することができない。この見通しが、金融市場の圧倒的多数の見解であった。

筆者は『千載一遇の金融大波乱』のまえがきにおいて、次のように記した。

「暗雲垂れ込めるなかで２０２３年を迎えることになりましたが、ピンチのなかにこそチャンスが広がっています。夜明け前が一番寒いのです。寒風吹きすさぶ近年の日本にとって、この環境下で生存を果たしていくには、自己防衛と果敢なチャレンジが必要不可欠です。金融大波乱と混迷の経済のなかに、千金に値する大チャンスが潜んでいるのです」

筆者は２０２３年の金融波乱を予測した。しかし、その金融波乱が金融システム不安に発展することはなく、とりわけ日本株価は長期の調整局面を抜け出し、同年に急騰を演じるとの見通しを示した。

筆者が年次版ＴＲＩレポート表紙に数値を明記して株価急騰を予測したのは、２０１３年、18年に次いで23年が３度目である。「日経平均株価３万６０００円突破も」と表記したが、純粋な予測数値に小幅のプレミアムを上乗せして、「も」の語尾を付したもの。３万５０００円台への日経平均株価急騰を想定した。

日経平均株価は２０２３年６月19日に３万３７７２円に到達した。３万４０００円を目前にする水準にまで短期急騰したのだ。

日経平均株価

年初の株価安値が2万5661円。1月4日の大発会に記録した株価である。6月19日の日経平均高値が3万3772円。5ヵ月半で8111円、31・6％の暴騰を演じた。

寒風吹きすさぶ暗闇のなかにこそ、チャンスが潜んでいる。

2023年の日経平均株価急騰において大きなリターンを獲得した投資家は、この年前半の株価急騰局面を的確に捕獲できた投資家である。その後は日経平均株価がボックス相場、踊り場に移行した。

10月以降、米国政治情勢の不安定化、米国長期金利上昇、さらに中東情勢緊迫化によって再び不安心理が広がった。しかしながら重要な点は、数年に一度のタイミングで発生する株価急騰の局面をいかに捕捉するかである。

経済混迷の時代、多くの国民が生活苦にあえいでいる。この生活苦のなかで、置かれた境遇には大きな差異が存在するものの、その境遇とは無関係に唯一、知恵と情報と戦術力によって大きなリターンを獲得できる機会を提供しているのが金融市場である。

金融市場における投資は、一種の知的ゲームであるともいえる。本書が示すように資本主義経済は限界を迎え、末路に向かっている。新しい経済システム、経済のパラダイムを構築すべき時期に至っている。

しかしながら、その是非を脇に置き、私たちが混迷する経済情勢のなかで生存を果たしていくためには、自分の力で苦境を切り開くことが必要である。その苦境を切り開くひとつのツールとして存在するのが金融投資である。

金融市場・ひいては経済社会のあり方を根底から刷新する必要性を認識し、その実現のために力を注ぎつつ、これと並行して現実の生存への努力邁進（まいしん）の一手法として、金融市場への積極的な関与による収益機会が存在するのなら、それを活かすことを放棄するべきではない。

重要転換点だった2022年10月

2022年12月12日号のTRIレポートに、金融市場の潮流転換の予測を記述した。

同年は米国金融引き締めが本格的に動いた年である。この年の2月24日にウクライナ戦乱が一気に拡大した。コロナパンデミックは、年を通じて残存し続けた。世界経済に対する〝悲観論〟が日増しに強まった局面である。

そのなかで発行した12月12日号TRIレポート表紙ページならびに本文の一部を、抜粋して掲載した。急激な変化を示していた米国の金融引き締め政策が、2022年10月に重要な変化を示した。レポートには引き締めピークアウトの観測と記述した。

本文には、同年10月が中期転換点になる可能性があるとの見立てを提示し、相場全体の流れ＝潮流が転換する可能性が高いことを指摘した。

パウエルFRBの積極的な金融引き締め政策発動で金融市場のインフレ観測、インフレ圧力に変化が観測され始めている点を強調した。

重要な着目点は米国長期金利の変動である。米国長期金利が、いったんはピークアウト

短期・中期循環変動見定めて今後の安値捉える　禁複写
金利・為替・株価特報（2022年12月12日号）410

スリーネーションリサーチ代表
植草一秀

〈目次〉

1. 【概観】2023年チャンスの捉え方
2. 【米金融政策】楽観論抑止に配慮
3. 【金利】引締めピークアウトの観測
4. 【株価】株価弱気論の台頭
5. 【政局】日米政治の今後
6. 【為替・ロシア】後から確認される潮流転換
7. 【中国・資源価格】習近平体制の柔軟性
8. 【投資手法】短期・中期・長期の峻別
9. 【投資戦略】今後の安値にチャンス

第4節、第6節に記述するように、2022年10月が中期転換点になったとの見立ても提示し得る。2023年に揺り戻しが発生する可能性はあるが、目先は相場全体の流れが潮流転換しつつある可能性を念頭に置いておきたい。

他方、パウエルFRBの積極的な金融引締め政策発動でインフレ圧力に変化が観測され始めている。この変化を反映しているのが米国長期金利動向。長期金利ピークアウトの可能性が生じている。これが金融市場潮流転換の根幹だ。

13頁チャートの日経平均株価推移を見ると日経平均株価は25000円から30000円のボックス内変動を続けているが、金融市場潮流が10月に転換点を形成する場合には、上下波動を形成しつつ上値を突破する方向に株価変動が生じる可能性も浮上する。日本株価のPER（株価収益率）は今期予想利益基準で13倍。利回りで7.7%。割安な株式に資金が流入する可能性は十分に考えられる。「人の行く裏に道あり花の山」格言を念頭におくべきだ。

ドイツの株価も9月末に転換点を形成した可能性がある。米国インフレ問題が峠を超える可能性が浮上し、世界の金融市場が潮流転換の兆しを示している。

当然のことながら、まだまだ紆余曲折が残存すると思われる。しかし、後になってみて、2022年10月が重要転換点だったと確認される可能性があることを強調しておきたい。

する可能性が生じている。これが金融市場潮流転換をもたらす金融変動の〝根幹〟だった。「２０２３年に揺り戻しが発生する可能性はあるが、目先は相場全体の流れが潮流転換しつつある可能性を念頭に置いておきたい」と記述した。実際、１年後の２０２３年10月に米国長期金利は再上昇して５％台に乗せた。結果として同年に揺り戻しが発生することになったが、２０２２年10月に中期波動としての転換点が形成されたことは事実である。

　金融市場潮流が10月に転換点を形成する場合、上下波動を形成しつつ、上値を突破する方向に株価変動が生じる可能性が浮上する。「人のゆく裏に道あり花の山」の格言を念頭に置くべき局面であると判定し、その予測をレポートに記述した。

　ドイツの株価も９月末に転換点を形成した可能性があると指摘。米国のインフレ問題が峠を超える可能性が浮上し、世界の金融市場が潮流転換の兆しを示しているとの判断を示した。レポートにも明記したように、当然のことながら、まだまだ紆余曲折は残存すると考えられた。しかし、後になってみて、２０２２年10月が重要転換点だったと確認される可能性があるとの洞察を明記したのである。

　現実に、米国長期金利、すなわち米国10年国債利回りは、２０２２年10月に４・３３８％の当面のピークを記録した。その後23年10月に至るまでは、この水準がピークであり続けた。

米国10年国債利回り

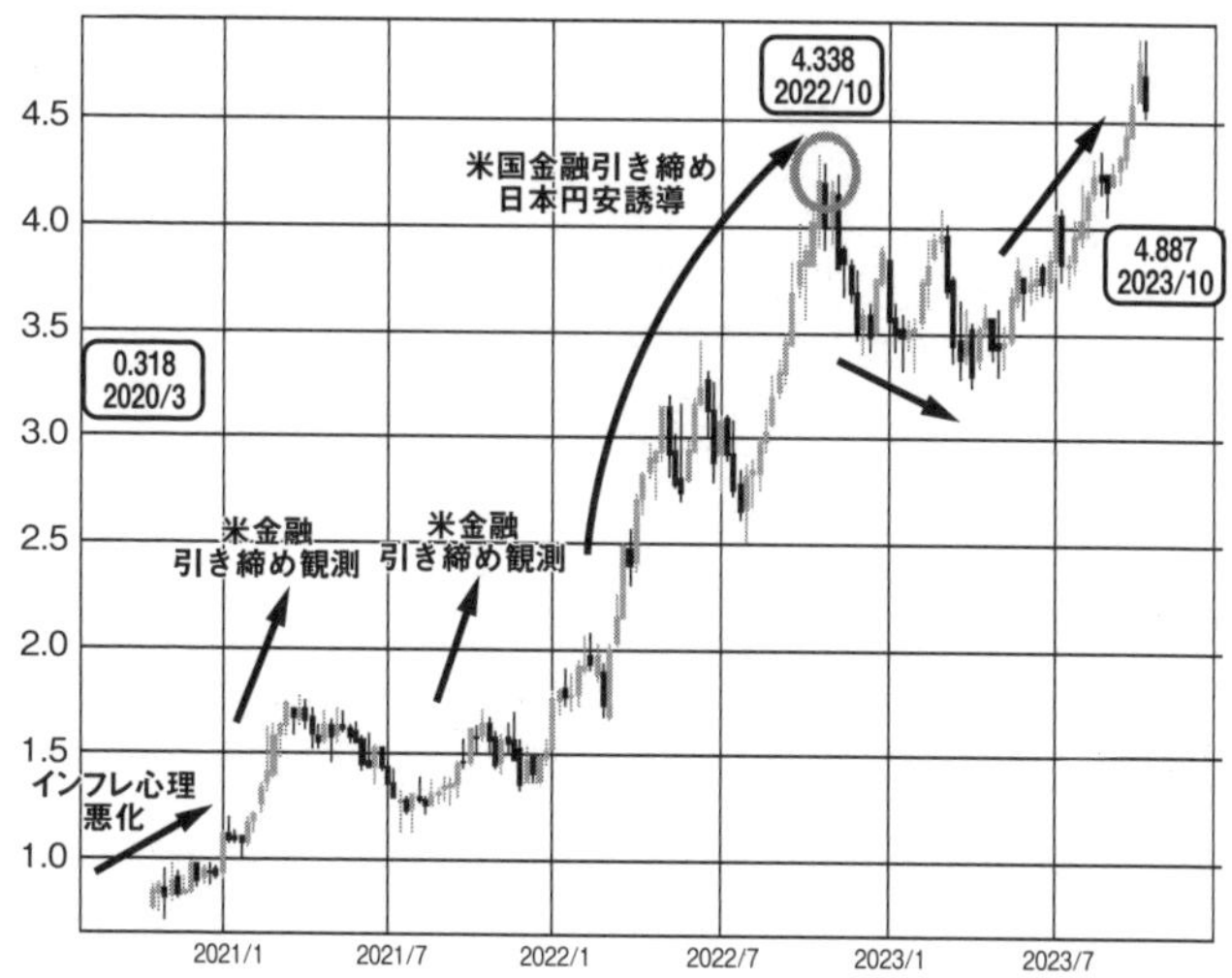

ドル円（¥／$)

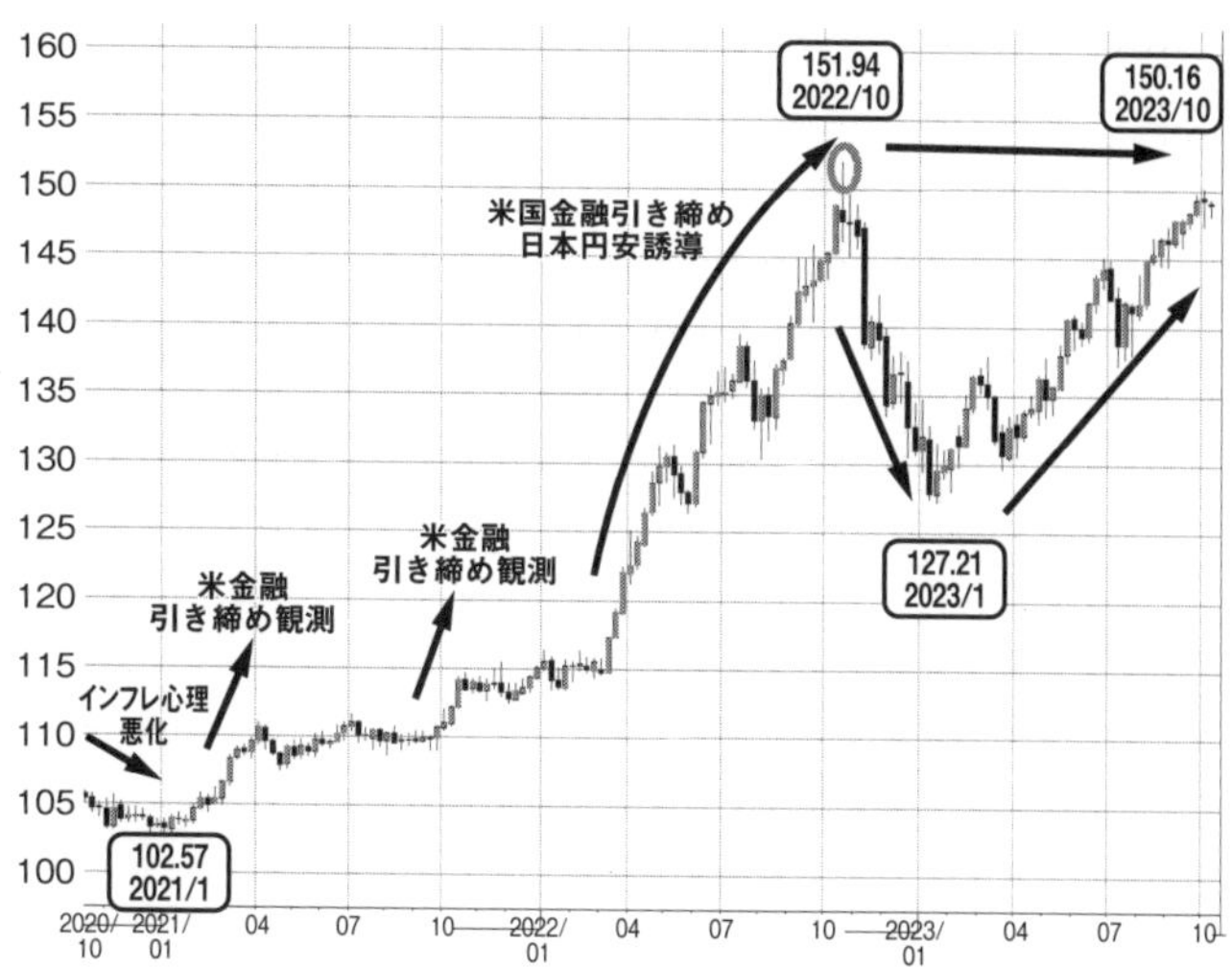

米国長期金利と〝連動〟しているのがドル円レートである。米国長期金利上昇がドル高を、米国長期金利低下がドル安＝円高をもたらす。ドル円レートは、2022年10月に151円94銭の円最安値を記録した。しかし その後、同年同月を転換点にドル円もいったんは円高方向に振れた。米国長期金利は4・338％の水準を約1年間更新することがなかった。

恐慌突入を回避したトランプ、パウエルの行動力

ここからは株価の変動をレビューしてみる。ニューヨークダウのチャートをご覧いただきたい。ニューヨークダウは2020年2月に2万9568ドルの高値をつけた。3万ドルにあと一歩という水準まで上昇した。当時における史上最高値である。

2020年は米国大統領選挙の年だった。同じ年に仮にコロナパンデミックが発生していなければ、トランプ大統領は再選を果たしたと考えられる。しかし、そのトランプ再選を阻止する意図が働いたかのように2月からコロナパンデミックが世界を震撼させた。

ニューヨークダウは2万9568ドルからわずか1ヵ月で1万8213ドルに暴落した。株価下落率は38・3％に及んだ。世界経済は2020年に奈落の底に転落する恐れが

NYダウ

あった。

しかし、ニューヨークダウは奇跡の大暴騰に転じたのである。2020年3月、1万8213ドルに暴落したニューヨークダウが、それから1年足らずの間に大暴騰を演じる。

2022年1月にニューヨークダウは3万6952ドルの高値をつけた。株価下落幅の165％の上昇が生じた。これは米国だけの現象ではない。欧州、日本を含め全世界の株価が、コロナパンデミックの暴落から一転して反動高、大暴騰を演じたのである。

世界経済が金融恐慌に突入せずに済んだ最大の要因は、米国の経済政策対応であった。2020年3月、米国のトランプ大統領がわずか1週間で2兆ドルの景気対策を決定し、議会を通過させた。足並みを揃えて行動したのは、米国ＦＲＢのパウエル議長である。

当時1・75％の水準にあったＦＦレートを一気にゼロ金利水準に誘導した。結果が生じてしまうと、その行動が存在することが当たり前に見えるが、打ち出される前の段階において施策の提示は想像を絶するものだった。

トランプ、パウエルのコンビが想像を絶する施策をわずか半月の間に判断、決定、実行に移したのである。その結果として、コロナパンデミックによる株価暴落は見事に遮断され、逆に世界的な株価大暴騰、これに連動する経済のＶ字回復が演出された。

しかし薬の効果が激烈である場合、その副作用も激烈である場合が多い。

問題は２０２２年に顕在化した。世界を覆ったのがインフレの嵐だった。さらに2月24日にウクライナ戦乱が急激に拡大した。

かくして２０２２年は試練の年になった。暴騰した株価は年初を境に下落に転じた。世界をインフレの嵐が覆い、これに呼応する形で、ＦＲＢが政策を根本的に修正。歴史的にも類例を見ないスピードでの金利引き上げ政策を実行していった。

そのインフレの嵐が心理悪化スピードにおいてピークを通過したと筆者が判断したのが、

２０２２年10月である。その判断を示すエコノミストは他に存在しなかった。

「桐一葉（きりひとは）落ちて天下の秋を知る」という言葉がある。桐一葉が宙をひらひらと舞い落ちてきたのを観察し、秋の到来を洞察するという洞察力を指す言葉だ。同年10月の金融変動から「桐一葉」の変化を読み取ったものと言える。

為替は円高方向に回帰し、株価は反発に転じた。それまでの間、日本株価は２０２１年初から22年にかけて長期のボックス相場、低迷相場を続けていた。この延長線上で23年の年初を迎え、多くの金融市場専門家が景気大幅後退、株価暴落継続を予測したのである。

これに対して筆者は、この暗闇が夜明け前の暗さであるとの判断を示し、日経平均株価急騰の予測を示した。

現実に日経平均株価は、２０２３年１月４日の安値から６月19日の高値まで５ヵ月半で８１１１円、31・６％の大暴騰を演じることになった。

しかし、禍福はあざなえる縄のごとし。人間万事塞翁（さいおう）が馬ともいう。事態は刻々と変化する。23年秋以降に、新たなリスクが広がった。

S&P500

NASDAQ

DAX30

香港ハンセン指数

コロナ対策の副作用として顕在化したインフレ

２０２２年、インフレの嵐と並行して発生したのが、２月24日以降のウクライナ戦乱拡大である。一般的に「ロシアによるウクライナ軍事侵攻」と西側メディアが報じているが、ロシア側の表記は、「ウクライナにおける特別軍事作戦の展開」である。

ウクライナ問題について、圧倒的多数の日本国民が真実を知らされていない。米国が支配するメディアが提供する〝一方的〟な主張と解説だけが耳と心に刷り込まれている。

戦乱は1年半経過したいまなお終息していない。この戦乱がどのような終末を迎えるのかが、２０２４年を展望するひとつの大きな要素になる。この問題は、２０２４年米国大統領選挙と直結する重要論点である。

既述の通り、２０２０年のコロナパンデミック株価大暴落に対し、米国のトランプ大統領、パウエルＦＲＢ議長が猛烈果敢な政策対応を示した。パンデミックを創作した勢力は、トランプ大統領の存在そのものを吹き飛ばすことを〝想定〟していたと考えられる。

しかしながら、その思惑は一蹴（いっしゅう）された。トランプ大統領は〝動物的感覚〟によって臨機

米国FFレート（直近50年）

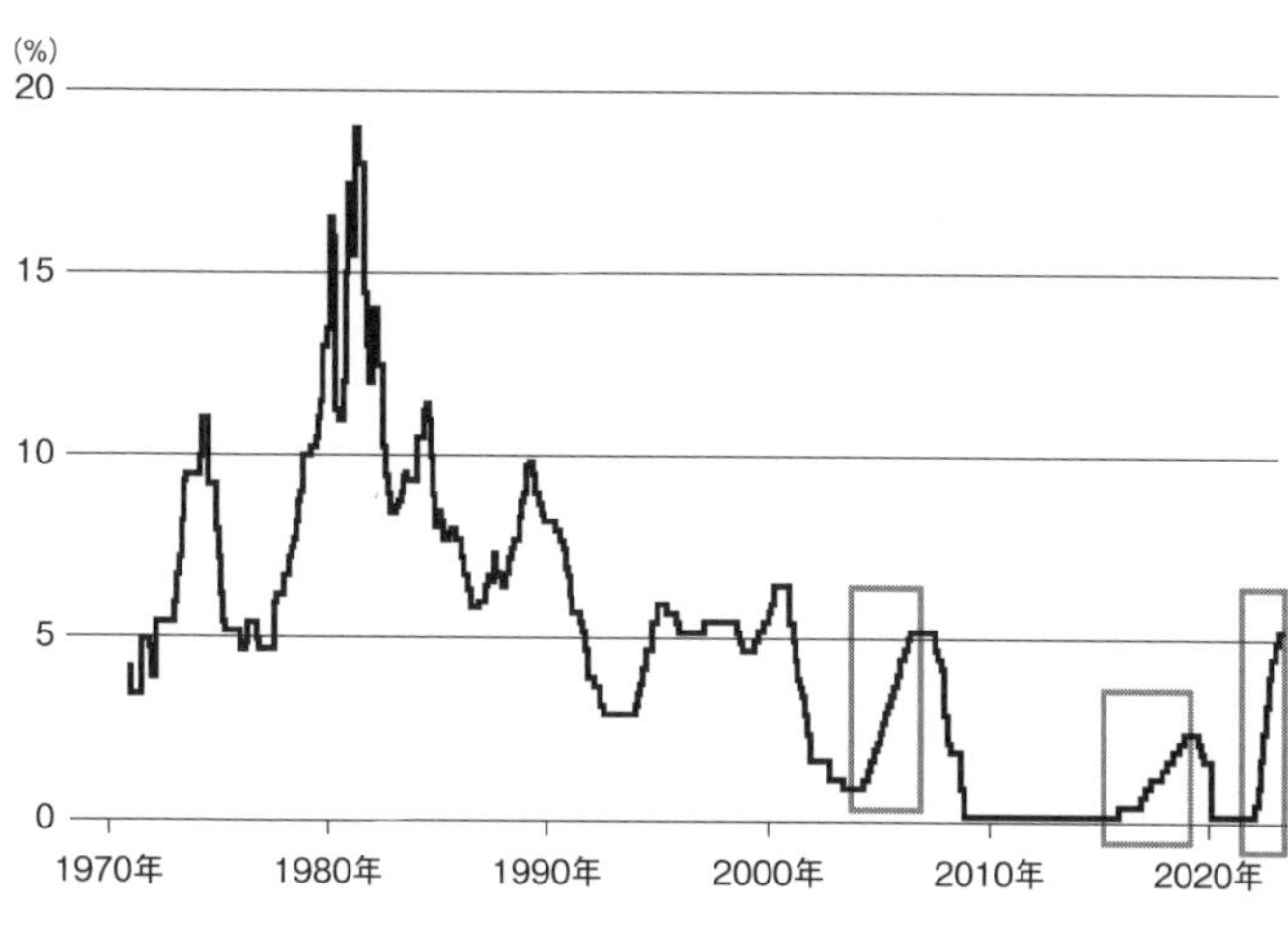

応変、猛烈果敢な行動を示した。

先にも触れたが、トランプ大統領と足並みを揃えて勇猛果敢な政策運営を実行したのがパウエルＦＲＢ議長だった。同年3月に大規模な財政・金融政策を全面始動させ、コロナパンデミックに伴う景気の急激な落ち込みと株価暴落を一蹴してしまったのである。

しかしながら、その副作用として顕在化したのが２０２２年のインフレ問題であった。インフレ圧力が強まり、ＦＲＢは22年に歴史的にも類例を見ないスピードで短期金利を引き上げた。

ＦＦレートの過去50年間の推移を見てほしい。２０００年代以降、ＦＦレートが本格的に引き上げられたのは今回が3回目。１回目の２００４年から２００７年にかけてのＦＦ

レート大幅引き上げは、米国における史上空前の不動産ブームに対する取り組みだった。

この強力金融引き締めに連動して米国の不動産市況が急騰から急落に転じた。連動して生じたのが不動産融資の焦げ付きだった。資金返済能力の低い個人に対しても積極的な不動産融資が提供された。

信用力が低いために〝高め〟に設定された金利のサブプライムローンと呼ばれる住宅貸し付けだ。サブプライムローンを原資産として、金融工学を駆使した派生金融商品＝デリバティブズが大量組成された。そのデリバティブズ組成想定元本は600兆ドルに達したと見られている。1ドル100円で換算しても6京円というとてつもない規模に膨張した。

不動産価格下落はサブプライムローンの焦げ付きを発生させ、同時にデリバティブズの価値棄損が表面化した。これに連動して生じたのが2007年から2009年のサブプライム金融危機である。象徴的には、米国を代表する投資銀行のひとつであるリーマンブラザーズが破綻した。

金融大波乱に対峙した歴代FRB議長

この金融波乱収束の責務を負ったのが、当時のバーナンキFRB議長だった。彼は19

２０年代から30年代にかけての米国発世界大恐慌の研究者として知られる人物である。

大恐慌研究の研究成果を活用し、サブプライム金融危機に対してバーナンキＦＲＢ議長は無制限、無尽蔵の信用供与を行った。その結果として、サブプライム金融危機は世界恐慌への連鎖を遮断され、経済、金融の事態改善がもたらされた。

バーナンキが実行した非常事態対応の金融政策運営が長期間続いたが、ようやく２０１３年5月に、政策〝軌道修正〟が示唆された。政策転換を示唆したバーナンキ発言が金融市場を大きく動揺させた。これが「バーナンキショック」と呼ばれる金融変動である。

バーナンキを引き継いだＦＲＢ議長のジャネット・イエレン女史は、それから2年半以上も経過した２０１５年末にそろりと金融引き締めに着手した。

２０１８年にイエレンからバトンを引き継いだパウエルＦＲＢ議長は、同年に4度の利上げを断行、２０００年代に入って二度目の大幅金利引き上げ局面を創出した。

ところが２０１９年入り後に政策路線が軌道修正され、ＦＦレート引き下げが断行された。その利下げ局面でコロナパンデミックが勃発し、パウエルＦＲＢは直ちにＦＲＢ金融政策をゼロ金利政策に回帰させた。

そのゼロ金利政策断行を含むトランプ・パウエルコンビによる政策総動員によって、事態は劇的転換を示すことになった。景気急回復と株価大暴騰が生じ、その延長線上の２０

WTI（$／バレル）

２２年２月にウクライナ戦乱の本格拡大が表面化した。この戦乱と連動するように観測されたのが、原油価格の暴騰だった。

２０２２年３月にＷＴＩ原油価格は１バレル＝１３０ドルの高値をつけた。原油価格の急騰もインフレ昂進の大きな要因になった。かくして米国で最大の脅威として猛威を振るうことになったのが、インフレ顕在化である。

デフレなる言葉が用いられるようになって長い年月が経過した。デフレからの脱却が叫ばれ続けてきたが、事態は一転し本格インフレの時代に突入した。米国でも欧州でもインフレ率が２桁に迫る、あるいは２桁に達するという大変動が生じた。

これに連動してFRBは明確な金融引き締め政策を採用。FFレートは2023年に5%水準を突破する事態急変が発生した。このような激しい金融引き締め政策が実行される場合、金融市場には必ず大きな〝波乱〟が発生する。

既述したように米国10年国債利回りは2022年10月に4・3%台にまで急上昇した。パンデミックが表面化した20年3月に0・3%にまで低下していた米国長期金利が4・3%台に急騰したのである。4%ポイントの金利上昇が激烈な影響をもたらした。

長期金利の上昇とは、すなわち債券価格の下落のこと。国債等の債券は金融市場で取り引きされ、需給によって価格が変動する。債券価格から数値計算されるのが債券の利回りである。

債券価格暴落のことを長期金利急上昇と呼ぶ。長期金利が4%ポイントの幅で急上昇することは、債券価格の大暴落を意味する。債券保有者の中心は金融機関である。長期金利が急上昇する場合、債券を保有する機関投資家、金融機関に巨額の損失が発生する。この巨額損失によって、金融機関の破綻が生じる。

2023年年初、金融破綻問題が一気に広がった。シリコンバレーバンク、そして欧州

における クレディスイスの実質破綻、さらに米国銀行の多数が格付け機関から格付けを引き下げられるという事態に直面した。

2023年版のTRIレポート『千載一遇の金融大波乱』において、筆者が金融波乱の言葉を用いたのは、こうした状況発生を想定したためである。

植草一秀流　予測の流儀

ウクライナ戦乱が本格化したのは2022年2月24日。その直前にあたる2022年2月14日号のTRIレポートに、筆者は1枚のチャートを掲載した。日経平均株価10年推移のチャートである。

このチャートの3ヵ所を丸で囲んだ。2015年から16年の日経平均株価変動、2018年から19年の変動、そして2021年から22年の変動である。

2022年年初、筆者は同年の株価変動がボックス相場になるとの予測を示した。そしてこのグラフのなかに、3つの株価ボックス相場の間をつなぐ局面に「3本の矢」を記した。

2012年から15年にかけての株価急騰、16年後半から18年にかけての株価急騰、そし

日経平均株価（2012年2月～2022年2月）

て20年3月から21年にかけての株価急騰である。

筆者が２０２２年2月14日号のレポートでこのグラフを掲載したのは、同年いっぱい日本株価の低迷、ボックス相場が継続すると予測したからだ。

グラフが示しているのは、２０１５年から16年の２年間の株価膠着状態、18年からと19年の２年間の株価膠着状態であり、これらと類似した同様の株価膠着状態が21年初から22年末まで持続するとの見通しを示したのである。

その筆者が２０２３年初に一転して株価急騰の予測を示した。

金融市場変動を予測する著作において、

常に強気の見通しばかりを提示する著者が存在する一方、常に恐慌到来や金融市場大混乱の到来を予測する著者が存在する。それぞれが独自のスタイルを保持していると言えるが、筆者のスタイルはどちらにも属さない。

筆者は常に、現実に発生する事象を正確に予測することを目指して行動している。株価低迷を予測する局面では株価低迷の予測をありのままに提示する。株価急騰のチャンス到来を予測すれば、その通りに株価急騰チャンス到来との予測を示す。これが筆者のスタイルである。奇をてらわずに、現実の経済金融変動をできるだけ正確に予測し、その予測を提示することを心がけている。

重要なのは実績で、本シリーズ第1作から提示してきた予測のパフォーマンスを検証していただければ、圧倒的に優れた〝戦果〟を残していることを確認していただけると思っている。現実の的確な予測を提示することが本シリーズの強みであると理解している。

しかしながら、事態は刻々と変化する。いくつかの問題が浮上している。第一は、米国インフレと米国金融引き締め問題。インフレ鎮静化には時間がかかり、利上げ終結の確認に時間を要することが明らかになったこと。米国追加利上げの可能性がなお残存してきた。

第二は中東情勢の急変だ。2023年10月7日、イスラエル南部地区に位置するレイムで開かれていた音楽祭がパレスチナ・ガザ地区からイスラエルに侵攻したハマス戦闘員によって攻撃を受けた。全貌は不明ながら２５０人以上の遺体が収容された。これに対してイスラエルがハマス攻撃方針を宣言。中東の地における第五次中東戦争への発展が警戒される状況が生じている。

第三の問題は日本銀行の政策修正。日本においてもインフレが看過できない水準にまで悪化している。ところが、日銀がインフレ抑止ではなくインフレ推進の旗を振っている。早晩、抜本修正に追い込まれることは間違いないと考えられるが、政策修正を宣言する時点でどのような金融混乱が生じることになるのかに警戒が払われる必要がある。

投資パフォーマンスを決定的に左右する中短期株価変動予測

コロナパンデミックが表面化し、一気に拡大したのが２０２０年2月だった。世界株価は同年2月から3月にかけての1ヵ月間に大暴落を演じた。ニューヨークダウが38・3％下落を演じたことを既述した。ドイツのＤＡＸ30は40・2％暴落した。さらにＳ＆Ｐ５００35・4％、ナスダック32・6％、東証マザーズ指数が42・8％の下落を記録した。世界で株価暴落が連動したのである。

その暴落の直前、1月27日発行のＴＲＩレポート表紙に、筆者は「株価循環視点からの内外株価下落圧力警戒」という見出しを掲載した。内外株価が〝急落〟する可能性が高いとの見通しを提示したものである。

レポート第1節に次のように記述した。

「チャート分析上、日米株価に下落警戒シグナルが灯っている。買われすぎ、売られすぎを判定する際に有用なＲＳＩ変動を観測すると、内外株価に買われすぎのシグナルが表示されていることがわかる。ニューヨークダウは史上最高値を更新し続けており、3万ドルの大台まで627ドルの地点まで到達した。このタイミングでコロナウイルスによる感染症肺炎の伝染拡大が報じられている」

折しもコロナパンデミックが一気に拡大する直前のレポートであった。現実に同年1月から3月にかけて、内外株価は3割から4割の大暴落を演じたのである。

金融投資において高いリターンを確保するためには、〝中短期〟の金融市場変動方向の的確な予測が最重要になる。これを「潮流」判断と呼んでいるが、「潮流」を正確に捉えることが最重要になる。「潮流」判断とは要約すれば「上げ潮」なのか、「下げ潮」なのかの「潮の流れ」を見極めることである。この中短期株価変動方向の予測＝潮流判断をいかに的確に捕捉するのかが投資パフォーマンスを決定的に左右することになる。

日経平均株価

マザーズ（東証グロース250）指数

株価循環視点からの内外株価下落圧力警戒　　禁複写
金利・為替・株価特報（2020年1月27日）341

スリーネーションリサーチ代表
植草一秀

〈目次〉

1.【概観】株価支援材料出尽くしの影響

チャート分析上、日米株価に下落警戒シグナルが灯っている。買われ過ぎ、売られ過ぎを判定する際に有用なRSI変動を観測すると、内外株価に買われ過ぎのシグナルが表示されていることが分かる。NYダウは史上最高値を更新し続けており、3万ドルの大台まで627ドルの地点にまで到達した。

今回は株価下落可能性が高まる局面で、年初のイランと米国の衝突、コロナウィルス拡大という事象が重なっている。日経平均株価については三尊天井を形成する可能性を指摘してきた。2018年10月高値24448円を明確に突破できれば、チャート的には基調の強さを確認できるが、この水準を超えずに反落する場合は、逆に目先調整局面入りの可能性が高まる。

金融市場の動向は日々刻々と変化する。年次レポートで年単位の予測を提示しても、状況変化はいつでも生じる。ＴＲＩレポートは月２回発行の情勢分析レポートである。月２回の頻度で情勢分析と潮流判断を随時フォローアップすることが必要不可欠である。

ＦＲＢによる超法規措置の裏側に潜むもの

直近1年間のニューヨークダウの推移を検証して見ておこう。

筆者は、２０２２年10月が重要な転換点になったとの見通しを同年12月12日号のレポートに明記した。現実に10月は重要な中期転換点を形成した。

米国のインフレ圧力は残存し、ＦＲＢの金融引き締め政策はその後も持続しているが、金融引き締めのペースが初めて〝スローダウン〟したのが２０２２年12月のこと。ここで利上げペースがスローダウンした。燃え盛る方向に変化し続けてきた米国のインフレ心理が初めて鎮静化する方向に変化を示した。

短期の政策金利の上昇が続き、ＦＲＢの金融引き締め政策はその後も継続された。しかしインフレ心理が悪化の方向に拡大するという状況に、ようやく〝歯止め〟がかかったのが２０２２年秋だった。

つまり、「インフレを制御できないリスク」が初めて〝後退〟に転じた。金融市場は常に先を読む。足元のインフレの変化よりも、そのインフレが今後さらに悪化してしまうのか、それとも緩やかにではあっても収束の方向に向かうとの心理の転換が生じるのか。この〝違い〟が極めて重要になる。

２０２２年10月にインフレ心理悪化に歯止めがかかった。この変化を受けてニューヨークダウが、２万８６６０ドルから同年12月の３万４７１２ドルに急反発を演じた。

ところが、ここから２０２３年３月にかけて情勢が変化した。

現実に米国金融機関の破綻が表面化したのである。シリコンバレーバンクが破綻し、動揺が金融市場に広がった。２００７年から09年にかけてのサブプライム金融危機に類似した混乱が再現されるのではないかとの疑いが広がった。

この点について前著で、ひとつの重要な認識を示した。それは個別の金融機関破綻の表面化に際して、金融政策当局がどのようなスタンスで問題に対応するかについての判断だ。

同書において、２０２２年のノーベル経済学賞が重要な示唆を与えることを明記した。

２０２２年のノーベル経済学賞はベン・バーナンキ、ダグラス・ダイヤモンド、フィリップ・ディビッグの３名の経済学者に授与された。受賞の対象になったのは「金融機関の行動モデル」に関する研究だった。

研究は、金融機関の経営破綻が経済活動にマイナスの影響を発生させるメカニズムを解明したもの。研究の含意＝インプリケーションは、経済、金融市場が混乱する局面で金融機関の破綻連鎖を放置する場合、最終的にその処理のコストが極めて大きくなる。このため、金融機関の破綻の連鎖を食い止める金融機関救済策発動が〝正当性〟を有するというもの。

２０２３年前半、米国金利急騰を背景に個別金融機関の経営破綻問題が表面化した。拙著で想定した金融波乱が表面化することになったものだ。この局面でパウエルＦＲＢ議長が重要発言を示した。同年3月22日のＦＯＭＣ後会見で、同氏は次の発言を示した。

「銀行問題を放置すれば、銀行システムが脅かされる可能性がある。このために決断的な行動を取った。すべての預金者の貯蓄は安全である。銀行システムを安全かつ健全に保つために、あらゆる手段を用いる用意がある」

シリコンバレーバンクが破綻した際、ＦＲＢは〝超法規措置〟として、すべての預金を全額保護することを宣言した。預金保険制度においては、一定の限度までしか預金の保護は認められない。しかし預金が棄損することが印象づけられれば、類似した金融機関破綻が連鎖的に発生してしまうリスクを抑止できなくなる。

NYダウ

このことからＦＲＢは、いわば超法規措置として金融機関救済と預金保護を行った。背後にある判断は、金融機関の連鎖的な破綻の広がりが経済全体に深刻なダメージをもたらすというものだ。

前年のノーベル経済学賞授与がこうした現実政策運営への含意＝インプリケーションを内包していると筆者は判断したのである。長短金利急騰を背景に２０２３年に金融波乱が生じる。しかしＦＲＢが金融システム危機を顕在化させないために、早め早めの対応を示し続けるなら、金融システムの崩壊、金融恐慌への転落は回避される。その可能性が高いと判定したのである。

23年3月のパウエルの発言が事態好転

の最重要契機になった。3月以降8月まで利上げ収束楽観論が広がったが、8月以降、利上げ継続観測が再浮上。長期金利上昇と相まって先行き警戒感が台頭して株価が下落した。

しかし、その警戒感は10月末でピークをつけた可能性がある。

米国利上げは9合目を通過し、9合目から頂上にかけて勾配が最大になる「胸突き八丁」を通過している。この局面では各種波乱が表面化しやすい。

経済新聞　4月12日　水曜日

日本株投資を拡大

バフェット氏、商社保有7.4%に

来日インタビュー

「金融不安、買いの好機」

バフェット氏の主な発言

さかのぼって23年4月12日に日経新聞が米国著名投資家ウォーレン・バフェット氏の見解を一面トップで大きく報じた。

バフェット氏が日本株投資を拡大するとの見解を表明したことを、日経新聞がインタビュー記事として掲載したもの。バフェット氏の言葉「金融不安、買いの好機」が一面トップの見出しとして記載された。「逆張り投資、成長に期待」の言葉も大きく表示された。

同氏の見解は、筆者が『千載一遇の金融大波乱』で示した見解と同一である。実際に2023年、日経平

日経平均株価

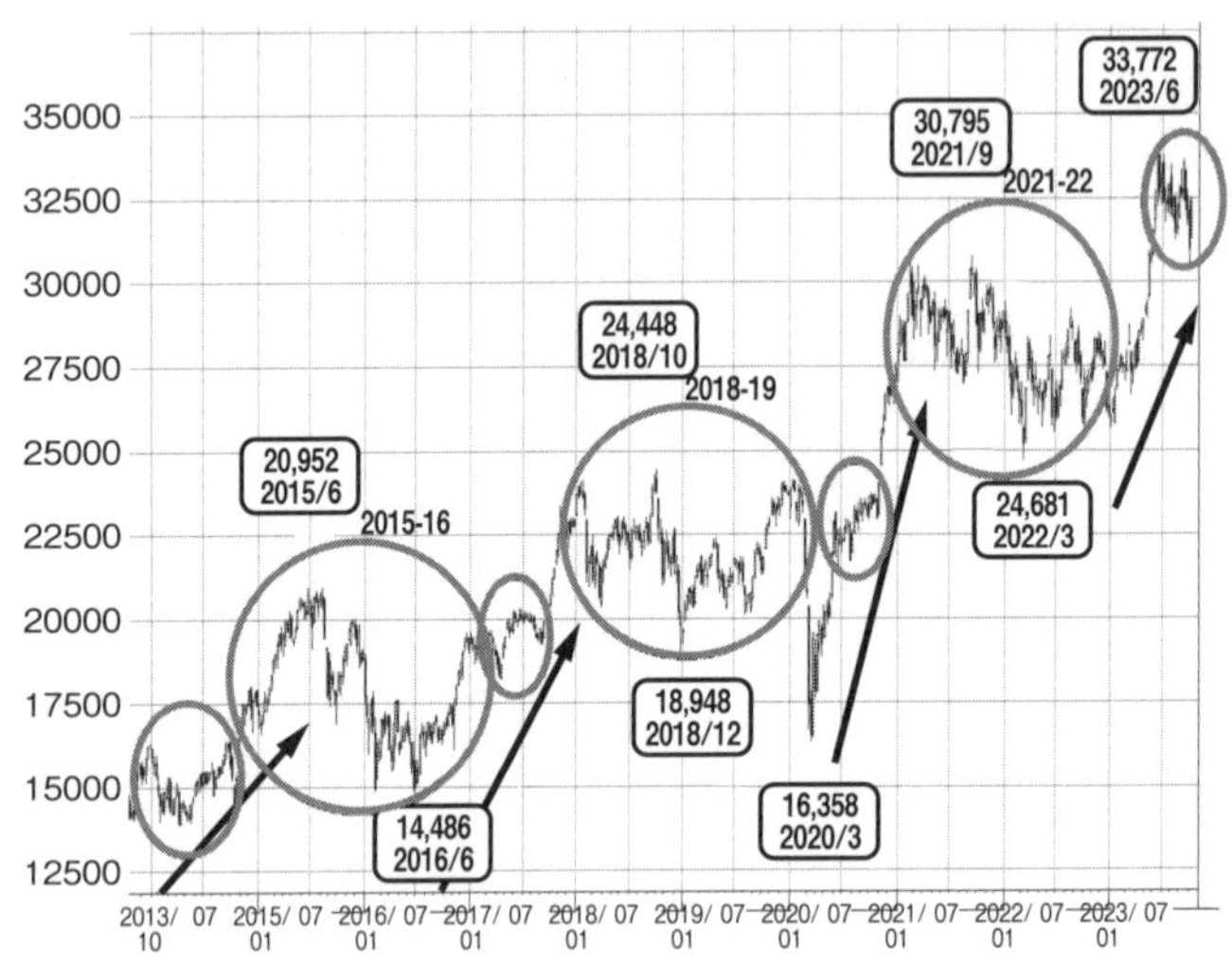

均株価は大暴騰を演じた。5ヵ月半で31・6％の暴騰を演じたのである。

しかし筆者は5月下旬ならびに6月上旬のTRIレポートに「株価上昇中断」の見通しを提示した。株価上昇の中休み、踊り場が到来するとの見通しを提示した。

6月12日号タイトルは「日銀政策修正・米利上げ中断・株価中休みに注意」。さらに6月26日号に次のように記述した。

「日経平均株価直近10年推移。本誌は21～22年の株価変動が15～16年、18～19年に類似した膠着(こうちゃく)相場になるとの見通しを示した。その上で、膠着相場の間に観察された株価急騰局面と『三本の矢』と表

日銀政策修正・米利上げ中断・株価中休みに注意　禁複写
金利・為替・株価特報（2023年6月12日号）422

スリーネーションリサーチ代表
植草一秀

〈目次〉
1.【概観】三本の矢に学ぶ
2.【金融政策】残存する追加利上げ観測
3.【金利】日銀の政策修正
4.【株価】岸田首相の決断力
5.【中国】緩やかな景気回復
6.【為替】内外金融政策の組み合わせ
7.【ロシア・資源価格】苦境のウクライナ
8.【投資手法】押し目狙い
9.【投資戦略】極意の遵守

株価急騰の踊り場＝日銀政策修正には警戒必要　禁複写
金利・為替・株価特報（2023年6月26日号）423

スリーネーションリサーチ代表
植草一秀

〈目次〉
1.【概観】日経平均急騰の踊り場
2.【金融政策】米国はインフレ抑止鮮明
3.【金利】日銀は後手に回るべからず
4.【株価】岸田首相の不決断力
5.【中国】緩慢な中国景気回復
6.【為替】円安は通貨価値の喪失
7.【ロシア・資源価格】バイデン大統領の落日
8.【投資手法】ショックを待機
9.【投資戦略】押し目を拾う
前項下段は日経平均株価直近10年推移。本誌は21-22年の株価変動が15-16年、18-19年に類似した膠着相場になるとの見通しを示した。その上で、膠着相場の間に観察された株価急騰局面と「三本の矢」と表現し、2023年に「第四の矢」が出現するとの予測を示した。前項チャートが明示するのが「第四の矢」である。しかし、過去の「三本の矢」の途上に「踊り場」が存在する。しばらくの間、類似した踊り場が示現することに警戒が必要だ。

現し、2023年に『第四の矢』が出現するとの予測を示した。チャートが明示するのが『第四の矢』である。しかし、過去の『三本の矢』の途上に『踊り場』（図中の丸の囲み）が存在する。しばらくの間、類似した踊り場が示現することに警戒が必要だ。最大の警戒要因は日銀の政策修正」

現実に2023年6月19日に、日経平均株価は高値3万3772円を記録したが、その後は3万円から3万3700円の間でのボックス相場を演じた。10月入り後、中東情勢の緊迫化、米国長期金利上昇、日銀政策修正観測浮上を背景に、株価調整が強まるリスクが表面化したが、10月末を境に状況好転の兆しが観察されている。

2024年に残存する四大リスク

2023年6月以降、株価上昇を〝抑止〟する力を発揮したのは、米国のインフレ圧力残存と追加利上げ懸念、日本銀行の政策修正憶測、そして中東情勢緊迫化である。

日銀政策修正については第3章で詳しく論じる。日銀の政策修正が不可避だが、政策修正が遅れていることが金融市場混迷の大きな原因になっている。理由は単純明快。日本の〝インフレ圧力〟が現実に非常に強まっているからだ。

２０２２年以降、世界経済、金融を覆っていた三大リスクはコロナ、ウクライナ、そして米国金融引き締めだった。後述するように、コロナは不安のピークを越えた。ウクライナ問題はなお波乱の余地を残しつつも、来年は収束の方向に向かうことが想定される。そのなかで大きなリスクとして、４つのリスクファクターを想定しておく必要がある。

第一のリスクは、日本銀行の政策修正だ。２０２３年４月に日銀幹部人事が行われた。黒田東彦氏は２期10年の任期を終え、日銀総裁を退任した。日銀総裁に就任した２０１３年４月、２年以内に消費者物価上昇率を２％にまで引き上げることを公約したものの結局、22年のコロナインフレまでは実現しなかった。

２０２２年に発生したインフレは、いわば〝悪い〟インフレである。原油価格が急騰するとともに日本円が暴落。これに連動して日本の物価が大幅上昇した。

物価上昇が加速するなかで金融政策の方向転換が求められたが、黒田総裁は最後の最後まで金融緩和方針を維持し続けた。このなかで日銀幹部人事が行われ、新しい日銀総裁に植田和男氏が起用された。

植田氏はマクロ経済学の泰斗。その植田氏が金融政策の専門分野のひとつである日銀金融調節の問題に取り組むきっかけになったと思われるのが筆者との共同研究である。「金融調節のメカニズム－動学的考察」と題する植田氏と筆者の共同論文は『現代経済学研究：新しい地平を求めて』（鬼塚雄丞・岩井克人編、東京大学出版会、１９８８年）に所収された。日銀の政策運営に関する問題については第3章で詳述するが、日銀がいま、極めて重要な政策転換の局面に差しかかっている。円滑かつ適正な政策転換が求められるが、取り扱いを誤れば金融市場の波乱が拡大する恐れがある。

第二のリスクは、中国リスク。中国の不動産市況が下落に転じ、連動して不動産企業の経営悪化と金融機関の債権焦げ付き問題が拡大している。日本は１９９０年代以降のバブル崩壊を背景に、経済、金融の混乱が15年にわたり継続した。そして経済活動は30年にわたる停滞を経験してきた。失われた10年は失われた20年となり、失われた30年になった。

中国は日本の失敗事例を研究し尽くしている。いま、中国が不動産金融問題に直面するなかで、中国は日本の二の舞を回避するための方策を実行に移しつつあると考えられる。しかしながら下落に転じた不動産市況を反発させることは容易でない。不動産市況の低迷と不動産企業の経営悪化が続く。連動して金融機関の不良債権が拡大する。

この苦境を中国政策当局が乗り越えられるのか。習近平一強体制の確立は、潜在的な不満をどこかに蓄積させている可能性がある。その不満が暴発することがないのか。細心の注意を払い、中国政治経済金融動向を点検する必要がある。

混沌を極める24年米国大統領選挙

第三のリスクは、米国政治情勢である。

２０２３年10月、下院のマッカーシー議長が解任された。米国歴史上初めての下院議長の解任である。解任の理由は、マッカーシー議長が共和党内部の強硬派の主張を無視したことにあった。米国共和党においては、トランプ前大統領を支持する勢力とトランプ前大統領を支持しない勢力との分断が生じている。

前年の中間選挙で共和党が下院多数勢力を確保したが、共和党が分断すると単独過半数の票を保持できなくなる。マッカーシー議長は共和党強硬派の意見を無視して、民主党と連携して政府機能閉鎖回避のための暫定予算成立を主導した。これに反発したのが、トランプ前大統領に近い共和党強硬派。同議長は解任された。

その後、スカリス院内総務、ジョーダン下院司法委員長などが議長候補に選出されたが、下院過半数の賛成を得られず、下院議長が選出されない異常事態が続いた。紆余曲折の末、トランプ前大統領に近いマイク・ジョンソン議員が下院新議長に選出された。

２０２４年米国大統領選挙は現状では、民主党現職のバイデン大統領と共和党前大統領のトランプとの間で戦われる可能性が高いと見られているが選挙まで1年の時間があり、確定できる状況にない。

トランプ前大統領は共和党全体の支持を得ていない点に弱点がある。他方、バイデン大統領は体力面、そして認知能力面の強い不安が指摘されている。民主党内部ではロバート・ケネディ・ジュニア候補が出馬意思を表明していたが、民主党での指名獲得が困難と見られることから無所属での出馬を表明している。

米国の分断が進化、深化している。最終的に誰かが大統領に選出され、就任することになるが、誰が就任するにせよ、米国の全国民、あるいは圧倒的多数の支持を得て就任することは困難である。分断された各グループの主張が重ならない。各グループの対立が尖鋭(せんえい)化して国としての統合が損なわれる傾向が一段と強まっている。依然として米国の世界に与える影響力は大きい。米国大統領選の行方(ゆくえ)は金融市場変動にも当然のことながら重大な影響を与える。

第四の問題は中東情勢の不安定化である。２０２３年10月のパレスチナ・ハマスによるイスラエル攻撃が第五次中東戦争のような大きな混乱に発展してしまうのか。ウクライナ以上に世界が重大な関心を注ぐ。イスラエルとイランが交戦状態に陥れば、その影響は計り知れないものになる。２０２３年と比較して２０２４年のリスクが重大である点を軽視できない。

米国大統領選との関わりについての補足になるが、ウクライナ戦争は、米国のバイデン政権の行方と表裏一体の関係にある。大きな転換点を２０２４年に迎えることになる。米国大統領選挙の帰趨がウクライナ問題に直結する。２０２４年、米国は大統領選挙の時期を迎えるが、大統領選挙に向けて下院共和党が準備しているのが、バイデン大統領の弾劾訴追である。

バイデン大統領の子息ハンター・バイデンはウクライナ利権に深く関与している。当然のことながら、父親のバイデン大統領の関与が疑われている。

バイデン政権はトランプ前大統領に対する刑事手続きを加速させる一方、野党共和党はバイデン大統領の弾劾訴追に力を注ぐことになる。

２０２４年の米国大統領選挙は、米国社会、政治の大混乱を反映させるものになり、この政治混乱が金融市場に大きな影響を与えることになるだろう。

他方、日本経済は２０２３年に大きな経済回復のチャンスを得た。

最大の要因は、コロナ問題を取り除いたことである。コロナを排除し、アフターコロナの景気回復が実現する期待が高まった。この局面で日本経済を浮上させる起爆剤となるのは、訪日外国人の国内消費である。とりわけ重要性を帯びるのが中国からの来日者数拡大である。

ところが、岸田内閣は福島汚染水を処理した水の海洋投棄を開始した。国内でも反対論は根強い。中国も強く反対してきた。その中国に十分な説明を行わずに処理後汚染水の海洋投棄を始動させたため、中国政府が強く反応している。この結果として、中国からの訪日客の急増が〝消滅〟した。

日本政府は科学的根拠に基づく海洋放出と述べているが、何よりも危惧（きぐ）されているのは、その事業実施主体が東京電力とされていることだ。東京電力は過去にさまざまな偽装と隠蔽（いんぺい）を繰り返してきた。汚染水海洋投棄に際して不正が行われない保証がない。したがって第三者が完全にデータと事実を監視できるシステムを構築することが求められている。ところが日本政府がこれを〝拒絶〟している。

30年以上にわたって低迷を続ける日本経済。コロナへの対応方法を誤り、コロナ後も経済の浮上を実現できずにいる。経済の混迷は政治の混迷と連動する。この混迷が２０２４年に一段と深まってしまうのか。考察するべき課題が山積している。

第2章

米国一極支配の終焉

偏りすぎている日本人がアクセスする情報

ウクライナにおける戦乱は、今後の国際社会を変化させる重要な契機になる可能性がある。

日本で流布される情報の多くは、米国が〝支配〟するマスメディア情報である。日本の言論空間で流布される情報の多くは、ひと握りのメディアが支配するものといえる。

16社体制という言葉があるのをご存知であろうか。日本には全国放送を行うテレビのキー局が5局ある。読売、朝日、フジ、TBS、テレビ東京の各系列である。

この5社がいずれも全国紙を保有している。読売、朝日、毎日、サンケイ、日経の5社。日本の都道府県はそれぞれ地方紙を持っているが、地方紙が報じる全国ニュースは2つの通信社が配信するものが大半だ。共同通信社、時事通信社の2社が地方紙の情報源になっている。

これ以外に規模の大きなブロック紙が3社存在する。北海道新聞、中日新聞、西日本新聞である。さらに公共放送のNHK。これらを総称して16社体制と呼ぶ。

人々が入手する情報源の主流は、16社が支配するマスメディア情報が主流だったが、近年はこれに加え、インターネット情報のウエイトが高まっている。

しかしながら、インターネット情報空間から時事問題の情報を得ようとする場合、多くの人はインターネット上のニュースポータルサイトから情報を入手する。yahoo!やMicrosoft等がニュースポータルサイトを保有し、そこから情報を得る。

インターネット上のニュースポータルサイトを支配しているのは、大資本である。先に述べた16社によって供給される情報が、そのままインターネット上のニュースポータルサイトの情報源になっている。他方、インターネット上には、こうした情報源によらない〝独自〟の情報が存在する。

筆者もインターネット情報空間に「植草一秀の『知られざる真実』」という名称のブログと有料メルマガ記事サイトを立ち上げている。独自の視点で、マスメディアが伝えない真実の情報を発信するという目的で創設したものだ。マスメディア情報とは異なる真実を〝探究〟する情報発信サイトであると自負している。

しかしながら、こうした個別情報にすべての人がアクセスするとは言えない。比率で言えば、大手ポータルサイトが提供する16社を発信源とするマスメディア情報が圧倒的多数の人々に提供される。このため日本の市民が受け取る情報には必然的に大きな〝偏り〟が存在する。

戦乱が発生したとき、悪魔の帝国ロシアが軍事侵攻し、正義の国ウクライナがこの暴挙に立ち向かう。この図式で報道がなされ、現在もそれが続けられている。

ロシアにも軍事行動を取った已むにやまれぬ理由がある。これまでの経緯を踏まえれば、ウクライナの側に非がある。このような主張や見解が存在するにしても、情報発信と同時に激しい〝バッシング〟が浴びせられる。このために米国の巨大資本が支配する偏った情報が日本では主流を占めている。

ウクライナ戦乱が拡大したことに伴い、2022年3月2日に国連が国連総会緊急特別会合を開き、ロシアによるウクライナ侵攻を非難する決議を採択した。この決議に賛成した国は193ヵ国中の141ヵ国。このことをもって、圧倒的多数の国がロシア非難決議に賛成したと伝えられた。

賛成に回らなかった国は52ヵ国。数の上では1対3の比率である。しかし、賛成した国と賛成に回らなかった国の〝人口比〟を見ると様相が違う。賛成国が42%、賛成に回らなかった国が58%である。

さらに、この年の4月20日にG20財務相・中央銀行総裁会議が開かれたが、このG20で対ロシア経済制裁に加わっている国は、EUを1ヵ国としてカウントした場合、10ヵ国で

世界の分断

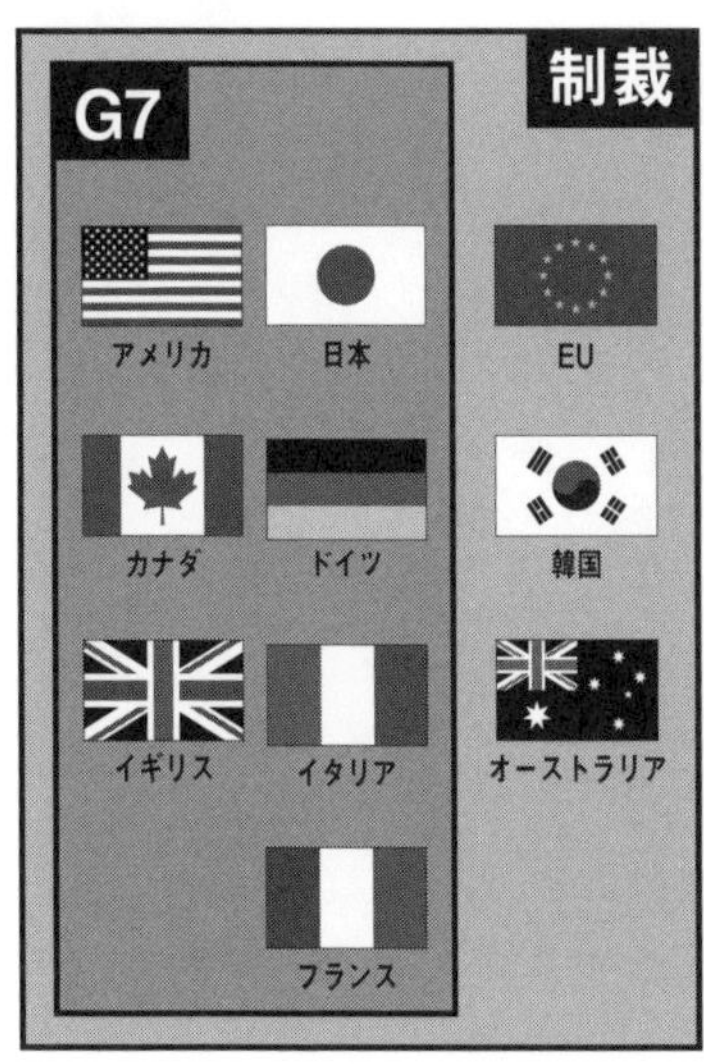

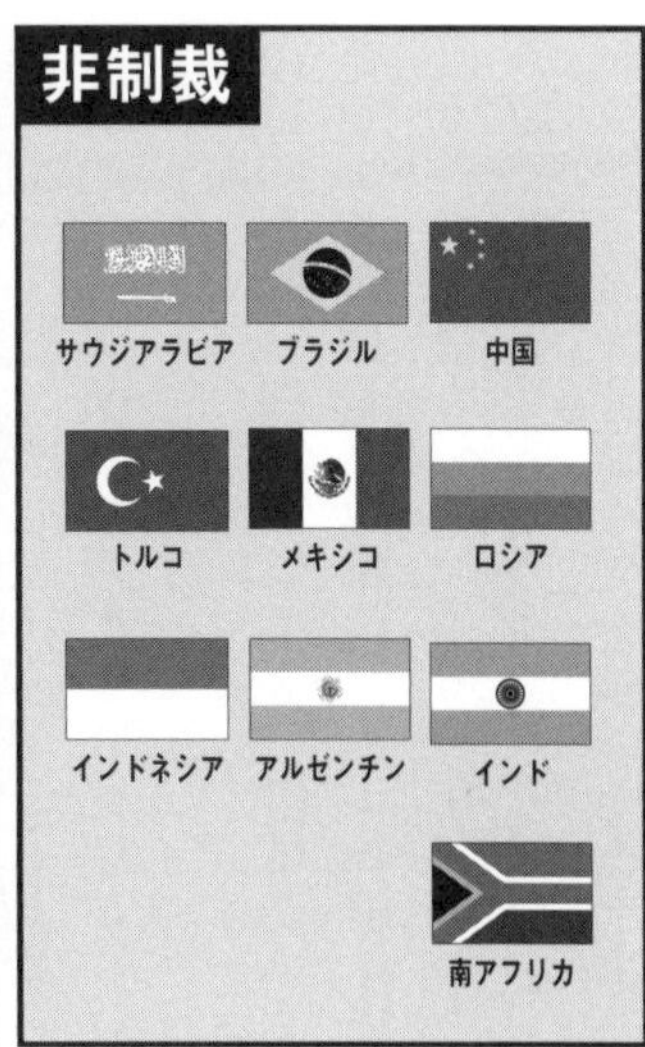

ある。経済制裁を実施していない国も10ヵ国である（上の図参照）。

ＥＵをＥＵ内で最も人口の多いスペインの人口で代表させると、人口比では対ロシア経済制裁に参加する国が19％、制裁に参加していない国が81％になる。

つまり、日本のなかの情報だけを受け取る市民は、ロシアが絶対悪でウクライナが絶対正義と受け止めてしまうが、国際社会の〝実相〟はこれと異なっている。ロシアを非難する陣営とロシアを非難しない陣営が〝拮抗〟していると言っても良いだろう。

米国が全世界を支配する「米国一極支配」の構造はすでに崩壊しているのである。

勢力拡大中のブリックス

米国一極支配の構造が崩れつつあることが如実に表れた事例がいくつも観察されている。

2023年9月9日から10日にかけて、G20首脳会議がインドのニューデリーで開催された。この首脳会議に、中国の習近平主席が欠席した。同会議が創設された2008年以来、中国の国家主席が参加しなかったのはこれが初めてである。

習近平氏がG20首脳会議を欠席した理由は定かではないが、G20がG7会議の〝焼き直し〟に過ぎない状況に転落していることに対し、中国が軽視する姿勢を取ったとも考えられる。

このG20首脳会議においても、特筆される変化が観測された。

ここではウクライナ問題に対する各国見解、主義主張の相違から、共同宣言の採択が見送られるのではないかとの見方が存在した。しかし、議長国インドが根回しを進め、共同宣言が発表された。

日本政府は共同宣言発表後に、文案の吟味に十分参画できなかったとの恨み言を発する状況に追い込まれた。

２０２２年11月のインドネシア・バリでのＧ20首脳会議では、ウクライナ問題に関し、「ロシアによるウクライナへの侵攻」という表現でロシアが強く非難された。ただし、この表現とともに「他の見解や異なる評価もあった」との文言は付け加えられていた。

しかしながら２０２３年のＧ20首脳会議では、「ウクライナにおける戦争が世界の食糧とエネルギーの安全保障に及ぼす人的被害と負の付加的影響」についての言及はされたが、ロシアに対する非難の文言は〝排除〟された。

同時に、「異なる見解と評価があった」ことが付記された。またウクライナにおける戦争については、２０２２年の「ウクライナに対する戦争」ではなく、「ウクイナにおける戦争」と表現が改められた。

インドが主導力を発揮して、ロシア、中国の主張が組み入れられたものと理解できる。

２０２３年９月19日から29日にかけて、国連総会が開催された。この総会に日本の岸田首相も出席し演説したが、議場での空席が際立った。第二次大戦の戦勝国である米英露中仏の５ヵ国のうち、出席したのは米国のバイデン大統領だけだった。米英とは立場を異にする中国、ロシア、インドなどが、欧米が主導する国際組織、国際会議に対する信頼を

〝低下〟させていることが読み取れる。

欧州でもフランス、イギリスの大統領、首相は国連総会を欠席した。国連総会よりも国内問題が重要であるとの位置づけだった。

米国、英国のアングロサクソン勢力が世界を支配し、これと近い関係にある欧州諸国が全世界を取り仕切るという構図に大きなヒビが入っている。

G20会合で、ロシアに対する経済制裁を行う国が10ヵ国、行っていない国が10ヵ国だと先に記述した。その人口比は2対8である。ユーラシア大陸の大国である中国、インド、そしてロシア、さらに中東の大国であるイランなどは、欧米が主導する世界秩序に対し〝異なる〟考えを有し、その勢いを徐々に強めている。

2023年8月22日から24日にブリックス（BRICS）首脳会議が南アフリカのヨハネスブルクで開催された。この会議では中国、ロシア、インド、ブラジル、南アフリカの新興5ヵ国で構成するブリックスをさらに拡大、発展させることが決定された。

新たにサウジアラビア、アラブ首長国連邦（UAE）、イラン、エジプト、エチオピア、アルゼンチンの6ヵ国がブリックスに新規加盟することになった。

グローバルサウスの言葉が使用されるが、これまで世界を支配し続けてきた欧米に対抗する新興勢力として、拡大ブリックスが影響力を拡大させつつある。

NATOに対峙する上海協力機構

ウクライナ戦争の最大の背景になった事象は、西側の軍事同盟であるNATO（北大西洋条約機構）の〝拡大〟にあった。冷戦が終結し、ソ連は東側の軍事同盟であるワルシャワ条約機構を解体した。

当然のことながら、西側の軍事同盟であるNATOも解体される〝前提〟での措置であったと考えられる。東西ドイツの統一を協議した際に、米国はNATOの東方拡大を行わないことをソ連に〝確約〟した。

ところが、欧米はこの約束を破り続けてきた。ソ連が崩壊する前、NATO参加国は16ヵ国であったが、2023年には31ヵ国に拡大している。ロシアは国境を接する大国であるウクライナの加盟だけは認められないことを〝繰り返し〟表明してきた。

ウクライナ内戦を収束させるミンスク合意（2015年）が成立した最大の背景は、この合意が履行されることにより、ウクライナのNATO加盟が〝自動消滅〟することにあった。

ところがゼレンスキー大統領率いるウクライナは、このミンスク合意を一方的に破棄した。その結果としてウクライナ戦争が勃発したと言える。

東側の軍事同盟が排除される一方で、西側の軍事同盟であるＮＡＴＯは時間の経過とともに拡大の一途をたどってきた。こうした状況下で、東側諸国のなかで新たな集団安全保障体制の構築への試みが進められてきた。

「上海協力機構」の創設である。１９９６年4月に中国、ロシア、カザフスタン、キルギス、タジキスタン首脳会合が開催され、その後の協議を経て、２００１年6月にウズベキスタンを加えた6ヵ国によって創設された。

同機構はテロリズム、分離主義、過激主義に対する共同対処、さらに経済や文化など幅広い分野で協力強化する組織として創設された。

名目上、特定の国を対象とした軍事同盟ではないとされるが、その後の発展の系譜を見れば、新たな〝軍事的〟な同盟の色彩を帯びていると言える。

この上海協力機構が時間の経過とともに拡大している。すでに正式加盟国としてインド、パキスタン、イランが加わり、これ以外にオブザーバー国、対話パートナー国として多数の国が加盟しつつある。

中国の習近平主席は先のG20首脳会議を欠席したが、8月に南アフリカで開催されたブリックス首脳会議には出席している。グローバルサウスの〝結束力〟は強化され、そのプレゼンスが拡大の一途をたどっている。

欧米の軍事同盟であるＮＡＴＯへの対抗という側面も拡大しているが、同時に米国による世界一極支配の根幹である米ドル支配体制への〝侵食〟も始まりつつある。

米国巨大資本の下僕でしかない米国大統領

米国の政治、経済、社会を支配しているのは誰であるか。

表面上は国民主権、民主主義体制がとられており、主権者は米国国民ということになる。しかしながら現実の実態を見れば、米国の二大政党である共和党と民主党が政治を支配していることがわかる。

大統領選挙で大統領に選出されるためには、基本的には共和党あるいは民主党の指名候補になることが必要である。

民主、共和両党の大統領選指名候補に選出されるための最大条件は〝資金力〟。このため米国大統領に就任する民主、共和両党の指名候補はほとんどの場合、米国巨大資本の〝支配下〟に置かれる。米国巨大資本の支配下に入ることにより、選挙戦を戦う資金を調達できる。

こうしたプロセスを経て米国大統領が選出されるから、常にその大統領は米国を支配する巨大資本の支配下に置かれることになる。議会に議員を送り出す民主党、共和党の二大政党は、同様に政治活動資金を巨大資本からの献金に〝依存〟する。この結果、米国の政治、社会の運営は巨大資本の支配下に置かれてしまう。

米国が主導する「世界一極構造」とは何か。

米国の政治、経済、社会運営システムを全世界に〝埋め込む〟ことである。このための経済戦略がワシントン・コンセンサスと呼ばれるものである。

ワシントン・コンセンサスとは、米国の経済学者ジョン・ウィリアムソンが１９８９年に発表した論文で定式化した経済用語である。１９８０年代に先進諸国金融機関、ＩＭＦ、世界銀行を動揺させた途上国累積債務問題への対応として、10項目の政策が列記された。財政赤字是正、補助金カット、税制改革、金利自由化、為替レート是正、貿易自由化、直接投資促進、国有企業民営化、規制緩和、所有権の確立である。

米国が構築している経済運営システムを世界に埋め込むことが推進されてきた。その政策内容でとりわけ重要な意味を持つと考えられるのが、①小さな政府、②規制緩和、③民営化、④市場原理である。この経済政策運営システムを他国に埋め込むのだ。

米国は、米国が保有する価値観、経済運営システムを〝絶対善〟と位置づける。これを他国に埋め込む手法が取られてきた。米国の首都ワシントンに財務省があり、ＩＭＦが置かれる。このワシントンの機構を中心に、米国の経済政策運営上の世界戦略が立案されてきたと言える。

このことから経済運営システムの他国への埋め込み戦略をワシントン・コンセンサスという言葉で表現している。

大きな矛盾を抱える価値観外交

この経済運営システムの世界への強制、同時に米国の保有する価値観を世界に埋め込むことが推進されてきた。岸田首相が繰り返し述べている「価値観外交」とは米国の世界戦略を言い換えたものに他ならない。

自由、人権、民主主義、法の支配、市場経済。この価値観を絶対正義とし、この価値観を他国にも強要する。米国でネオコンと呼ばれる人々は、この価値観を他国に埋め込むためには力の〝行使〟を厭（いと）わないとの主張を示す。

世界を善悪の二元論的な対立構図で捉える。その上で、米国が主導する絶対善である価値観を他国に〝強要〟する。そのために軍事力の行使も実行する。これがネオコンの考え方である。

自由、人権、民主主義、法の支配、市場経済と並べ立てられると、どれもが正義に見えてしまうかもしれない。しかしながら、よくその内容を吟味すれば、実は大きな〝矛盾〟を内包していることがわかる。

この5つの項目は、実は2つに分けることができる。自由と市場経済がひとつのグループになる。これに対し、もうひとつのグループが人権、民主主義、法の支配である。法の支配とは、専断的な国家権力の支配を排斥し、権力を法で拘束することによって個人の権利・民主主義を擁護することを目的とする原理のこと。

他方、民主主義の大きな特性は、少数意見を尊重し、多様な価値観の〝共存〟を認める点にある。価値観外交の現実は、米国が主導する考え方と異なる考え方の存在を〝認めない〟というもの。権威主義、あるいは全体主義という表現で、他の価値観の存在を決して認めない。

つまり価値観外交そのものが民主主義の根幹を〝否定〟する側面を持つ。価値観外交の最終的な狙いは、米国流の自由主義、そして市場経済のシステムを他国に埋め込むことである。これを拒絶する国があるなら、力の行使も厭（いと）わない。

実際に米国は他国への介入を続けてきた。

２００３年に遂行されたイラク戦争では、国連決議を米国が〝無視〟してイラクに軍事侵攻を行った。数十万から１００万を超すイラクの市民の犠牲が発生したとみられる。ウクライナでの戦乱をはるかに上回る犠牲が生じ、しかも米国が軍事侵攻の理由とした大量破壊兵器は発見されなかった。

２００４年、２０１４年のウクライナの政変も、一言で表現すれば米国による内政干渉、米国による政権転覆であったと言ってよい。

筆者は前著『日本経済の黒い霧』において、米国の行動を「21世紀型新帝国主義」と表現した。米国を支配する巨大資本があくなき収益拡大、利潤追求の対象として世界市場制覇を目論んでいる。米国流の自由主義と市場経済を世界各地に埋め込み、同時に民営化利権を簒奪（さんだつ）することを目的に軍事力の行使も厭わない。この活動が展開されている。

米国巨大資本の運動法則として、この21世紀型新帝国主義が存在することを見落とせない。

サウジの最重要原油販売先に躍り出た中国

米国を支配する巨大資本は、世界市場統一を目論み、米国流の自由主義と市場原理による経済支配の構造を他国に埋め込もうとしてきた。米国による世界の一極支配である。

冷戦が終焉し、旧東側社会が資本主義経済陣営に組み込まれるなかで、これらの国々においても新しい経済システムを導入させた。この過程において自由主義と市場原理を基軸に置く政策が遂行されるとともに、民営化推進による公的企業の簒奪が進められてきた。

しかしながら、その戦略の前に大きな壁が立ちはだかっている。米国流の市場経済、自由主義の強要に〝抵抗〟する巨大勢力が影響力を拡大させているからだ。

中国経済は過去25年間に奇跡の大躍進を遂げた。連動して経済活動のプレゼンスを高めているのがインドである。さらにブラジル、ロシアの影響力も拡大している。

南アフリカを加えたブリックスのプレゼンスが拡大し、さらに拡張を示している。このブリックスに、アルゼンチン、エジプト、エチオピア、イラン、サウジアラビア、アラブ首長国連邦（UAE）が加わった。とりわけ重要な意味を持つのはサウジアラビアの加盟である。

中東の原油を支配し続けてきたのは米国である。米国あるいは欧州諸国の中東への関与の最大の狙いは、原油資源の〝制圧〟にあった。中東戦争を経て、中東の原油支配権を欧米が確立してきた。

原油の取引は米ドル建てで行われ、米ドルが世界を支配する通貨として〝君臨〟し続けてきた。しかしながら、その中東に大きな〝変化〟が生まれ始めている。

サウジアラビアとの原油輸出において、かつては米国のプレゼンスが圧倒的に高かった。同国の原油輸出の相手国として、米国が全体の4分の1を占有する影響力を保持していた。ところが2010年代半ばに至り、中国の原油輸入量が米国の原油輸入量を上回るに至った。サウジアラビアにとって、最重要の原油販売先が米国から中国に〝転換〟したのだ。

ドル表示で名目GDPを換算したときに、中国の名目GDPは1995年の水準から2022年までの27年間に245倍の規模に拡大している。同じ期間、日本のGDPは0・76倍に〝縮小〟した。戦後の日本経済発展は奇跡の経済復興と表現されたが、1995年から2020年にかけての中国経済拡大はこれをはるかに上回る。

米国の投資銀行であるゴールドマン・サックスは、中国経済が2035年には名実ともに世界第1位に浮上することになると予測している。

CIAのワールドファクトブックによれば、購買力平価換算ではすでに中国が米国を抜き世界最大の経済大国に〝浮上〟していることが示されている。こうしたなか、2022年12月に中国の習近平国家主席がサウジアラビアを訪問し、中国とサウジアラビアが包括的戦略パートナーシップ協定に調印した。

中国は原油を産出する中東諸国との関係を〝国策〟として強化している。中国アラブ諸国首脳会議、中国湾岸諸国協力会議が創設され、貿易取引においても中国人民元による決済が順次拡大してきている。

世界経済を支配し続けてきた米国、そして世界の貿易取引を支配し続けてきた米ドルのウエイトが時間の経過とともに〝低下〟を示し続けている。とはいえ米国のプレゼンスが凋落（ちょうらく）したということではない。依然として経済大国であり、国際貿易取引における米ドル利用の比率は圧倒的に高い。

しかし、そのプレゼンスが徐々に、しかしながら確実に低下の方向をたどり始めていることへの着目が必要なのである。

ブリックス諸国は、新たに「ブリックス共同通貨」の創設を検討し始めている。その新通貨システムが実用化されるには時間を要するものと見られるが、米ドル一極支配の構造が足元から揺るがされる動きはすでに始まっている。

ＥＵから輸入関税の撤廃を要求されたウクライナ

２０２３年９月の国連総会に、ウクライナのゼレンスキー大統領が出席した。国連総会の場で初めて生出演したのである。しかしながら、ゼレンスキー演説の聴衆は少なかった。

２０２２年にビデオ出演した際にはスタンディングオベーションの場面も観察されたが、２０２３年はその状況も生まれなかった。

ウクライナは米国を中心とする多くの国からの軍事支援によって戦争を遂行している。ロシアとウクライナが戦争しているのではなく、ウクライナは米国を中心とするＮＡＴＯの代理として戦争を遂行していると言える。

ゼレンスキー大統領は常に戦時服に近いＴシャツのいでたちで画面の前に登場するが、国連総会出席に同行した同氏の妻はきらびやかな衣装をまとっていた。つまりゼレンスキー氏の画面に登場する戦時服に近い服装は、同氏の生活実態を示すものではなく、そのスタイリストが〝演出〟として用いているものであることがわかる。

ウクライナ戦争の背景を理解するために極めて有効な策は、オリバー・ストーン監督製作のドキュメンタリー映画「ウクライナ・オン・ファイヤー」を視聴することだろう。

この映画は事実の場面を積み上げたドキュメンタリー映画である。ノンフィクションの作品である。

２０１４年にウクライナ政権が転覆された際、ある日本の研究者がその状況についての詳細な解説記事を執筆している。執筆者は小手川大助氏。元財務官僚である。小手川氏は財務省出身で、ＩＭＦ理事等を歴任したロシア・ウクライナ研究のエキスパートである。

小手川氏は２００９年にウクライナの経済危機、それに伴う欧州への天然ガス供給停止の可能性、ＩＭＦによるウクライナ支援などに、ＩＭＦの理事会メンバーとして直接的に関与した経験を有する。

これを契機に、ウクライナ問題について深く研究する機会を得た人物である。２０１３年11月から２０１４年2月にかけて、ウクライナ国内で大規模デモが発生した。その延長線上にウクライナ政権転覆が挙行された。これがウクライナ戦争をもたらす発端になった最重要事象である。

ウクライナ政権が転覆されたのは２０１４年2月22日。小手川大助氏は当時、キヤノングローバル戦略研究所の研究主幹の地位にあったが、その立場で２０１４年3月20日以降、ウクライナに関する論説記事を連載した。

その連載記事は現在もインターネット上に公開されている。オリバー・ストーン監督が製作したドキュメンタリー映画と小手川氏の論説記事と重なる部分が極めて多い。

オリバー・ストーン監督が小手川氏の論説記事を多くの面で〝参考〟にしたのではないかと、筆者は推察している。

ウクライナでの戦争は、米国の軍産複合体の〝経済事情〟によって創作されたものであると考えられる。米国軍産複合体は、中規模以上の戦争が発生することによって、産業としての地位を維持し続けることができる。

ウクライナ戦争は、米国のDS（Deep State）がビジネスモデルとして展開する戦争ビジネスの〝一類型〟として構築されたものである疑いが強い。

米国軍産複合体が構築した戦争のビジネスモデル

米国を支配する巨大資本の飽くなき利潤追求の対象は全世界に広がる。

全世界統一市場を形成し、その市場のもとで際限のない利潤拡大を追求する。人類の生産技術が向上し、生産活動が拡大している局面においては、経済的利益の追求が大きな矛盾をきたす面は限定的であった。

しかしながら市場原理を基準とし、市場経済活動を全面的に容認する結果は〝明白〟である。強い者が強大化し、弱者は抹殺される。弱肉強食の結果こそ、市場原理がもたらす帰結である。世界を支配する巨大資本は市場原理を追求し、結果としての弱肉強食を容認する。際限のない利潤の拡大、富の蓄積が追求される。

生産技術の革新が〝限界〟に到達すれば、経済成長の原動力が失われる。けれども、資本の論理として飽くなき利潤拡大を求める運動は〝自律的〟には抑止されない。

成長の限界に直面した巨大資本は、新たなビジネスモデルを構築することを迫られる。そのビジネスモデルとして現実に出現しているのが、以下の3つのビジネスモデルである。①戦争（War）のビジネスモデル、②ワクチン等の国際特殊詐欺（Fake）ビジネスモデル、③公的活動・財政（Public）収奪のビジネスモデル。

市場原理を提唱する勢力が、世界市場を舞台に新たな収奪、収益の拡大を追求している。その第一のビジネスモデルが戦争（War）ビジネスである。ウクライナの事例を簡潔に振り返る。親ロシアのウクライナ政府は、２００４年と２０１４年の二度にわたって、親米勢力に転覆させられた。２００４年は選挙のやり直しを強要し、ユシチェンコ大統領を人為的に誕生させた。

２０１４年はヤヌコビッチ大統領のＥＵとの提携協定署名先送りを契機に巨大デモが創出され、この巨大デモをネオナチとの〝結託〟により暴力装置に変換し、２０１４年2月22日に暴力革命を強行して政権を力ずくで転覆した。

創設された非合法政府は、直ちにウクライナ国内のロシア系住民に対する人権侵害と虐殺行為を展開した。その結果としてウクライナ内戦が勃発、停戦協議が行われたが、米国と結託したゼレンスキー政権は合意を一方的に〝破棄〟し、ロシアとの軍事対決の路線を先鋭化させ、ロシアに対する軍事挑発を激化させた。

米国の手法は常に相手に先に手を出させるものである。ベトナム戦争においては、北ベトナムが先に武力行動を仕掛けたという〝偽装〟を創出することにより、本格戦争へ参入した。太平洋戦争＝パールハーバーについては説明の必要がないだろう。

ウクライナ政府がロシアに対する軍事挑発を強め、さらに米国が、戦乱が発生しても関与しないとのメッセージを送り、ロシアの軍事行動を促進した。

ひとたび発生した戦乱を、早期に終結させることを認めなかったのは米国である。米国が主導し、戦争の拡大と〝長期化〟が図られてきた。

この戦争創作により、米国軍産複合体は巨大な売り上げを計上している。米国軍事産業は世界最大の産業である。生産規模は年額60兆円から70兆円と推察される。

日本の原子力産業が大きすぎて潰せないと言われるが、産業規模は年間2兆円程度でしかない。米国軍事産業の巨大さが理解されよう。この巨大産業を〝存続〟させるために、戦争の〝火種〟を常に準備しておかなければならない。

その〝素材〟として活用されたのがウクライナであり、次に〝標的〟とされると考えられるのが台湾である。今後、台湾有事が発生することがあるとすれば、それは米国が仕掛け、米国軍産複合体の利益のために創作されると考えられる。

全人口を対象とする美味しいワクチンビジネス

コロナパンデミックは人為的な背景を帯びている。

コロナパンデミックが表面化する半年前の2019年10月18日に、ニューヨーク・マンハッタンにある高級ホテル（ザ・ピエール）において「イベント201」という行事が実施された。WHO、世界銀行、CDC（米国疾病予防管理センター）、CCDC（中国疾病予防管理センター）、ジョンズホプキンス大学などが関与し、ビル&メリンダ・ゲイツ財団が最大の資金提供者となり実施されたイベントであった。

半年後に現実化したコロナパンデミックが、ほぼ実相と同じ形で予行演習されていた。一般にはこのコロナパンデミックに対処するためにワクチンが創作されたと理解されているが、実相は逆である可能性が高い。

〝コロナのためのワクチン〟ではなく、〝ワクチンのためのコロナ〟であった〝疑い〟が存在する。新型コロナワクチンは遺伝子を用いる新種であり、日本においては医療承認に必要な治験が十分になされたものではなかった。このため通常の薬事承認ではなく、〝特例承認〟として利用が認められ、実施されたのである。

しかし、そのワクチンが史上空前の〝災厄〟をもたらしている疑いがある。日本の死亡数はワクチン接種と連動して激増している。日本の死亡数推移は以下の通り。

２０１９年１３８・１万人
２０２０年１３７・３万人
２０２１年１４４・０万人
２０２２年１５６・９万人

コロナパンデミックが広がった２０２０年の死亡数は前年比減少した。ところが、ワクチン接種が一斉に実施された２０２１年から死亡数が激増。２０２３年9月時点の直近１年間死亡数は１６０・１万人。２０２０年の死亡数より約23万人も多い。

死亡数が年率で20万人以上増加し、その水準が維持、持続している。ワクチンが〝原因〟で日本の死亡数が激増したと考えるのが順当であると思われる。

驚くべき多数のワクチン接種後の急死事例が報告されている。死亡した側はワクチン接種との因果関係を強く疑うが、国は因果関係を認めない。

ワクチン接種に際しては、「同意書」に署名がなされている。国はワクチン接種が「義務」であるかのようなプロモーションを展開したが、巧妙に逃げ道は用意されていた。

「同意書」への署名を実行させていたのである。このためワクチン接種を受けた側の〝責任〟が存在するかたちになっている。

こうした重大な災厄を伴う疑いが濃厚に存在するが、ワクチン接種によって製薬資本は巨大な利益を獲得した。なぜか。特効薬の投与対象は罹患（りかん）した患者である。他方、ワクチンの対象者は〝全人口〟になる。全人口を対象とするワクチンビジネスは、いかに旨味の大きなビジネスであることか。

コンピューターのOS、あるいはオフィスのような汎用ソフトは、販売の対象がコンピューターの全ユーザーになる。コンピューターのOSを販売するビジネスモデルとワクチンのビジネスモデルには共通点が多い。

さらに近年、新たな収益機会として着目されてきたのが公的事業分野である。民営化と表現すれば良い施策であるとの響きを伴う。かつて小泉純一郎首相が「民にできることは民に」と訴え、人気を博した。

しかし世界各国が水道を民営化し、結局は失敗して再び公営化に〝戻る〟事例が明らかにするように、公的管理のもとに置くべきビジネス領域が存在する。

公的管理下に置かれるビジネス領域は、生活必需品であり、かつ〝独占形態〟をとるビジネス領域である場合が多い。

この領域のビジネスを民間資本が手掛ければ、大きな利得を得る可能性が高い。生活必需品である限り、事業として消滅するリスクが極めて小さい。

同時に独占形態の事業であれば、価格を自由に決定し、〝超過利潤〟を獲得することも可能である。成長の限界に直面し、大きな収益機会が減少する経済環境のなかで、巨大資本が着目したのが公的事業ビジネスの領域なのである。

戦争が創作される。疫病が流行し、世界規模でワクチン接種が推進、強要される。公的事業分野が民間資本によって収奪される。これらの近年に顕著な経済現象は、資本主義経済が成長の限界に直面するなかで、飽くなき利潤追求を求める巨大資本ＤＳ（Deep State）の最後の刈り取り場の顕在化を意味している疑いが強い。

米国の思惑を見抜いている賢明な台湾市民

ウクライナの次に台湾を舞台に戦乱が勃発することが懸念されている。

日本と中国の関係が悪化し、米国と中国の関係が悪化し、このなかで台湾独立という問題を軸に、台湾における戦乱勃発が警戒されている。

しかし、この台湾における戦乱も突き詰めて考えると、発生する可能性があるとすれば、その原因はただひとつ、米国軍産複合体の〝経済事情〟である。

岸田内閣においては、日本の軍事費を一気に〝倍増〟させる措置が取られている。この日本の軍事費倍増も、バイデン米大統領が岸田首相に直接要求し、実現させたものであることが明らかにされた。米国軍産複合体は、戦争を引き起こす前の段階で、日本の軍事費増大によって利益拡大を〝実現〟している。

その延長線上に戦乱の創作に成功すれば、飛躍的に巨大な売上利益を計上することが可能になる。米国はこうした工作活動を日本において展開するとともに、台湾においても同時進行させている。

一方、台湾市民の考え方は冷静である。米国の台湾におけるさまざまな活動について、その目的は米国自身の〝利害〟のためであり、台湾市民にとって利益になるものでないとの判断が世論調査などで示されているからだ。

２０２３年３月に台湾の財団法人（台湾民意基金会）が実施した「２０２３年３月国際情勢・政党競争と２０２４年総統選」という民意調査がある。この調査に台湾市民の現状判断が集約して示されている。

一言で要約するなら、米国が主導する台湾と中国との〝関係悪化工作〟を台湾市民は批判的に見つめている。台湾有事＝台湾における戦乱勃発を望んでいない。同時に仮にそのような戦乱が勃発する場合、その戦乱は米国が米国の利益のために〝創出〟するものであるとの本質を冷静に見抜いている。

ここに日本との大きな差異が存在する。

台湾市民は、米国が友好的であるのは自身の利益のためであって、台湾にとって必ずしも良いことではないとの判断を有している。

2024年1月に台湾総統選が実施される。現在総統を務めている蔡英文（さいえいぶん）は民進党の所属、米国の強い影響を受けている政治勢力である。これに対し、国民党は中国との〝融和〟を重視する路線を採用している。

前回2020年台湾総統選に際しては、その直前に香港において民主化運動、それに連動する中国政府の影響による民主化運動に対する抑圧劇が演じられた。この騒乱が「創作」された最大の目的は、台湾総統選への影響を生み出すことだったと推察される。

台湾総統選において親米の民進党候補者を勝利させるために、米国が工作し、香港における民主化運動が創作され、それに対する中国による抑圧行動が誘発されたと見られる。

2024年1月台湾総統選において、引き続き親米の民進党候補者が新総統に選出されるなら、米国が工作する中国との緊張関係が高められる可能性が高い。

米朝間の和平協議を引き裂いた米国軍産複合体

かつて米国のトランプ大統領が北朝鮮との和平確立に向け、精力的に行動したことがあった。北朝鮮の金正恩（キムジョンウン）最高指導者と2度の直接会談を実現させた。北朝鮮の完全な非核化に向け、直接対話を実行した。

北朝鮮にとっての核武装は、国家の存続を図る生命線である。米国との緊張緩和の手順を確認しつつ、和平への道筋が明確になった段階で、北朝鮮が核武装を全面的に廃棄することが検討されると想定される。

当初、その方向での問題決着が示唆されたが、2回目会談に向け、米国の設定条件が一気に硬化した。北朝鮮側が一方的に全面的な核廃棄を行うことが和平の条件であると〝変更〟されたのである。結局、米朝の対話は物別れに終わった。

米朝間の協議の〝不成立〟を主導したのは、ボルトン大統領補佐官であったと見られている。米国の軍産複合体にとって、戦争の〝種〟は生命線である。戦争の火種を温存し、あわよくば戦乱を創出する。

東アジアにおける緊張関係の構築は、日本の軍事費増大の重要なエネルギー源になる。

東アジアの平和と安定の創出は、米国軍産複合体の〝死〟を意味する。トランプ大統領が北朝鮮との和平を確定することは、米国軍産複合体にとっての〝悪夢〟である。

米国大統領は、米国のＤＳ巨大資本の支配下にある人物に限られるはずである。しかしながら、トランプは選挙活動資金の多くを〝自力調達〟した稀有な例であった。そのために、米国巨大資本の完全支配下ではない大統領が誕生した。

そのトランプ大統領と巨大資本は折り合いをつけようとしたが、巨大資本にとっては制御不能な側面があり、〝断固排除〟の方針が取られたのだと考えられる。

２０２０年大統領選挙が不正選挙であったのかどうかの確証を得ることは困難であるが、米国巨大資本がトランプの再選を阻止するために総力を注いだことは想像に難くない。そのＤＳに真正面から対峙する新たな大統領候補の出現が明確になろうとしている。

仮に台湾有事が発生し、中国が軍事行動を引き起こすとする場合、戦場とされるのは台湾および米軍基地が存在する日本となる。岸田内閣は南西諸島での戦争遂行体制を強化しているが、戦乱が発生し犠牲になるのは、常に戦場とされる地の市民と戦場に送られる末端の兵士である。

ウクライナにおいても巨大な犠牲が発生しているが、その犠牲者はすべてウクライナの地に住む人々とウクライナの地に送られる末端の兵士である。

戦争を創作し遂行する者は常に安全な場に我が身を置く。戦争を創作する者からははるか遠い彼方で戦乱は創作され、軍産複合体は軍事装備品の売上激増によって巨大な利潤を獲得する。これがＤＳの戦争ビジネスモデルであり、そのビジネスモデルに沿う新しい戦乱が東アジアで創作される危険が存在している。

米国巨大資本に支配されなかったトランプ前大統領

米国の分断が顕著である。

米国政治思想、思潮の属性を区分する分類基準が複雑化している。従来の民主党と共和党は極めて類似した政治思潮を基盤としていた。資本主義経済の根本原則を共有する、資本の論理そのものを肯定するという大前提の下に政党分化が生じていた。

米国大統領に就任するには、民主、共和両党の指名候補になることが必須の条件である。大統領候補になるためには巨大な資金が必要不可欠である。そのために民主、共和両党の大統領候補は確実に巨大資本の〝支配下〟に置かれることになる。

結果として、どちらの政党の候補が大統領に就任しても、巨大資本の利害を〝損ねる〟施策を打ち出すことはない。

その例外となったのがトランプ大統領である。トランプ大統領は巨大資本の直接支配下に置かれる人物ではなかったために、巨大資本の直接コントロールを受けない。とりわけ軍産複合体の利害とは〝衝突〟する部分が大きかったと考えられる。同大統領が北朝鮮和平に突き進もうとしたのもその証左であろう。

しかしながら、トランプ大統領が所得再分配政策を重視するリベラルの思想に近かったといえば、そうではない。経済政策運営において市場原理を主軸に置き、所得再分配には消極姿勢を示した。

またキリスト教の伝統的な教義に関して言えば、保守の基盤に立っていた。米国のリベラル勢力が中絶の自主決定権を重視するのに対し、伝統的なキリスト教系会派は堕胎の自由を認めない。この側面においても保守的な主張を展開していたと言える。

バイデンが大統領選挙でトランプに勝利した背景は、同氏が米国を支配する巨大資本、とりわけ軍産複合体の〝完全支配下〟の人物であった点が大きい。巨大資本ＤＳ（Deep State）勢力は、トランプ再選を阻止するために総力を結集した。不正選挙を実行するインセンティブは少なくとも存在したと言っていいだろう。

トランプはこの意味で、ＤＳの直接支配下にない大統領としての特色を有していた。

米国大統領候補の政治思潮の属性を保守とリベラル、DSと反DSという座標軸で区分すれば、次のような位置づけが可能であろう。

2020年大統領選挙で健闘したバーニー・サンダース候補ならびにエリザベス・ウォーレン候補はリベラル主張の強い候補者であった。バイデン大統領は明確にDSの直接支配下にある候補。経済政策思潮はややリベラル側に重心を置く。

これに対しトランプ前大統領は反DSの色彩が強く、しかし所得再分配政策においては保守的傾向を強く帯びていた。

2024年大統領選挙は、現時点の情勢ではバイデンが再選を狙って再出馬し、共和党においてはトランプ前大統領が共和党の指名を獲得して大統領選に臨む図式になる公算が高い状況にある。

しかし、バイデン、トランプの大統領選出には障害もある。

バイデン大統領は2023年11月20日に81歳の誕生日を迎えた。この年齢でバリバリに活躍する人は存在するが、彼の場合、高齢化に伴う衰えが〝顕著〟になっている。多数の米国人は、同氏が2025年からの4年間の任期を全うすることが困難であると認識している。この意味で、その再選には大きな障害が存在する。

他方、共和党のトランプは現在77歳。高齢ではあるが、極めて健康状態は良好で体力面での懸念は小さいとみられる。しかしバイデン政権ならびにトランプを警戒するＤＳ巨大資本勢力がその復活を阻止するために総力を結集している。

そのために用いられているのが刑事司法の活用である。筆者は前著『千載一遇の金融大波乱』で、２０２４年大統領選でトランプが選出されることが困難ではないかとの見解を示した。その理由は刑事司法において追及を受けた場合に、大統領選で当選を果たす支持を獲得するのが困難であると考えたからである。しかし米国は日本と状況が異なる。日本であれば、政治権力が刑事司法の力を活用して人物破壊工作を展開すれば、それが影響力を発揮してしまう。

米国においてもその傾向が存在すると想定したが、米国ではむしろ逆の反応が示されている。政治権力が刑事司法の力を活用して人物破壊工作を展開した際に、市民が逆にトランプに対する支持を〝増強〟させるという反応が観測されているのである。

日本と米国の市民の〝民度〟の差が鮮明に表れている。台湾市民が、世論の誘導に屈することなく、台湾有事の危機を煽（あお）る動きが米国による工作であるということを〝見抜く〟能力を備えているのと同様に、米国市民は政治権力が刑事司法の力を不正利用し、人物破壊工作を進める点に強く反発する反応を示している。

この意味では、トランプが２０２４年大統領選挙で勝利する可能性を否定しきれない。

注目されるロバート・ケネディ・ジュニアの行動

２０２４年米国大統領選挙の台風の目となりうる存在が出現している。ロバート・ケネディ・ジュニア候補である。同氏は１９５４年1月生まれの69歳、２０２４年1月には70歳に到達する。ジョン・F・ケネディ元大統領の甥で、ロバート・ケネディ元司法長官の子息である。職業は弁護士。

ロバート・ケネディ・ジュニアは大統領選挙への出馬の意思を表明している。同氏が大統領になった際の最優先事項として挙げているのは、「国家権力と大企業権力の腐敗した融合」に終止符を打つこと。つまり、米国を支配する巨大資本ＤＳ勢力と真正面から〝対峙〟する方針を明示している。

また彼はワクチンビジネスに対する強い警戒論を唱えている。実際にワクチンによる災厄は想像を絶する規模で広がっていると考えられるが、彼はこの点を明確に主張している。またウクライナにおける戦乱も、巨大資本の利益のための戦争であるという〝本質〟を衝く発言を行っている。

ということは、同氏は世界市場を統一し、利潤を極大化させようとする巨大資本ＤＳにとって、もっとも目障りな存在ということになる。

巨大資本はメディア支配力を駆使して、こうした論説を流布する人物を徹底攻撃し続けてきた。その対象に、当然のことながらロバート・ケネディ・ジュニアも含まれている。

それにもかかわらず、彼が大統領選挙の支持率調査で一定の支持を集めていることは〝驚異的〟であると言える。10月9日、民主党の〝指名〟を獲得することは困難であるとみられるため無所属で選挙戦を戦うことを明らかにした。

仮にバイデン、トランプ、ロバート・ケネディ・ジュニアの3氏が大統領選挙に出馬した場合には、ケネディ・ジュニア候補の得票によって、バイデン候補、トランプ候補のどちらの票が大きく〝減少〟するのかが焦点となるだろう。

もともとケネディ・ジュニアは民主党所属であり、順当に考えればバイデンの得票が減り、トランプに有利に働くと考えられる。

バイデンの高齢に伴う健康不安を踏まえれば、より大きな影響が生じる可能性も考えられる。ケネディ出馬はトランプ選出を促進する働きを示す可能性がある。この場合、DSがバイデンに出馬辞退を促し、民主党がバイデンに代わるDS支配下の人物を民主党候補に押し上げる可能性がある。

いずれにせよ米国の政治状況において、巨大資本が政治領域を完全支配する構造が〝不安定化〟していることは事実である。

トランプ大統領が誕生したことは歴史の事実であり、DSの巻き返しにより再選は阻止されたものの、新たにロバート・ケネディ・ジュニアのような正面からDSと対峙する候補者が出現しつつあることは、驚くべき変化であると言ってよい。

気になるのはケネディ・ジュニア候補が、その主義主張から、抹殺＝暗殺の対象とされかねないこと。同氏が身辺警護に特段の注意と警戒を払うべき状況が強まっている。

ひたすら米国にひれ伏すのみの日本

米国の一極支配の構造が緩やかに崩壊に向かっている。

米国に代わり中国が世界最大の経済大国として、名実ともに地位を確立するまでの時間は長いものでない。

中国のみならずインド、ブラジル、ロシアの相対的比重は上昇し、さらに資源大国であるサウジアラビア、アラブ首長国連邦等がこの新興経済成長国グループに名を連ねている。

米国と欧州の利害は完全一致しない。経済取引上、欧州諸国の対中国依存度が急激に上昇し始めている。

トランプ大統領は米中貿易戦争を仕掛け、米中間の交易を大幅に制限したが、米国の巨大資本が中国ビジネスの権益を〝放棄〟することに全面賛成することは考えられない。米国巨大資本が、超強大化する中国ビジネスを〝無視〟することは不可能である。欧州においても対米貿易取引量と対中国貿易取引量が伯仲しており、経済活動の上で中国と〝全面対決〟することは国益に反するものになっている。

このなかで日本だけは、米国にひたすらひれ伏す政治運営を続けている。アジア諸国が台頭し、米中の経済力が拮抗する状況下である現在、アジアの一員として日本は対米隷属一辺倒でなく、米国と中国の間を取り持つ〝扇の要（かなめ）〟としての存在意義を発揮すべきである。

2023年5月にサミットが広島で開催された。かねて岸田首相は、総理大臣の権限が日本で一番大きいことから首相を目指したと述べていた。補足して本当にやりたいことを実現するには権限が必要だとも述べていた。

その権限を活用できる最高の機会が到来した。サミットの広島開催である。

G7は核兵器禁止条約にコミットしていない。P5（国連安保理常任理事国＝Permanent members）が核兵器を独占保有している。その体制を永続させ、核拡散を防ぐためのNPT（核拡散防止条約）に加盟しているだけである。岸田首相は広島サミットの機会に、G

7諸国を核兵器禁止の方向に一歩踏み出させる〝イニシアティブ〟を発揮するべきだった。しかし岸田首相がとりまとめた広島ビジョンには、「核兵器は役に立つ兵器である」という内容が盛り込まれた。核兵器廃絶の情報発信は不発に終わった。

ウクライナのゼレンスキー大統領が広島サミットに出席した。この機会にウクライナ停戦に向けてのアジェンダ構築を提案すべきだったが、打ち出したのはウクライナへの武器支援のみだった。

平和憲法を持つ稀有な存在として、日本は〝独自〟の外交力を発揮すべき立場に置かれているのに、力をまったく発揮できずにいる。ただひたすら米国にひれ伏すのみである。

バーゲンセールとなった日本の価値

その日本経済が深刻な苦境に陥っている。

日本円が暴落している。日本経済の停滞が30年に及んでいる。生活者、消費者、労働者の生活が奈落(ならく)に突き落とされている。

岸田内閣は経済安全保障担当大臣を置いている。安保担当相は、日本の科学技術知見の海外流出を防止することを唱えている。しかしながら、日本の科学技術知見の水準が〝凋落〟している。いまや日本が中国への科学技術知見の流出を警戒するよりも、中国が日本への科学技術知見の流出を警戒する重要性が客観的に見れば高まっている。

経済安全保障を論じるのであれば、最大の問題を引き起こしているのは日本円の暴落である。「実質実効為替レート」という通貨の最重要尺度において、日本円の力は１９７０年の水準を下回った。

当時は１ドル３６０円固定レートの時代であった。日本が輸出主導で経済成長を実現することができるように、為替レートが人為的に大幅円安の水準に設定された。日本は人為的円安水準により輸出を伸長させることで、経済成長を実現した。

しかしながら当時の為替レートの下で海外に身を移せば、日本円の〝弱さ〟に打ちひしがれたのである。

その時点の円よりも現在の日本円が弱い。輸出製造業は強い価格競争力を獲得し、有利な状況に置かれるが、日本の消費者は外国産のエネルギー、外国産の食料を購入するのに多額の支払いを強要される。

最大の警戒点は、日本の優良資産の価格が海外投資家から見れば〝破格〟のバーゲンセール価格になっていること。通貨暴落を放置すれば、日本が外国資本によって買い占められる。

1988年の米国大統領選挙において、ブッシュ父候補が掲げたのがストロングダラー・ストロングアメリカというフレーズであった。強い米国を回復するには、強いドルの回復が必要不可欠であると唱えた。

激しい円高と日本の資産価格上昇を背景に、ジャパンマネーが米国を席捲した。米国を代表する企業、商業ビル、ゴルフ場、高級ホテルの所有権が一斉に日本に流出した。ジャパンマネーのオーバープレゼンスが重大問題として浮上したのである。この事態にブッシュ父候補は、強いドル回復の必要性を唱えた。同年11月大統領選挙でブッシュ父が選出されると同時に、ドル上昇が始動した。その延長上に発生したのが日本のバブル崩壊であった。円安進行が金利上昇を引き起こし、日本の資産価格を〝暴落〟に転じさせた。その後の日本は失われた30年に突進した。文字通りの衰退の坂道を転げ落ちてきたのが、過去30年余りの歴史的真実である。

日本政府が現在の状況を放置すれば、日本全体が外国資本に買い占められることは火を見るより明らかだ。日本の優良企業の所有権、優良不動産の所有権、水源地の不動産所有権が激しい勢いで海外流出している。これ以上重大な経済安全保障問題は存在しない。通貨暴落を放置する、あるいは誘導する政策の〝愚〟に気づく必要がある。

第3章

けもの道に迷い込む日銀

旧知の植田和男新総裁

2023年4月10日、日本銀行総裁が10年ぶりに交代した。財務省出身の黒田東彦氏から、東京大学名誉教授の植田和男氏にバトンタッチされた。

筆者は植田氏と旧知の関係にある。筆者が大蔵省財政金融研究所（財金研）研究官として勤務した1985年から87年にかけての丸2年間、植田氏と同室で勤務した経験を持つ。植田氏は当時、大蔵省財政金融研究所主任研究官として、大阪大学助教授から招聘され、着任していた。筆者の財金研での勤務1年目の任務は、税制改革提案に関する経済効果推計業務だった。

1985年、中曽根内閣は大型間接税の導入を目論んだ。「課税ベースの広い間接税」の導入を大蔵省が検討し、中曽根内閣がこれを実現させようと考えたのである。「課税ベースの広い間接税」の言葉をアルファベット化し、「KBK」という符牒が用いられた。

現在の消費税につながる大型間接税導入は、かねてより大蔵省の〝悲願〟であった。1985年に提案された政府案は「売上税」であった。最終的に売上税の導入は失敗に終わった。その名称が「消費税」に変更され、89年度に実現することになった。

大蔵省は大型間接税の導入に向け、世論工作を始動させた。大型間接税を導入するために世論工作を行うプロジェクトが準備され、ＴＰＲと命名された。タックスのＰＲの意味である。ＰＲと表現すれば聞こえは良いが、実態は世論工作、情報統制であった。そのＴＰＲプロジェクトの事務局になったのが財金研だった。

筆者は直属の上司である主任研究官と2名体制で、税制改革が経済に与える影響試算を行った。マクロ計量モデルを創設し、税制改革を行った際の経済への影響を試算した。

想定された税制改革は、大型間接税を導入する代わりに税収規模が同規模となる所得税減税と法人税減税を〝同時実施〟するというものであった。

大型間接税導入で増収になるが、同金額を所得税および法人税の減税で経済に還元する。国税収入自体は不変、〝レベニューニュートラル〟の前提が置かれた。この税制改定を行った場合に、日本経済の成長率、個人消費、設備投資、住宅投資等にどのような影響が発生するかを試算するというものであった。

財金研研究部トップからの指令は、税制改革を行うことにより成長率ならびに消費、投資にプラスの影響が発生する試算を行え、というものだった。試算を行う前に結論が明示されている。不可思議と言える業務命令だったと言える。計量モデルを創設し、影響分析を行うのだが、分析を行う前に結論は決められており、その結論に合致するような試算を行うことが命じられた。有り体に表現すれば、「でっちあげ」試算をすることを命じられたことになる。

各種の人為的操作を行うことによって、筆者たちのグループは命令通りの試算結果を〝創作〟した。この政府試算結果を大蔵省から発表するのでは世間の信用が得られない。そこで財金研研究部で行った影響試算結果を、最終的に経済企画庁から発表させるための工作が展開された。

経済企画庁の重要ポストに大蔵省のからの出向者が在籍している。その経済企画庁在籍の大蔵省出向者が〝スパイ〟の役割を果たし、大蔵省本省と連絡し、最終的に経済企画庁から税制改革の経済効果試算を発表する工作が行われた。

当時の中曽根首相は、選挙前に〝投網〟をかけるような間接税は導入しないなどの発言を示していた。中曽根内閣は1986年7月の衆参同日選挙に勝利した。この選挙に際し、中曽根首相は所得税、法人税の減税を行うことを提案していた。

この減税提案もひとつの背景となり、自民党はこの選挙で大勝した。中曽根首相は選挙直後に減税には財源が必要であるとし、売上税の導入を提案した。

しかしながら中曽根首相は選挙前に投網をかけるような大型間接税はやらないと発言していた。この点について同氏は、同日選挙終了10日後に「大型間接税」はやらないが、日本型付加価値税の「新型間接税」をやると言い出した。

だが、この方針提示が大きな反発を生んだ。

紆余曲折の末、中曽根内閣は1987年2月、「売上税法案」を閣議決定し、国会に提出した。しかしながら、この売上税法案は国会で審議されることなく、同年5月27日に廃案となり、潰れたのである。

売上税構想が潰えることになった最大の契機は、税制改革が所得階層別にどのような影響を与えるかに関する影響試算が民間研究機関から公表されたことにあった。

売上税を含む増減税同額の税制改革が中間所得者層以下の所得階層において、差し引き〝増税〟になるとの試算結果が公表され、売上税反対の大合唱が沸き起こったのである。

財金研研究部での研究業務に話を戻す。1985年は税制改革の経済に与える影響試算の分析に多くの時間が費やされた。

これに対し、1986年から87年にかけての研究期間においては、研究業務の多くが日銀の短期金融市場における金融調節に関する分析に費やされることになった。

既述の通り、この研究業務を指導し、筆者が共同で研究させていただいた主任研究官が植田和男氏だったのである。

植田氏はマクロ経済学の泰斗であったが、日銀の金融調節、短期金融市場におけるオペレーション等の詳細についての研究に踏み込まれたのは、この研究が端緒であったと思われる。

市中銀行は、日銀に対する準備預金の積み立てを月次ベースで行っている。市中銀行は銀行が受け入れる預金に対し、預金準備率を乗じた準備預金を日本銀行に積み立てる責務を負う。

しかしながら市中銀行が日銀に積み立てる準備預金資金を提供するのは日銀である。1ヵ月の預金残高に応じて決定される必要な準備預金の積み立ては、半月遅れの翌月月央までに積み立てねばならないとされている。日銀が各銀行に対し提供する日銀貸し出しの金額の調節により、各銀行の準備預金積立ての進捗率が変化する。

日本銀行は、各市中銀行の準備預金の積み立て進捗ペースを操作することを通じて、金融政策運営に関するシグナルを当該市中銀行ならびに金融市場全体に発することになる。非常に細かでテクニカルな日銀の金融調節業務は「積みの調整」と呼ばれるもので、日銀の金融調節のいわば核心をなす。

筆者がこの分野の分析を専門的に行ってきた経緯があり、この研究をベースに植田和男氏との共同研究に携わらせていただいた。その研究成果が共同論文として『現代経済学研究』（東京大学出版会）に所収されたことは既述の通りだ。

民主党政権誕生試金石になった日銀人事

その植田和男氏が金融政策分野における研究を重ね、のちに日銀の審議委員を務められ、今回の日銀人事において日銀総裁に起用された。

日銀総裁ポストは、かつては大蔵省（現財務省）の最重要天下りポストのひとつであった。同ポストは、日銀出身者と大蔵省＝財務省出身者が5年おきに就任する、いわゆる「タスキ掛け人事」の対象とされていた。

大蔵省官僚の最高ポストである事務次官経験者のうち、基本的に10人に1人が日銀総裁ポストに就任できる。日銀内部でも、日銀入行者のなかで10年に1人だけが日銀総裁ポストに就任できるという人事慣行が存在し続けてきた。

日銀入行者、大蔵省＝財務省入省者にとっての最終目標ポストとして、日銀総裁の地位は位置づけられてきた。日銀内部では5年先、15年先、25年先の日銀総裁就任者が予想される事態が存在していた。いまでは想像もつかない風習が存在したのである。

ところが日銀、大蔵省の不祥事が重なり、さらに金融政策運営における専門性の必要性が格段に向上したことなどを背景に、日銀人事の決定方式が大きく変更されて現在に至っている。

筆者は、官僚天下り制度の〝根絶〟を30年来提唱し続けてきている。その重要な一環として、大蔵省＝財務省出身者による日本銀行への天下り根絶を提唱してきた。

2008年の日銀人事で、筆者は財務省からの天下りを停止することを強く働きかけた。その結果として誕生したのが、同年の白川方明（しらかわまさあき）総裁である。

このとき水面下で政治上の大きな駆け引きが発生した。

財務省は当初、武藤敏郎氏の日銀総裁就任を希望した。しかしながら財務省出身者の天下り阻止の世論が高まり、武藤敏郎氏の日銀総裁就任論は消滅した。代わって浮上したのが、渡邊博史財務官の日銀副総裁就任案であった。

当時民主党代表であった小沢一郎氏が財務省からの天下り反対の意向を表明した。ところが民主党内部で種々の動きがあり、鳩山由紀夫幹事長がテレビ朝日情報番組「サンデープロジェクト」において、渡邊博史財務官の副総裁就任を容認すると受け取れる言質（げんち）を司会の田原総一朗氏に取られることになった。

渡邊博史財務官の日銀副総裁就任は、小沢一郎氏が掲げた財務省からの天下り阻止の方針に抵触することになる。同氏の副総裁就任容認の動きは小沢一郎氏を失脚させようとする工作活動の一環として展開されたものであると推察される。

筆者は日銀人事に関して、財務省からの天下りを排除するために当時の民主党国会議員全員に対して、個別に意見書を送付した経緯を有する。この件に関して、民主党議員の仙谷由人氏とメールで交信した記録も残されている。この副総裁就任容認を根回しした中心人物は仙谷由人氏であったと推察される。

結局、日銀副総裁にも財務省出身者は就任せず、小沢一郎代表の威信が傷つけられることは回避された。2006年の小沢一郎氏民主党代表就任以来、鳩山・小沢主導の民主党政権が破壊される「2010年問題」顕在化に至るまで、小沢氏を失脚させようとする工作活動が延々と展開された。その一環に2008年春の日銀幹部人事問題が位置づけられる。小沢氏はさらに同年の民主党代表選での失脚工作をくぐり抜けたが、政治謀略工作の西松・陸山会冤罪（えんざい）事案に巻き込まれるなかで盟友の鳩山由紀夫氏にバトンを引き継ぎ、2009年の政権交代を成就させたのである。

ときの政権に支配される運命にある日銀

日銀幹部人事には、財務省による日銀支配という重大な問題がついて回っている。

2013年から23年までの10年間、安倍内閣のもとで黒田氏が日銀総裁に起用された。日銀の政策決定は金融政策決定会合に委ねられるが、この会合の参加者は9名である。総裁1名、副総裁2名、審議委員6名の計9名による協議により、金融政策が決定される。問題はその人事だが、すべての人事決定権が内閣にある。参議院で野党が与党を数で上回る「ねじれ国会」の状況においてのみ野党が強い影響力を発揮することになる。

この場合を除き、日銀の政策運営は内閣の方針に〝従属〟することになる。裁判所人事にも通じる重大な問題点である。つまり日銀の政策運営も裁判所の司法判断も、突き詰めると、内閣の影響を免れない側面がある。金融政策と司法判断が行政権力に支配されてしまうという重大な問題が存在する。このことが現行金融政策運営上の最大の問題点であると、筆者は考える。

2013年から23年の間、黒田東彦氏が日銀総裁を務め、結果的に見れば財務省による〝日銀支配〟の構造が完全に構築された。このことがもたらす意味、弊害を長期で検証する必要が生じる。

２０２３年日銀人事においては、注目された日銀総裁に植田和男氏が起用された。黒田総裁時代の副総裁職にあった雨宮正佳氏の日銀総裁就任が本来は順当であったと考えられる。しかしながら、この人事案を雨宮氏自身が固辞したと伝えられている。

日銀は黒田日銀の政策運営〝修正〟を求められる局面にあった。政策修正が必要であるときに、黒田日銀の政策立案を支えた副総裁が日銀総裁に就任して政策修正を行うことの論理的整合性を、雨宮氏自身が〝問題視〟したのではないかとも伝えられている。

また、黒田日銀の政策運営を問題視してきた日銀ＯＢが、黒田氏の下で副総裁を務めた雨宮氏の総裁就任に難色を示したとも伝えられている。

日銀トップに求められる資質

こうしたなかで白羽の矢を立てられたのが植田和男氏であった。副総裁には財務省出身の氷見野良三氏、日銀プロパーの内田眞一氏が起用された。氷見野氏は金融庁長官まで歴任した財務省出身者である。

筆者は、財務省出身者の日銀総裁、副総裁就任に基本的に反対の立場であるが、氷見野氏について言えば、その弊害は限定的であると考えている。氷見野氏は筆者と同年次であり、その人柄をよく知っている。極めて学識が深く温厚な人物である。

日銀総裁を含めて中央銀行トップに求められる資質は以下の3点であろう。

第一は高度の専門能力、金融政策、マクロ経済学の専門家であることが必要な資質である。

第二は現実の経済、金融情勢を的確に把握、分析する能力だ。学者として優れていても、現実の経済、金融分析において高い能力を備えているとは限らない。中央銀行トップは、現実の経済と対峙する高度に専門的な能力を備えると同時に、現実の経済、金融変動について的確に理解する能力、そして本質を洞察する〝実学〟としての能力を求められる。

理論的なエキスパートであっても、現実の情勢を的確に判断する能力を持ち合わせていなければ、中央銀行トップの業務を円滑にこなすことはできない。

第三は市場との対話、政治過程との対応における高度な能力である。金融政策運営には政治からの強い風圧が生じる。政治からの風圧で政策対応を誤った中央銀行トップが少なからず存在した。

同時に、中央銀行トップは金融市場と適切に対話する能力を持つことを求められる。金融市場に的確なメッセージを提供し、政策変更を円滑に金融市場に吸収させることが重要である。

「サプライズ」が必要な局面がないとは言えないが、いたずらに金融市場を混乱に陥れることは回避されるべきである。とりわけ金融市場が警戒する政策運営については、できるだけ早い段階で方向を金融市場に〝示唆〟し、現実に政策を実行する段階で市場が大混乱をきたすことを回避することが望ましい。

あらかじめ金融市場に金融政策運営の見通しに関する必要な情報を提供することを「フォワードガイダンス」と表現するが、この機能を重視した政策運営を行うことが必要である。

米国のイエレン前ＦＲＢ議長、パウエル現ＦＲＢ議長は、３つの要件を完全に満たしている稀有の人材といえる。筆者はイエレンのＦＲＢ議長就任を予測し、それが現実化した。２０１８年ＦＲＢ人事ではイエレンの続投を望ましいと考えたが、トランプ米大統領はイエレンからパウエルへの交代を実行した。

パウエルの力量については未知の部分が大きかったが、同年以降の政策運営において、十分かつ見事な力量を備えていることが実証された。

日本において、この3つの要件を満たしてきた中央銀行トップとして挙げることができるのは２００３年3月から08年3月まで日銀総裁を務めた福井俊彦氏であろう。

筆者は２００８年の日銀人事において、白川方明氏の総裁就任を水面下で強く推挙した。白川氏は高度な専門能力を有し、かつ優れた現実分析能力を有していたが、任期の後半においては政治家らの風圧にさらされる面が多かった。

日銀は政治からの風圧に対し正論で対応すべきであるが、日本銀行法における日銀幹部に関する人事権の所在が、正論が正論として尊重されない〝脆弱性（ぜいじゃく）〟をもたらしている。政治権力が人事権を振りかざせば、政策運営が歪（ゆが）められてしまうという脆弱性が存在する。

その意味で、白川方明氏に対する風圧は〝理不尽〟なものであったと断じてよい。かつて日銀出身の佐々木直氏は、政治からの圧力を過度に重視したが故にインフレへの対応に失敗した。しかしながら後任の大蔵省出身の森永貞一郎氏がインフレへの対応に成功を収めたという事例もある。

いまや中央銀行のトップ人事は、一国の経済の命運を分かつほどに重要な意味を有している。米国ＦＲＢ議長の系譜を見る限り、米国は極めて適正なＦＲＢ人事を実現させていると言える。

不十分な植田日銀の政策修正

2023年4月の日銀総裁人事は意表をつくものであったといえ、全体として見れば、適正な人事であったと評価することができる。しかしながら日銀新体制が発足して半年の時間が経過したいま、日銀政策運営に問題が存在しないかといえば、否である。

日銀はより柔軟に政策修正を〝断行〟すべきである。

日銀総裁に就任するためには、国会における同意人事というハードルを超える必要がある。日銀幹部就任に国会の同意が必要であるからだ。現在の国会を支配しているのは自公の与党勢力であり、この自公の与党勢力が黒田総裁以来の大規模金融緩和路線を日銀に強く求めてきた。

日銀は政治権力の支配下に置かれる存在であり、その黒田日銀が政治権力の意向を反映して大規模金融緩和政策を実行してきた。

2023年春の日銀同意人事国会質疑において、植田和男氏は繰り返し黒田日銀の金融緩和路線を維持するかどうかを問われた。この質疑において植田氏が政策修正方針を明示していれば、植田和男日銀総裁は誕生していない。先にも記したとおり、日銀総裁に就任するためには、国会多数勢力の意向を是とすることが必要不可欠となっているからだ。

仮にその主張が間違っているとしても、それを非とすれば日銀総裁に就任することはない。この意味で、植田新総裁は政治権力から重い〝足かせ〟をはめられているということになる。その〝足かせ〟の存在を踏まえながら、適正な政策運営を進めなければならないが、現時点においては日銀の政策修正は不十分である。日銀の本来責務に反する側面が残存している。

黒田前総裁の亡霊が植田和男新総裁に憑依(ひょうい)する側面を否めない。

日本国民には幸運だった黒田日銀の挫折

2013年春に黒田東彦氏が日銀総裁に就任した。黒田日銀は、2年以内に消費者物価上昇率を2%まで引き上げることを公約とした。

また日銀副総裁に就任した岩田規久男氏は、国会同意人事において2年以内に消費者物価上昇率を2%まで引き上げることに失敗した場合の責任の取り方について質問を受けた。岩田氏は「日銀副総裁の職を辞して責任を示すことがわかりやすい」と答弁した。果たして日銀は公約を実現することができなかった。

筆者は、2013年7月の参議院選挙直前に、『アベノリスク』(講談社)という書を上梓した。安倍政権持続がもたらす7つのリスクを列挙した。インフレ誘導、消費税増税、TPP参画、原発稼働、天下り、憲法改悪、戦争推進という巨大リスクに警鐘を鳴らした。実際に、2012年末以降の安倍内閣の7年半に日本は根本的な変質を遂げてしまった。同書のなかで黒田日銀の政策運営についても詳細な分析を示した。その結論として黒田日銀がインフレ誘導を目指し、大規模金融緩和を実行しても、その実現は困難であるとの見通しを記述した。

同時に筆者が強調したのは、インフレ誘導政策そのものの〝誤り〟だった。この時点で提示した筆者の見解、主張はいまも変わらない。

中央銀行が短期金融市場で資金供給を無制限、無尽蔵に拡大させても、インフレを誘導できるとは限らない。インフレを誘導するために必要な事象は、金融市場全体に供給されるマネーストック(貨幣の総量)の増大であるからだ。

金融市場全体に供給されるマネーストックとインフレとの関係について実証的な研究を行い、ノーベル賞を受賞したのがミルトン・フリードマンである。

中央銀行が短期金融市場で超金融緩和政策を実行しても、必ずしも金融市場全体のマネ

M2前年同月比伸び率（米国、%）

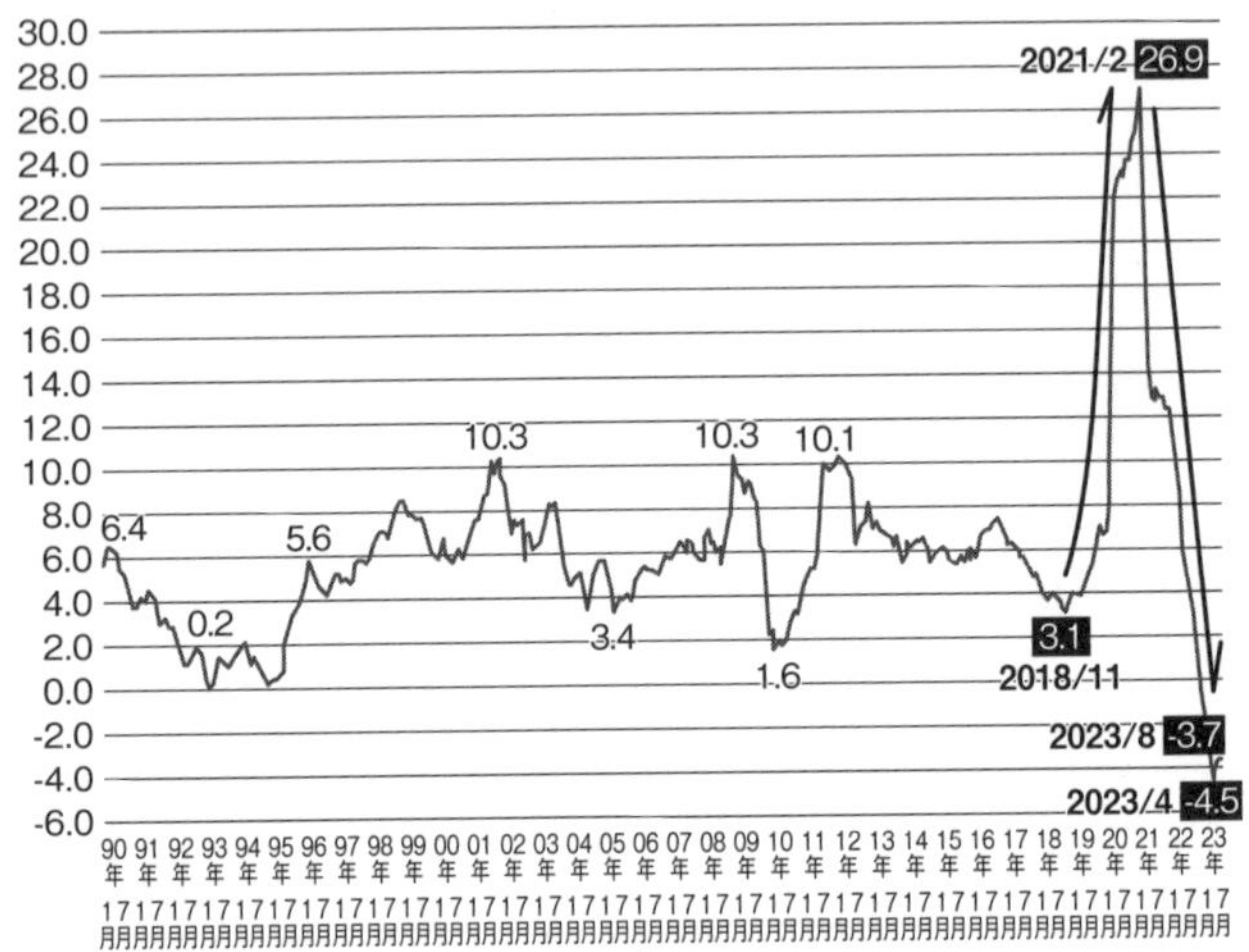

M2平残前年同月比伸び率（日本、%）

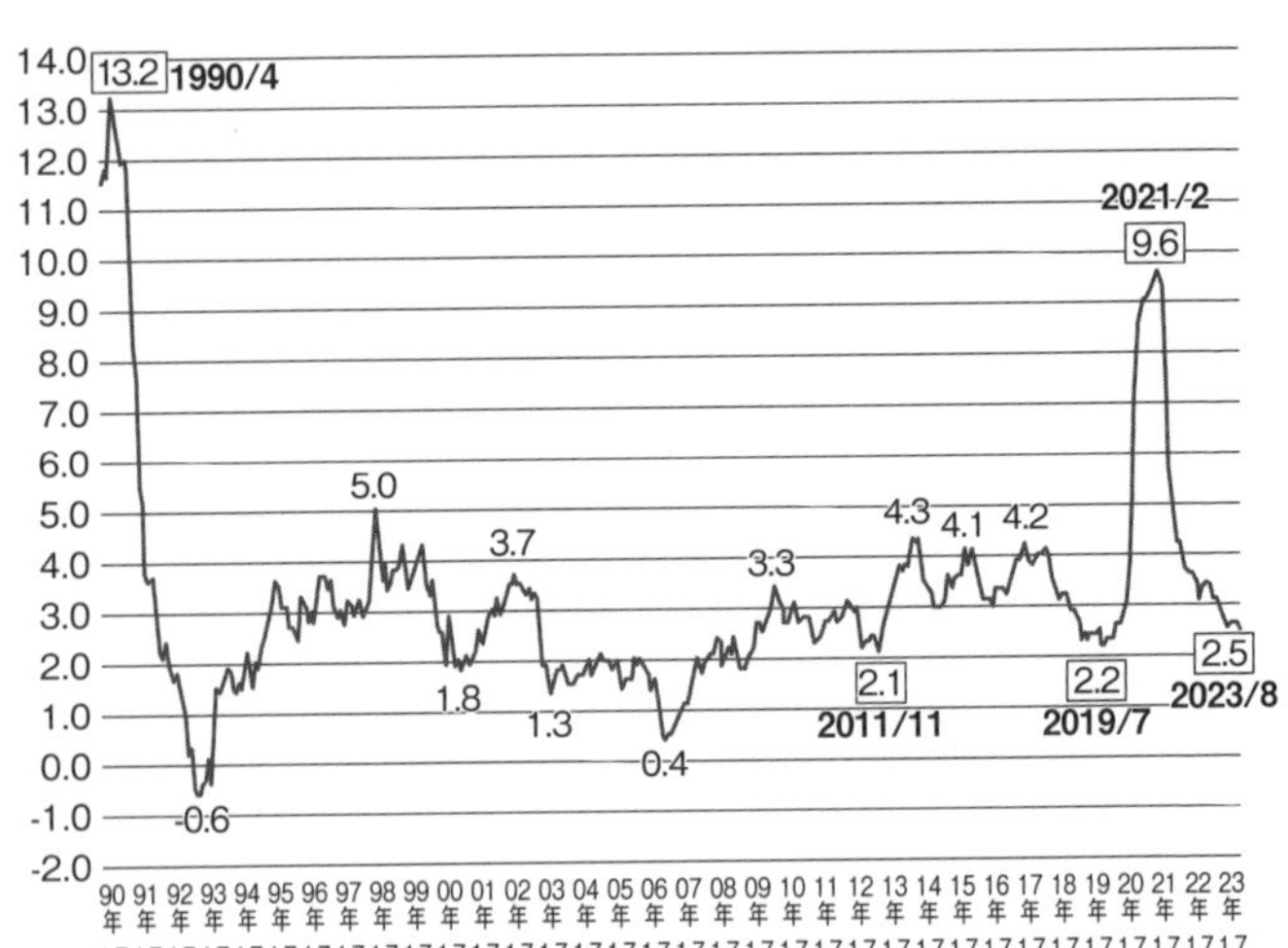

ーストックが増大するわけではない。

したがって黒田日銀が大規模金融緩和政策を実行しても、マネーストック全体が大幅増大する保証はなく、その結果としてインフレ率引き上げが実現する保証はなく、現実にインフレ率上昇が実現しない可能性が高いことを明記した。実際にその通りの現実が生じたのである。

代表的なマネー指標であるM２の伸び率推移グラフを掲載したので確認いただきたい。１９８７年から１９９０年にかけて、日本でバブルが発生した。このバブルを生み出した原動力のひとつが過剰流動性〝供給〟だった。米国の経済学者ジョン・ケネス・ガルブレイスは『バブルの物語』（みすず書房）に、バブルが発生するときに常に観察される２つの事象を挙げている。

それは「神話の存在」と「金融の後押し」である。神話の存在とは、資産価格が上昇し続けるという神話が社会全体に出現することを指す。１９８０年代後半から90年にかけての日本においても、「右肩上がりの神話」が出現した。

第2の必要条件は資産を取得するための資金が融通されること。筆者はバブル生成、崩壊に関する分析を行い、多数の研究業績を残してきた。日本におけるバブルの生成、崩壊過程を最も的確かつ正確に分析した研究業績であると自負している。

１９９０年に日本のＭ２伸び率は２桁の伸びを記録した。その後、政策当局は政策路線を〝バブル潰し〟に転換した。バブル崩壊が始動してから不動産総量規制を始動させ、日銀は金利の大幅引き上げに突き進んだ。

この政策対応に大きな問題があった。本来はバブルが生成する過程でブレーキを踏み、バブル崩壊が始動したら、そのブレーキを緩めるべきものであった。

ところが日本の政策当局の対応は〝真逆〟だった。バブル生成の局面でアクセルを全開にし、バブル崩壊が始動してからブレーキを全力で踏み込んでいった。このためにバブルは過大になり、バブル崩壊後の混乱が無間地獄の様相を呈することになった。

２０１３年春に黒田東彦氏が日銀総裁に就任して以来、日銀は大規模金融緩和政策を実行し続けた。しかしながらＭ２伸び率は４％台までしか上昇しなかった。

緩和効果はゼロではなかったが、金融市場全体にマネーストックが大規模に供給されるという事態は生じなかった。

その結果としてインフレ率の大幅上昇は実現しなかった。筆者はインフレ誘導政策が正しい政策であると判断していないため、この現象は不幸中の幸いであったと評価している。黒田氏のインフレ誘導が挫折したことは、日本の国民にとっては幸いだった。

いまもインフレ誘導の旗を降ろしていない日銀

黒田東彦氏が日銀総裁に就任したとき、経済学の世界では意見が割れた。日銀の大規模金融緩和政策によるインフレ誘導が可能であるとの主張が多数派を形成した。筆者の主張は少数派の見解だった。

大規模金融緩和を実行しても、マネーストック増大につながらない可能性は十分に存在し、その場合にはインフレ誘導が実現しない可能性を筆者は指摘した。現実に生じたのは、筆者の仮説に沿う現実だった。量的金融緩和は実行されたが、マネーストックの大幅増大は実現せず、インフレ率大幅上昇が実現しなかった。

ところが２％インフレ公約が黒田日銀第２期の最終局面で現実化した。日本の消費者物価上昇率がついに２％を突破したのである。しかし、その要因は黒田日銀の政策采配によるものではない。原油価格が上昇し、世界のインフレが進行したこと、さらに円安が進行し、輸入価格が大幅上昇したことによるものだ。また、コロナに伴う過剰流動性供給が重要要因になった。

２０２３年11月現在、日本のインフレ率は日銀目標値をはるかに超えている。欧米の金融政策当局はインフレを鎮圧するために全力を注いでいる。日本も足並みをそろえてインフレ抑止に取り組むべき局面だが、日銀はいまなおインフレ誘導の旗を降ろしていない。その政策スタンスは正しいものでない。

話はやや複雑になるが、日銀の政策運営は現実の実態として、すでに金融引き締め方向へ転じている。日銀が大規模金融緩和、異次元金融緩和政策を実行し続けているというのは、現実の実態と乖離（かいり）している。マネーストック伸び率推移のグラフを見ていただきたい。日本のM２伸び率も２０２１年２月の前年比９・６％増から、２０２３年８月の前年比２・５％増にまで、伸び率を著しく低下させている。

日銀は現実の政策運営実態を正確に表現すべきであり、政策目標としてもインフレ誘導ではなく〝インフレ抑止〟に転換していることを実態に即して説明するべきである。

しかしながら日銀の公式説明は、いまなお「インフレ誘導を引き続き目指している」「ねばり強く金融緩和政策を維持する」になっている。現実の実態と政策表明のねじれが、ある種の混乱をきたし、今後、政策運営を説明する表現を変更する際に、何らかの金融波乱が引き起こされる可能性があると思われる。

日銀が円滑に政策修正を宣言することに、大きな困難を伴うとは考えられない。世界の金融政策運営がすでに金融引き締め政策最終段階に移行しているため、日銀は巨大なコストを支払うことなく舵取り転換を実行できる〝有利〟な立場に置かれている。その有利な立場を生かし、政策運営の軌道修正を円滑に宣言することが求められている。

経済政策運営の要諦を考察する

2019年はトランプ大統領が米中貿易戦争を強硬に推進した年であった。

トランプ大統領は米国株価が大幅上昇すると、強気の発言を示すという傾向を示した。中国から米国への輸出に対する関税率を大幅に引き上げる方針を、一方的に表明し続けた。そのたびごとに株式市場は株価急落の反応を示した。

2019年半ばにトランプ大統領が対中国強硬発言を示し、株価が急落した局面があった。このときに株価急落の流れを変えたのもパウエルFRB議長だった。

6月4日、シカゴ連銀主宰会議でパウエル議長は、「貿易交渉などの問題が米経済の行方に与える影響を注意深く観察し、これまでと同様、景気拡大を維持するためわれわれは〝適切な行動を取る〟」と明言した。利下げ断行を示唆し、現実に2019年後半に三度の利下げを断行した。グラフのなかに②で示した部分だ。

FFレート

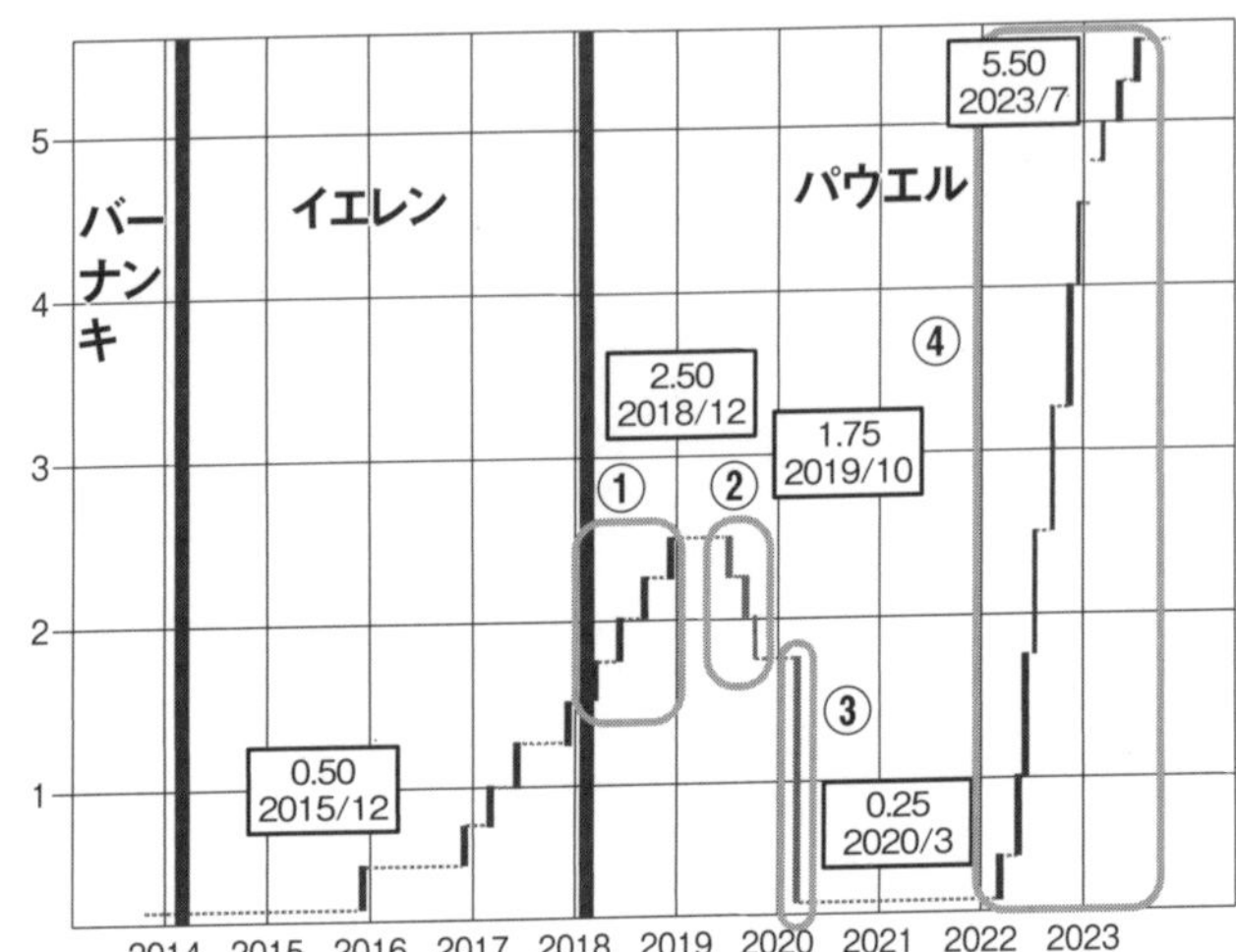

２０１８年は極めて強い姿勢で四度の利上げを断行（グラフの①）。２０１９年に利上げの行き過ぎに対する懸念が強まると、一転して柔軟に三度の利下げを実行したのである。

年が明けた２０２０年に、世界を大きな脅威が包み込んだ。

２０２０年2月から3月にかけて、コロナパンデミックのパニックが世界の金融市場を覆い尽くした。内外株価はわずか1ヵ月で3割から5割の大暴落を演じた。この局面で、もし米国政策当局が迅速かつ果断な行動を示していなければ、その後の経済、金融変動はまったく違うものになったと考えられる。

株価下落が進行すれば、大規模企業破綻、金融機関破綻が連鎖する。それが放置されれば、経済恐慌に進展した可能性が高い。コロナパンデミックは、世界恐慌を引き起こす起爆力を有していた。

危機に対応したのは、先にも記した通り、パウエルFRB議長とトランプ大統領のコンビだった。パウエルFRBは、２０２０年３月に１・５～１・75％の水準にあったFFレートを一気に０～０・25％の水準に引き下げた。０・25％幅の利下げであれば６回分に相当する利下げを、わずか１ヵ月の間に実行した。他方、トランプ大統領は３月下旬にわずか１週間で２兆ドルの景気対策を策定し、議会を通過させた。

目にも止まらぬスピードで、大胆な財政・金融政策総動員が実行された。この政策総動員を背景に、世界の株価が方向を転換し、その後の未曽有の株価大暴騰を生み出した。世界経済は奈落に転落することを免れた。グラフの③の部分である。

２０２０年から２０２１年にかけて、大規模財政金融政策が実行された。

米国のM２伸び率推移を再度ご覧いただきたい。２０２１年２月に米国のM２伸び率は前年比26・９％の伸びを記録した。米国においても、コロナ関連の融資が無制限、無尽蔵に供給されたと言える。

約27%のマネーの伸びは、文字通りの過剰流動性である。この過剰流動性が資産価格を一気に押し上げた。2020年2月から3月に世界の株価が3割から5割の大暴落を演じたが、その下落幅の150%から200%の株価大暴騰が2020年3月から2021年末にかけて実現した。

これだけの政策を行えば、当然のことながら副作用が生まれる。経済政策運営の要諦は、ある施策のメリットとデメリットを〝比較較量〟し、トータルでプラスの多い施策を採用することである。金融危機が警戒される局面で、政策当局が考えなければならないことは、金融危機を回避するための政策がもたらすメリットとデメリット。金融危機を回避する政策を取らない場合のメリットとデメリットを的確に比較較量することである。

2008年から2009年に発生したサブプライム金融危機に際して、ベン・バーナンキが率いるFRBは無制限、無尽蔵の流動性供給を実行した。リーマンブラザーズは破綻処理されたが、他の大規模金融機関は救済された。しかし、この措置については、サブプライム金融危機に伴う不況で多くの労働者が職を失うなかで、多数の金融機関経営者が高額報酬を受け取り続けたことに対する批判が沸騰した。

2011年9月にニューヨークで発生した「ウォール街占拠運動=99%運動」を引き起こす原動力となったのがこの批判である。金融行政の運営上、極めて重大な問題が残存することを見落としてはならない。

他方、２０２０年から21年にかけて過剰流動性供給がこれとは別の重大問題を惹起した。インフレ問題である。

粘り強く金融緩和を続けると示す、日本の異常な金融政策運営

世界でインフレ問題が深刻化したのは１９７０年代である。１９８０年代に入り、インフレをコントロールするための金融政策運営手法が確立された。

〝量的指標〟を基準とする、ルールに基づく金融政策運営手法である。その金融政策運営手法の確立において、大きな成果を提示したのが日本銀行だった。米国ＦＲＢが提示した厳格な週単位でのマネーコントロールには弊害が多かった。マネーコントロールの中間目標を設定しての弾力的金融調節がインフレコントロールに大きな成果を上げた。

爾来30年の時間が流れ、世界経済はインフレに苦しむ時代からデフレに苦しむ時代に転換した。物価が下落する〝デフレ〟が常態化し、〝デフレ〟を克服する政策運営が論議されてきた。

しかしながら、２０２０年から21年にかけてのコロナパンデミックに伴う〝過剰流動性

供給〞がフェイズを完全に転換させた。世界は、デフレの時代に決別し、インフレの時代に移行したのである。

米国のインフレ率上昇は激烈だった。この変化を確認し、パウエルＦＲＢは２０２２年以降、強力な金融引き締め政策を断行した。０～０・25％のＦＦレートを、２０２３年７月のＦＯＭＣで５・25～５・５％水準へと引き上げた（グラフの④）。

わずか１年半で５％＝５００ベーシスポイントを超す短期金利引き上げが断行された。コロナパンデミックの際に、米国10年国債利回りは０・３％にまで低下した。この10年国債利回りが２０２３年10月に５％の水準を突破した。長期金利においても４・７％ポイント＝４７０ベーシスポイントの長期金利上昇が観測されている。

第１章で言及したが、長期金利上昇とは債券価格下落のこと。４・７％ポイントの長期金利上昇は債券価格の暴落を意味する。４・７％ポイントもの債券利回り上昇が生じるとき、債券価格は残存期間等にもよるが30％から40％もの〝価格暴落〟に直面する。

巨額の債券を保有するのは機関投資家。機関投資家が保有債券の巨大評価損失に直面し、経営危機に直面する。したがって、金利の大幅引き上げ局面では、必ず金融機関の破綻が表面化する。問題は、その個別金融機関の破綻が金融システム全体の危機をもたらすのかどうかである。

既述したようにパウエルＦＲＢ議長は２０２３年3月22日のＦＯＭＣで、「銀行システムを安全かつ健全に保つためにあらゆる手段を用いる用意がある」ことを表明した。この明確な方針が維持されることが金融システム危機の有無を判定するうえで最重要のポイントになる。

パウエル議長は、現下の米国のインフレ問題についても、明確な考えを表明している。２０２３年9月20日のＦＯＭＣ後の会見で、同議長は次のように述べた。

「インフレを２％に戻すことに強くコミットする」

「インフレを長期的に２％に引き下げるため、十分に制約的な政策を達成し、維持することを約束する」

「適切なら、さらに金利を引き上げる用意がある」

「インフレ率が２％に低下すると確信できるまで、金利を制約的なまま維持する方針である」

「エネルギー価格高が続けばインフレに影響が及ぶ可能性がある」

パウエル議長は、インフレ率を引き下げることに全力を注ぐ方針を明示した。

この明確な政策スタンスにより、米国のインフレ率は明確な低下傾向を示してきた。２

023年9月の米国消費者物価指数上昇率は、食品・エネルギーを除くコア指数で前年同月比4・1％上昇である。

日本の2023年9月の消費者物価指数（生鮮食品とエネルギーを除く）は前年同月比4・2％上昇を記録。中央銀行がもっとも重視する物価指数は、変動の激しい食料品とエネルギーを除いた、いわゆるコア指数である。コアの物価指数上昇率において、2023年秋に日本のインフレ率が米国のインフレ率を上回った。

ECB（欧州中央銀行）が2023年10月の定例理事会で10回連続となる利上げを決定した理由もインフレ抑制である。日本の消費者物価上昇率が食品とエネルギーを除くコアベースで前年同月比4・2％上昇を示すなかで、日銀はインフレを推進する方針を示し、「粘り強く金融緩和を続ける」と表明している。

この〝異常さ〟に疑問を持つことが求められている。

まったくアテにならない日銀のインフレ見通し

日本銀行は次のように主張する。日本銀行の政策目標は、2％インフレが持続的かつ安定的に達成される見通しが得られること。

２０２３年9月時点の上昇率は生鮮食品およびエネルギーを除く総合で前年同月比４・２％。すでに日銀の目標である２％をはるかに超えている。この状況下でインフレ推進の政策を遂行することは、日本のインフレを炎上させてしまうリスクがある。

けれども日銀は「２％インフレが持続的かつ安定的に達成される」見通しが現時点では得られていないとしている。その根拠はどこにあるのか。

日銀が２０２３年７月28日の政策決定会合と同時に発表した２０２３年７月の「展望レポート」における２０２４年度、２０２５年度のインフレ率見通しは以下のものである。

生鮮食品及びエネルギーを除く（＝コアコア）消費者物価指数上昇率は、２０２４年度が＋１・７％、２０２５年度が＋１・８％。生鮮食品を除く（＝コア）消費者物価指数上昇率は、２０２４年度が＋１・９％、２０２５年度が＋１・６％。

つまり、２０２３年７月時点で、日本銀行は、２０２４年度と２０２５年度の日本のインフレ率を、コアコア、コアのいずれの指数においても、日銀のインフレ目標である２％には達しないと〝予測〟したのである。

このことをもって日銀は、「２％インフレが持続的かつ安定的に達成される見通し」は得られていないとした。

問題は、日銀がインフレ見通しを正しく予測する能力を備えているのかどうかである。

そこで、足元の2023年度インフレ率について、日銀がどのような〝予測〟を示してきたのかを検証してみることとする。

2023年1月、7月、10月の日銀「展望レポート」における2023年度インフレ率見通し数値を見てみよう。日銀の生鮮食品及びエネルギーを除く（＝コアコア）消費者物価指数上昇率見通しは、1月が＋1・8％、7月が＋3・2％、10月が＋3・8％。生鮮食品を除く（＝コア）消費者物価指数上昇率見通しは、1月が＋1・6％、7月が＋2・5％、10月が2・8％である。

蜃気楼（しんきろう）の逃げ水のようだ。当初に高いインフレ率見通しを提示して、徐々に下方修正するなら健全である。しかし、現実は逆。現実のインフレが加速して、これを後追いして日銀が予測数値を上方修正し続けてきた。そして、2023年9月の生鮮食品およびエネルギーを除く（＝コアコア）消費者物価指数上昇率が前年同月比＋4・2％である。

遠い先のインフレ率見通しではない。足元の2023年度のインフレ率見通しを日銀は誤り続けてきた。現実離れした低インフレ率予想を示し、それを前提にインフレ推進政策を実行してきたのである。

2023年10月の展望レポートで、日銀はついに、2025年度のコア指数上昇率見通しを＋2・8％に大幅上方修正した。この見通し修正を背景に、日銀は2023年10月の

2023年度インフレ率見通しの大幅上方修正
(前年比上昇率、%)

	消費者物価指数(除く生鮮食品)	消費者物価指数(除く生鮮食品·エネルギー)
2023年1月レポート	1.6	1.8
2023年7月レポート	**2.5**	**3.2**
2023年10月レポート	**2.8**	**3.8**

日銀の2024・25年度インフレ率見通し
(2023年10月展望レポート、%)

	消費者物価指数(除く生鮮食品)	消費者物価指数(除く生鮮食品·エネルギー)
2024年度	**2.8(1.9)**	**1.9(1.7)**
2025年度	1.7(1.6)	1.9(1.8)

(注) 括弧内は2023年7月展望レポートでの数値

政策決定会合で長期金利変動の1%超えを容認する政策修正に追い込まれた。まだ十分ではないが、日銀が「なし崩しの政策抜本修正」に追い込まれつつあることが確認された。

中央銀行がもっとも重視するインフレ率は、食料品とエネルギーを除く指数であり、日本ではこれをコアコア指数と呼ぶが、米国ではこれをコア指数としている。

この検証が示していることは、日銀のインフレ見通しが現実離れした甘いものであるということ。物価安定を最大の責務とする日銀は、本来、物価上昇に強い警戒感を持つ存在であった。金融市場一般よりもインフレに対して鋭敏であり、インフレが燃えさかることがないよう、市場の半歩先を歩むことを基本姿勢としてきた。ところが、財務省による日銀支配が定着するなかで、日銀はいまや日本でもっともインフレに甘い機関に成り下がってしまっている。

そして、ついに日銀自身が誤りを認める地点に到達した。日本銀行の植田和男総裁は、11月8日の衆院財務金融委員会で、上方修正を繰り返してきた日銀の消費者物価見通しについて、「上方修正を続けてきた」とし、「見通しの誤りがあったということは認めざるを得ない」と述べた。

明確なスタンス修正が求められるが、それでも頑なに間違った政策を押し通すよりは、はるかに前進である。黒田氏が日銀総裁に残留していたなら、政策修正はさらに大幅に遅れることになったと思われる。インフレ推進の旗が遅ればせながらも、ついに取り下げられる日が近づいていると判断される。焦点は短期金利の引き上げである。

どうしてもインフレ率を高めたいと熱望する財務省

インフレ防止の守護神であったはずの日銀が、なぜそこまでインフレを追い求めるのか。

これが素朴な疑問である。

インフレが発生するとき、これによって利益を得る人と損失をこうむる人が生じる。インフレは借金をしている人に利益を与え、預金をしている人に損失を与える。

わかりやすい例で考えてみよう。

年収が500万円、預金が500万円ある人をモデルに見立ててみる。仮に物価が10倍になると、年収は連動して5000万円になる。しかし、預金の500万円は物価に連動しない。

もともと預金は年収1年分あったが、物価が10倍になると、預金は年収の0・1年分になってしまう。物価上昇によって預金者は大損失に直面するわけである。

今度は年収500万円で借金が500万円ある人のケースを考えてみる。物価が10倍になると年収は5000万円になる。借金は500万円のままである。年収1年分あった借金が年収の0・1年分に減少する。借金をしている人はインフレで大きな利益を得る。

それでは日本一の借金王は誰か。答えを示すと、それは日本政府、財務省である。国債の発行残高が1000兆円を超えて久しい。1100兆円に迫っている。

1000兆円の借金は年間の税収が50兆円とすれば、税収20年分である。しかし、何らかの要因で物価が10倍になると、税収は500兆円に膨張する。そうなると、1000兆円の借金は税収2年分に激減する。

こうしたことから、財務省がいつか激しいインフレが発生することを〝熱望〟していることは間違いのないことだと思われる。

そもそも、インフレ率を高めるべきだとの議論が生まれた理由はどこにあったのだろうか。1990年代に米国の経済学者ポール・クルーグマンが「最適インフレ率」という考え方を提示した。折しも、筆者も同時期に日経新聞コラム記事で同じ考え方を提唱したことがある。

クルーグマンがインフレ率を高める必要があるとした最大の背景は、企業の賃金コストを引き下げる必要性が生じているということにあった。

1990年前後に冷戦が終焉、新たに東側社会が資本主義経済構造のなかに組み込まれた。中国が躍進し、強い競争力で世界市場を席巻し始めた。

先進国の産業が競争力を失った最大の背景は、人件費の高さであった。先進国においては、労働コストを引き下げて競争力を高めることが求められた。

しかし、当時はデフレの時代。賃金には下方硬直性と呼ばれる〝性質〟があり、賃上げは容易に実行できるが、賃下げは実行が難しい。

インフレ率がマイナスになると、賃金を引き上げなくても、物価下落分だけ企業の実質賃金負担が増える。ところが、インフレになれば状況が変わる。インフレが進むときに企業が賃上げを実施しなければ、インフレ分だけ実質賃金を引き下げることができる。インフレ率を高めて賃上げをせずに行動することで、実質賃金の引き下げが可能になる。

このプロセスを実現することを念頭に置き、インフレ率を引き上げることが提唱された。

いま、日本でインフレが進行するなかで「賃上げを実現せよ」と騒がれているが、インフレ率引き上げの政策提言の背景に、インフレが進むときに「名目賃金を上げずに実質賃金を引き下げる」狙いが存在していたことを見落としてはならない。

ザイム真理教によって洗脳された岸田首相

インフレが進行するときに利益を得るのは国と大資本である。国、企業と消費者の資金循環の基本は、消費者が余裕資金を預金の形態で供給する資金提供者＝債権者、国と企業が不足資金を借り入れる資金調達者＝債務者という関係である。

インフレになると、借金をしている債務者が利益を得るとともに、実質賃金が下がることで企業が利益を得る。労働者、消費者は預金の実質価値が目減りすると同時に、賃金の実質的価値が減ることによって損失をこうむる。そもそもインフレ誘導政策は、国と大資本が利益を得て、国民、労働者、消費者、生活者を〝泣かす〟政策なのである。

黒田日銀がインフレ誘導を叫び続けてきた理由がここにある。

そして、植田日銀総裁を誕生させた岸田内閣が、その財務省に〝支配される〟政権であることを見落としてはならない。

岸田首相に強い影響を与えている5人の人物がいる。

1人目は、岸田首相の側近中の側近と言われてきた木原誠二元官房副長官。木原誠二氏は財務省出身者だ。

2人目は、宮沢洋一参議院議員。宮沢洋一氏は岸田文雄首相の従兄にあたる。宮沢洋一氏の叔父が宮沢喜一元首相である。宮沢洋一氏も大蔵省・財務省出身者だ。

3人目は、可部哲生元国税庁長官。岸田文雄氏の妹の夫、つまり義理の弟にあたる。可部哲生氏も大蔵省・財務省出身者だ。

4人目は岸田俊輔元大蔵省証券局長。岸田文雄氏の叔父にあたる。大蔵省退官後、広島銀行会長を務めた。

そして5人目は、先に登場した宮沢喜一元首相だ。岸田氏の従兄の宮沢洋一氏の叔父にあたる。

この5人に共通する特性は、大蔵省・財務省出身者であるということ。植田和男氏を日銀総裁に起用することを提案したのは、宮沢洋一氏ではないかと見られている。つまり、岸田首相の政策運営の根幹が財務省に染め抜かれていると考えられる。

財務省がその政治的権力を活用し、多くの者を服従させてきたことを捉えた表現が、森永卓郎氏の『ザイム真理教』である。副題は「それは信者8000万人のカルト」である。岸田文雄首相も、ザイム（財務）真理教によって洗脳された信者の1人であると見ることができる。

財務省は、先に述べたように借金を棒引きにするための激しいインフレの発生を熱望している疑いが強い。そして財務省の政策運営の基本は大資本の優遇である。金持ちと大資本を〝優遇〟することこそ、財務省政策運営の〝根幹〟である。

この点は次章で考察する。

インフレ誘導は、庶民、国民、生活者、消費者、労働者にとって、基本的に百害あって一利のない政策である。ところが、日銀はインフレ率が4％を超す現状のなかで、さらなるインフレを追求する旗を振っている。

このことの不当性を国会で徹底論議する必要がある。

日本は世界最悪の賃金減少国

日銀の植田和男総裁の記者会見では、しばしば賃上げが取り上げられる。

日銀はインフレ誘導政策を推進している。前述した通り、日本のインフレ率は生鮮食料品及びエネルギーを除く「コアコアベース」で、2023年9月時点で前年比4・2％上昇を示している。米国の2023年9月のインフレ率は、食料品とエネルギーを除くベースで前年同月比4・1％で、日本のインフレ率が米国を上回っている。

このなかでFRBは、インフレ率を2％に引き下げるために、抑制的な金融政策運営を続けると明言している。

一方、日本銀行は2％インフレが持続的かつ安定的に達成される見通しが得られていないとして、インフレ推進政策を維持し、粘り強く金融緩和政策を続けるとしている。そして、日本のインフレ率が上昇するなかで、企業が賃上げを行うことが必要だと述べている。

日本では賃金引き上げが年1回の春闘によって規定される部分が強い。このことから、日銀は2024年の春闘での賃上げが重要になると説明している。

賃上げを否定する考えは毛頭ないが、賃金上昇は日銀の政策目標ではない。日本銀行法

米国消費者物価上昇率

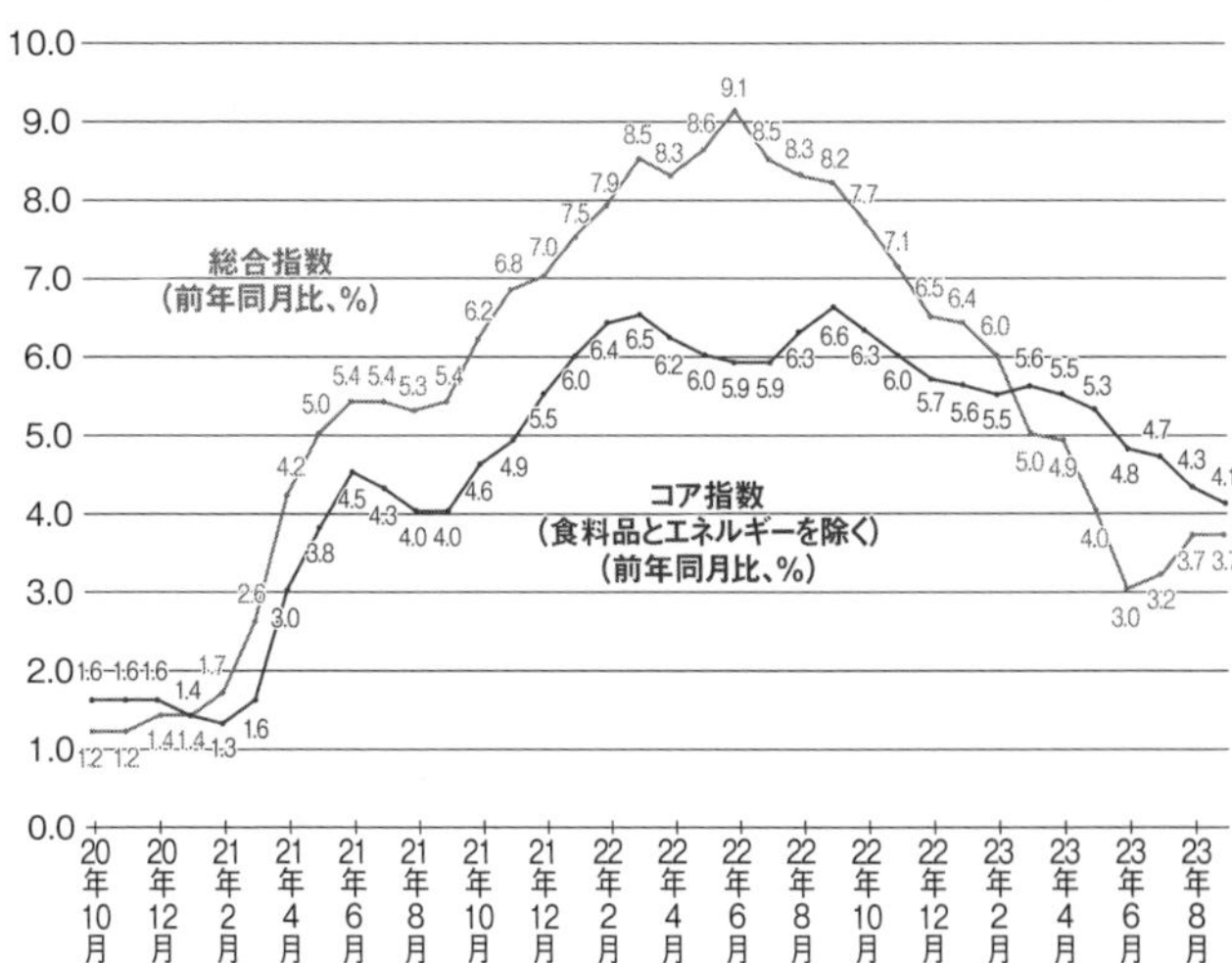

第2条に金融調節の理念が規定されている。同第2条は、物価の安定を図ることを通じて、国民経済の健全な発展に資することを金融調節の理念としている。日銀法には、賃金の上昇を図ることが〝理念〟にも〝目的〟にも直接的には掲げられていない。

2023年の春闘に際し、岸田内閣は強く賃上げを求めた。確かに多くの企業が2023年春闘において賃上げを実行した。しかし労働者にとって重要な賃上げとは、名目賃金の引き上げではない。実質賃金の上昇である。賃金が上昇しても、インフレ率が賃金上昇を上回れば、実質的な所得は減少してしまう。実質賃金の上昇こそ、労働者の所得上昇を意味する。

実質賃金指数（現金給与総額）
（事業所規模5人以上、前年同月比、%）

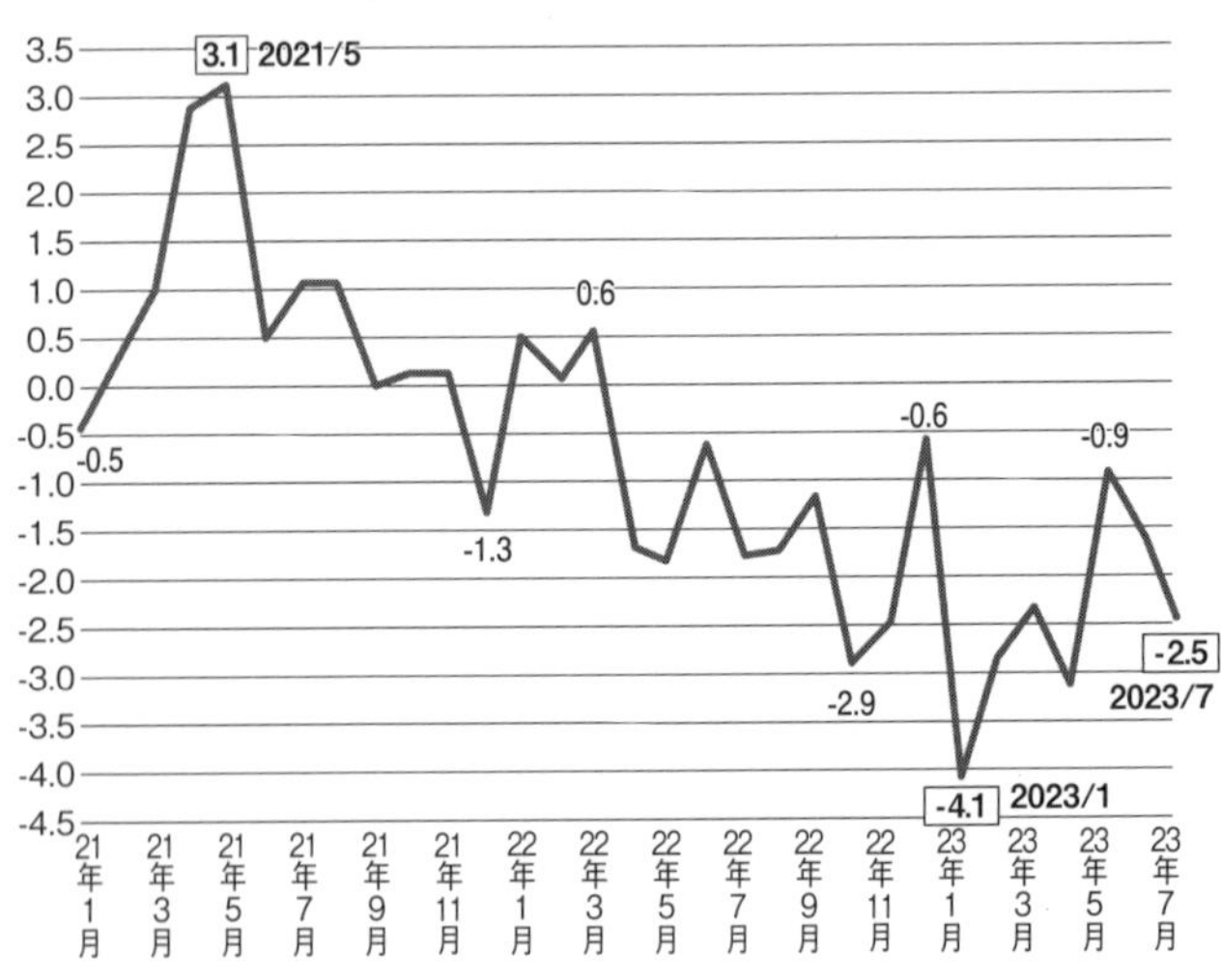

２０２３年春闘で賃上げが行われたと巷間伝えられているが、実質賃金は上昇したのであろうか。答えは、否である。

厚生労働省が発表する毎月勤労統計に実質賃金指数が公表されている。事業所規模５人以上、固定給、時間外給与、ボーナスを含む現金給与総額ベースで、実質賃金指数の変化を見てみよう。

２０２３年１月に実質賃金指数は前年同月比４・１％の大幅減少を示した。そして２０２３年８月時点での実質賃金指数伸び率はマイナス２・５％である。

実質賃金指数伸び率は、２０２１年

5月に前年同月比３・１％増加を示した。わずか2年半前に、実質賃金が前年比３％以上の伸びを示したのである。その後、実質賃金伸び率は低下の一途をたどり、２０２３年8月時点でマイナス２・５％減少を示す。

２０２１年5月に実質賃金が前年比３・１％もの高い伸びを示した背景は、物価下落である。２０２１年の消費者物価指数は前年比０・２％下落した。生鮮食品およびエネルギーを除くコアコア指数ベースでは０・５％の下落。物価の下落が実質賃金を押し上げたのである。

日本の労働者の実質賃金は、１９９６年から２０２２年までの26年間になんと14・４％も減少した。日本は世界最悪の〝賃金減少国〟に転落している。

この26年間におよぶ賃金減少トレンドのなかで、５年のみ実質賃金が小幅増加した年がある。

その背景は何であったのか。グラフを見ると一目瞭然だ。

１９９６年から２０２２年までの26年間に5回実質賃金が増加しているが、その5回のすべての背景に物価下落があった。物価が下落するときのみ実質賃金が増える。これが過去26年間の事実が示す両者の因果関係である。

労働者1人当たり実質賃金指数（1996年～2022年）

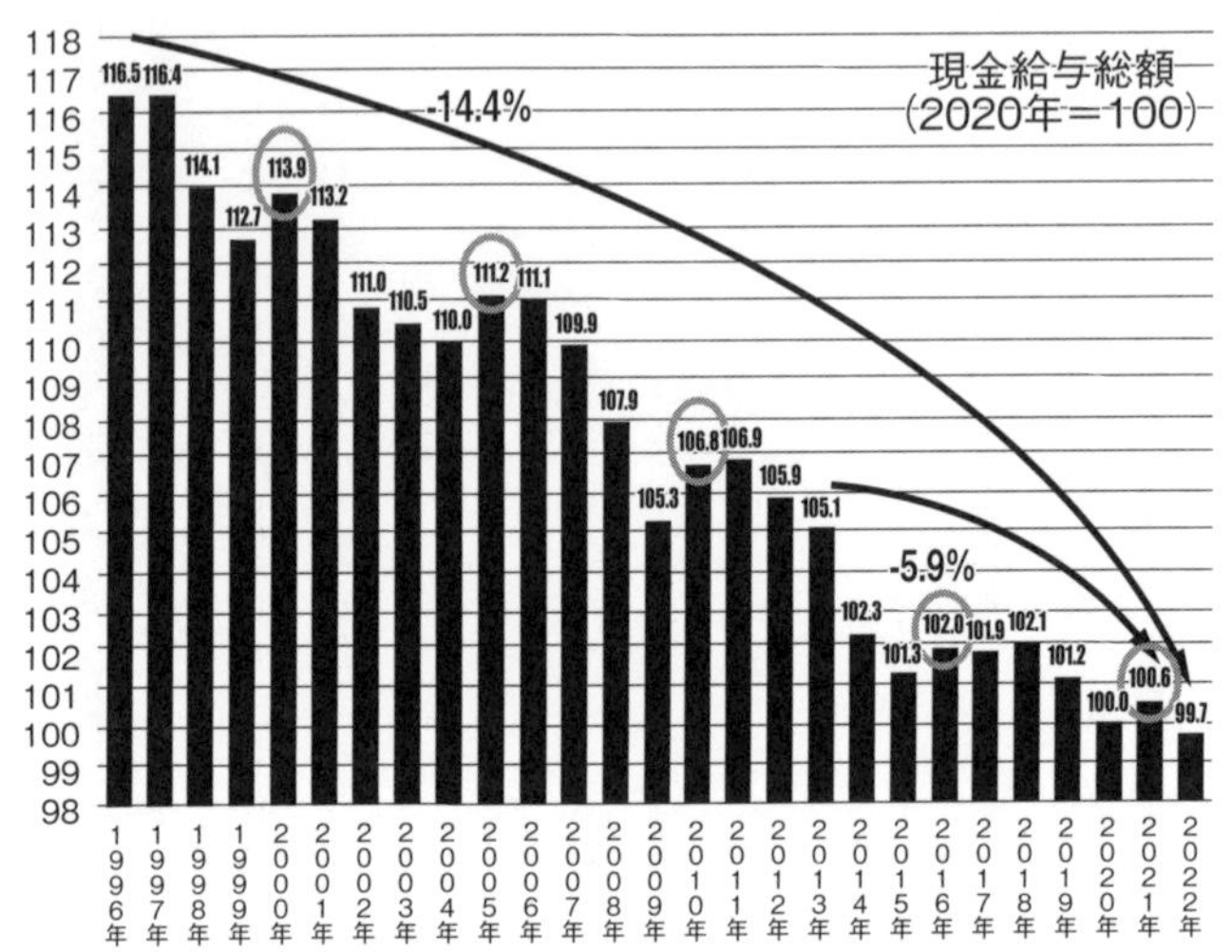

全国消費者物価上昇率（1996年～2023年）

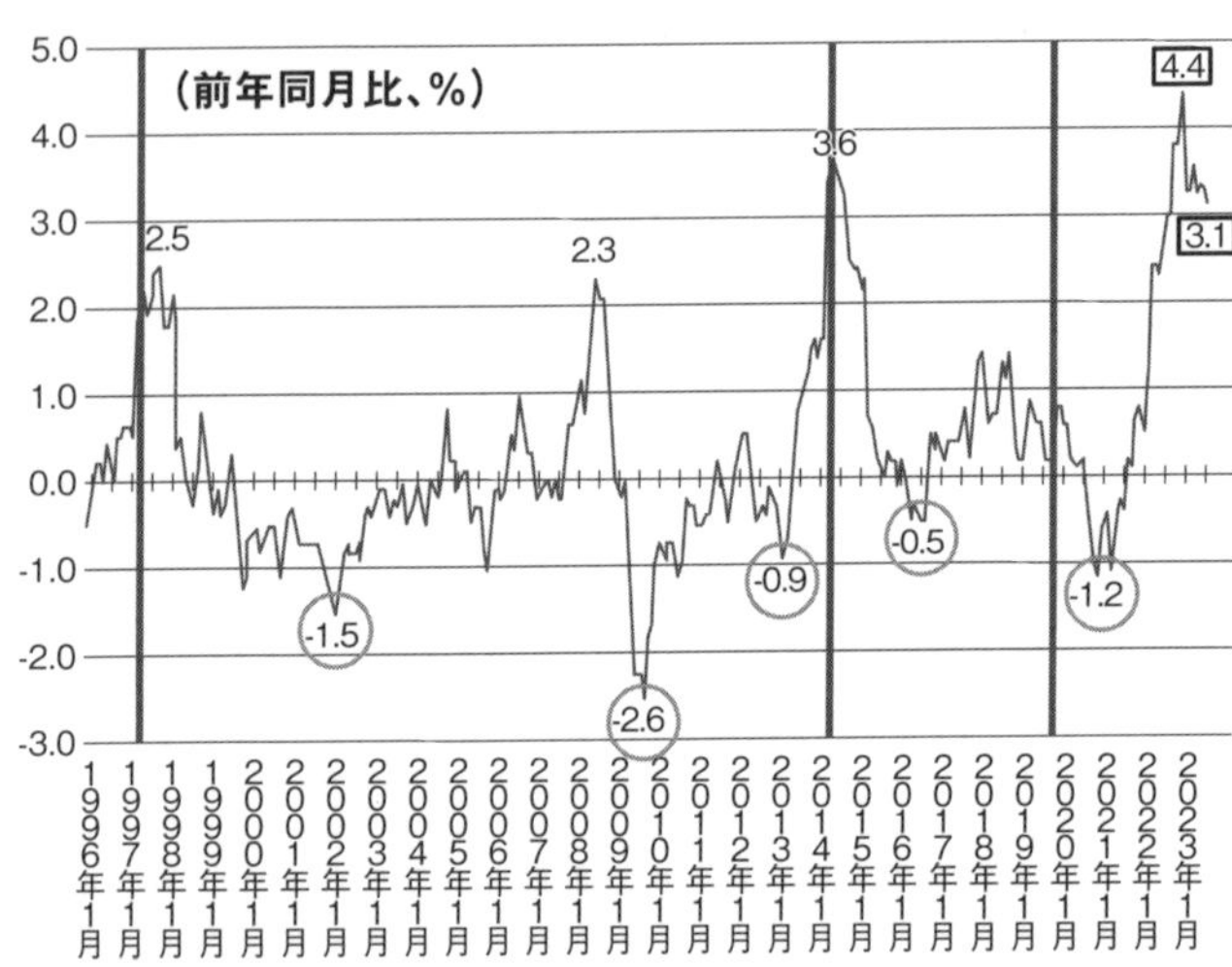

大資本と富裕層の利益を追求する財務省

インフレ率が上昇する局面で賃上げは行われる。しかし、賃金上昇がインフレ率を上回ることはない。

2023年の春闘で賃上げが行われたと言われるが、賃上げを実行できるのは力の強い大企業だけだ。力の弱い中小零細企業においては、賃上げが実行されない。

結果として、労働者全体の実質賃金は減少してしまうとともに大企業と中小零細企業の賃金格差が一段と拡大する。日銀の金融調節の理念は「物価の安定を図ることを通じて、国民経済の健全な発展に資すること」である。

物価安定が崩れれば、労働者の実質賃金は減少してしまう。インフレを抑止することにより、労働者の実質賃金減少を食い止める。これが日銀に課せられた〝責務〟である。

インフレ率が上昇傾向をたどり、目標値をはるかに超えているなかでインフレを推進することは、国民経済の健全な発展に資することにならない。インフレが加速すればするほど、労働者の実質賃金はより深刻に減少してしまう。

日銀の政策目標は賃金上昇でない。物価の安定を図ることにより、実質賃金の減少を食い止めることこそ日銀の責務である。金融政策運営の根幹が崩壊している。背景にあるのは、財務省による〝日銀支配〟である。

先に記したように、財務省は激しいインフレを引き起こすことによる借金の踏み倒しを狙っていると考えられる。

同時に財務省は、零細国民の利益ではなく、大資本と富裕層の利益を追求する存在である。この財務省が日銀の支配権を握っている。安倍政権の時代に日銀幹部は〝安倍色〟に染められた。大規模金融緩和を推進する者だけが政策決定会合メンバーに起用された。

岸田内閣に転じ、日銀政策運営が是正される期待が存在するが、岸田内閣自体が財務省の支配下に置かれている点を見落とすことができない。

1970年を下回った日本円の実力

日本円が暴落している。円の価値を正確に知るための指標が、実質実効為替レート。内外インフレ率格差を調整し、貿易量のウエイトで各通貨とのレートを加重平均したものだ。

この指標で見た日本円の水準が1970年を下回った。当時は1ドル＝360円の固定レートの時代。人為的にドル円レートは円安水準に〝設定〟された。日本は輸出の価格競争力を超円安の為替レートによって〝付与〟され、輸出主導での経済成長を実現できた。しかし、当時の為替レートでは日本人の海外での生活はままならなかった。日本円を持ち出しても、海外で物を買うことが容易でなかった。

しかし、現在の日本円はその当時よりも弱い。日本円が完全に価値を失っている。

日本銀行法第2条に、通貨及び金融の調節の理念が定められている。

「物価の安定を図ることを通じて、国民経済の健全な発展に資することをもってその理念とする」と規定されているが、その前段にある表現は「日本銀行は通貨及び金融の調節を行うにあたっては」である。ここに「通貨の調節」との表現が出てくる。物価の安定とは、言い換えれば、通貨価値の〝維持〟のことである。

いま、日本円という通貨の価値暴落が生じている。このことを日銀が無視することは許されない。

日本円暴落で利益を得ているのは輸出製造業である。1ドル100円が1ドル150円に振れるケースを考えてみよう。

輸出1万ドルの日本円換算額が100万円から150万円になる。ドル建て価格を引き下げても、日本円換算額は増加する。よって輸出製造業は円安進行によって巨大利益を享受する。

日本円実質実効レート

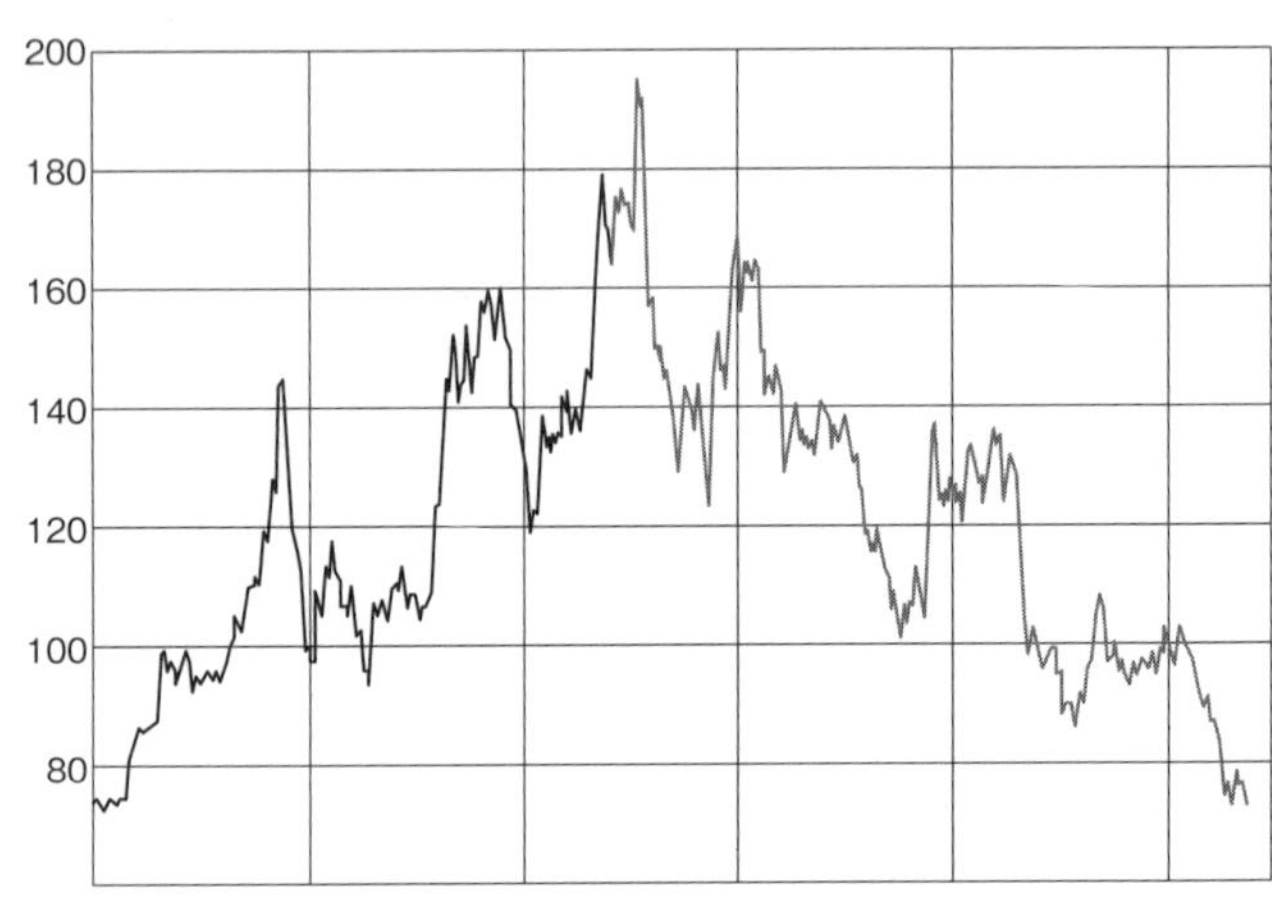

輸入は逆だ。消費者は多くの食料品、エネルギーを海外に依存している。輸入価格上昇を通じて消費者は大きな支出増を迫られる。

問題はこれだけではない。日本の優良資産が外国資本によって買い尽くされる危機が広がっている。

マクドナルドのビッグマック価格は店舗による若干の相違があるが、日本の準都心店での2023年10月現在の価格は470円、米国では5ドル58セントである。1ドル150円で換金して米国のビッグマックを買うには837円かかる。

米国のビッグマック1個の米ドルが、日本のビッグマック1個分の日本円に換金される為替レートは1ドル84円。これが「購買力平価」と呼ばれるもので、為替レートの標準値になる。

１ドル１５０円の為替レートであれば、米国人は３ドル13セントで日本のビッグマックを買える。米国での価格５ドル58セントと比べて44％ものディスカウント。つまり、日本の価格は米国人から見ればほぼ半値ということだ。これは日本の財・サービス価格だけでなく、日本の資産価格にも当てはまる。

激しい円安の進行は、日本国民の所得や財産の国際標準での評価を激減させている。日本人が海外に旅行すれば、日本円の弱さを痛感せざるを得ない。ニューヨークで２人で朝食を取って１万円もかかったなどという話も聞こえてくる。

日本円が暴落している背景は、米国が金融引き締め政策を取るなかで、日本銀行が金融緩和策に〝固執〟していることに収斂（しゅうれん）される。

米国ＦＦレートは５・25〜５・５％の水準に引き上げられているが、日本の短期金利はゼロ水準に据え置かれている。米国10年国債利回りは５％超の水準にまで上昇したが、日本の10年国債利回りは若干の上昇を容認されたとはいえ、なお１・０％水準にとどまる。日本円で資金を借りて米国の短期金利で運用すれば、巨大な〝利鞘（りざや）〟を稼ぐことができる。為替レートが円安方向に振れる限り、円資金の返済負担は増加しない。いわゆる「円キャリートレード」と呼ばれるものであり、この金融取引が円安を加速させる要因にもなっている。この点を踏まえれば、日銀は短期金利引上げを検討せざるを得なくなる。この点が今後の政策修正の焦点になる。

円安の進行は、輸入価格の上昇を通じて、日本のインフレ率上昇をもたらしており、日本政府、財務省、日本銀行は日本円の防衛策をとる必要がある。

一握りの輸出製造業のみに利益を与え、国民全体に巨大な損失を強制している。同時に日本国が買い尽くされるという重大なリスクが拡大している。

売国政策に励む日本政府と日銀

円安の進行は、日本の優良資産所有権の激しい勢いでの海外流出を促進するもの。日本の上場企業株式の外国人所有比率は3割を超えているが、足下の円安でさらに比率上昇が加速している。

大都市の優良不動産、日本全国の水源地帯の不動産所有権が海外流出している。日本を代表する景観地、観光地の優良不動産が大規模に外国資本に買い尽くされ始めている。また、巨大な優良旅館、ホテルも外国資本による取得が続いている。

円安を促進しているのが日本の金融政策。日本を売り尽くす政策が実行されていると言ってよい。名付けて「セルジャパン政策」である。日本語で表記すれば「売国政策」になる。

１９８８年の米国大統領選で、ブッシュ父候補は「強いドルの回復」を最重要テーマに掲げたことを既述した。日本政府は直ちに日本円防衛策を策定して発動する必要がある。日本政府と日銀がいま、日本円暴落を推進、誘導、放置していることは適正でない。日本が外国資本によって乗っ取られる危機が進行している。国防費倍増を叫びながら日本円暴落を放置するのは、砂上に鉄骨ビルを建造するようなものである。

為替政策の権限を有するのは財務省だが、日本銀行法には通貨及び金融の調節の理念として、物価の〝安定〟を図ることが定められている。日銀は物価の安定、すなわち通貨価値の安定を図る〝責務〟を負っている。

日本円の暴落は、通貨価値の崩落、物価安定の棄損にほかならない。日銀が日本円暴落に対応して日本円防衛のための政策を〝発動〟することは、日本銀行法の規定に沿うものである。

日本国民の所得、資産の〝国際標準〟での評価額が、日本円暴落に連動して激減している。日本国民の利益が失われている。日銀は日本銀行法の規定に則り、金融政策運営を修正する責務を負っている。

米国と真逆の金融政策運営を憂う

日銀は現実にそぐわない甘いインフレ見通しを提示し、この見通しに依拠して「2％インフレ率が持続的かつ安定的に達成される見通し」が得られていないとして金融緩和を続けている。このことによってインフレの火を燃えさからせてしまえば、その修復に巨大なエネルギーが必要になる。1970年代の狂乱物価を経験した日銀が獲得した最重要の教訓は「インフレの未然防止」である。この基本が忘れ去られているようだ。

米国のパウエルFRB議長は「インフレ率が2％に低下すると確信できるまで、金利を制約的なまま維持する方針」を明言している。日米の政策運営が〝真逆〟だが、正当性がFRBのスタンスにあることは明らかだ。こうした筆者の指摘を無視し得ぬ状況が強まりつつある。日銀は10月決定会合でインフレ見通しを修正し、長期金利変動の1％超えを容認した。

インフレ亢進によって、日本の生活者、消費者、労働者、国民の実質賃金減少が続行している。先に記した通り、1996年から2022年までの26年間に、日本の労働者の実質賃金は14・4%も激減した。

２０１２年12月に発足した第2次安倍内閣は「成長戦略」を掲げたが、日本の経済成長は実現しなかった。その下で実質賃金は減少し続けた。

唯一実現したのは、２０１２年から２０１７年までの5年間に、法人企業の当期純利益が2・3倍に激増したことだった。経済成長が実現しないなかで、企業収益だけが激増した。日本の経済政策は一般庶民を苦しみに追い込むことにより、大資本を潤わせることを追求してきたと言える。

安倍内閣以来、日本の安全保障政策強化が叫ばれ、岸田首相は２０２２年末に突然、日本の軍事費（防衛費）を倍増すると宣言した。背景にあったのは、バイデン米国大統領による命令である。バイデン大統領は、岸田首相に直接3回説得し、岸田首相がこれを飲んだと吐露した。

岸田内閣は財政事情が逼迫（ひっぱく）していることを叫びながら、年間5兆円の軍事費をいきなり10兆円に倍増させた。その一方で、日本全体が外国資本により乗っ取られる危機を放置、推進している。この矛盾も国会論議で問う必要がある。

黒田日銀のYCC導入は邪道

YCCという言葉が使われている。イールドカーブコントロールである。本来、中央銀行は短期金利の調節を行う。長期金利の変動は金融市場に委ねる。長期金利変動は市場が発する最重要の情報＝〝シグナル〟なのだ。

インフレ予想が強まれば、長期金利が上昇する。経済活動が強まり、実質金利が上昇すれば、長期金利が上昇する。金融引き締め政策を実行し、金融市場が将来のインフレ率低下を予想すれば、長期金利は低下する。

中央銀行は長期金利変動を金融市場が発する情報＝シグナルとして受け取り、それを踏まえて政策運営を行う。短期金利は中央銀行が決定し、長期金利は金融市場が決定する。長期金利は中央銀行に金融市場の情報を伝える重要な役割を負っている。これが長期金利と短期金利の〝役割分担〟である。

ところが、黒田日銀は長期金利を〝人為的〟に抑制する政策を実行した。短期金利と長期金利が示す形状をイールドカーブと呼ぶ。イールドカーブの形状変化が金融市場の認識を示す最重要の〝情報〟、〝シグナル〟になる。ところが、中央銀行が短期金利も長期金利も人為的にコントロールしてしまうと金融市場が発する情報を捉えることが不可能になる。短期金利と長期金利の両方を日銀が管理下に置くイールドカーブコントロールは、〝邪道〟なのだ。

長期金利を人為的に低位に抑制する最大の目的は、政府の利払い費圧縮に他ならない。長期金利が低位に抑制されることによって、国債の利払い費が大幅に削減されてきた。仮に1000兆円の残高の国債があるとしよう。このとき国債の金利が1％低下すれば単純計算で10兆円の利払い費負担が節約される。国債の金利が一瞬ですべて変化するわけではないから、あくまでも仮定計算だが、利払い費負担が軽減されることは間違いない。日銀を管理下に置いている財務省は、政府の国債利払い費負担を軽減するために、長期金利低位誘導の「強い動機」を有している。

しかしながら、いま日本はインフレ進行の状況に置かれている。インフレを抑制するためには、通貨の番人である日銀がインフレ抑制スタンスを示すこと必要である。

そのために、日銀は長期金利上昇を〝容認〟すべきである。日本銀行は2023年7月の政策決定会合で、長期金利の上限を従来の0・5％から1・0％に引き上げたが、その後に長期金利上昇を抑制するオペを実施した。政策スタンスがわかりにくくなっている。

しかし、政策修正の必要性は刻々と高まり、10月会合で日銀は長期金利の1％超を容認することを決定した。

インフレに火が付いてしまうと消すことが難しくなる。激烈な利上げが必要となり、その後の景気後退が深刻化する。したがって、インフレを未然に防ぐことが肝要。この経験則を無視すべきではない。本格インフレが到来すれば長期金利水準が一気に跳ね上がる。

日本の国債利回りが急上昇すれば、債券保有者に〝巨大損失〟が発生する。日本国債の最大所有者は日本銀行である。日本の国債利回りが急上昇すれば、日本銀行の資産時価評価額が激減する。日本銀行の財務基盤そのものが揺れ動くことになる。また、政府の利払い費負担も激増してしまう。

加えて、日本の長期金利が急上昇する場合には、日本株価に波及するだろう。金融大波乱が発生しかねない。

こうした事態を引き起こさないために、日銀がインフレの未然防止策を実行するべきである。量的指標において、日本の金融緩和政策はすでに金融抑制政策に転換している。したがって、大規模な政策修正は必要でない。

欧米の金融引き締め政策が終盤に差しかかっていることから、日本銀行が激しい政策修正に追い込まれるリスクは低下している。この時の運を生かし、政策を柔軟に軌道修正することが求められている。そのなかで短期政策金利引上げ策の決定を避けて通れないと考える。

米国債を売却できない理由

他方、日本円暴落に対する是正策として有効であるのが、日本政府が保有する１兆ドルの米国国債〝売却〟である。１ドル１５０円の水準で米国国債を売却すれば、45兆円程度の為替差益を実現することが可能である。

かつてドルが暴落する局面でドルを支えるために、日本政府は米国国債を取得した。ドルが上昇を続け、ドル下落の不安が存在しないドル高の〝局面〟で、日本政府は保有する米国国債を売却すべきである。45兆円の為替差益を実現したら、その為替差益を国民に〝還元〟すべきだ。

日本政府はコロナパンデミックの際に１人10万円の一律給付を実行した。１・３億人への給付は13兆円。45兆円の為替差益を利用すれば、１人30万円の一律給付を実施できる。円安がもたらす物価高で国民生活が苦境に追い込まれているのだから、円安がもたらす政府保有米国国債の為替差益を実現して国民に「為替差益還元一律給付金」として還元するのは理に適っている。米国長期金利急騰を招かぬよう、市場動向をにらみながら、秘密裏に米国国債売却を実行することが望ましい。

ところが、日本政府による保有米国国債売却を米国政府が許さないという事情がある。日本政府による米国国債取得は、日本政府から米国政府への資金融通、つまり日本政府による米国政府に対する〝貸付金〟である。貸付金なのだから、日本政府が米国政府から返してもらうのが本来は当然だ。

ところが、米国政府は日本政府による米国国債の購入を、米国政府の〝借り入れ金〟と認識していない可能性が高い。米国政府は、日本政府による米国国債購入を日本から米国への〝上納金〟として受け止めている可能性が高いのだ。

2002年から2003年にかけて、日本の外貨準備が3659億ドルも激増したことがあった。ドル暴落が懸念された時期でもない。

国民の誰一人として知らぬ間、国会の議決も経ずに、水面下で日本政府によって米国国債が3659億ドルも買い増しされていた。日本円に換算して40兆円規模の資金が日本政府から米国政府に横流しされた計算になる。

このときに発生していたのがイラク戦争だった。イラク戦争に際して、日本政府が国会の議決もなく、米国政府に上納金を40兆円も献上した疑いがある。

2002年から2004年の外貨準備急増（億ドル）

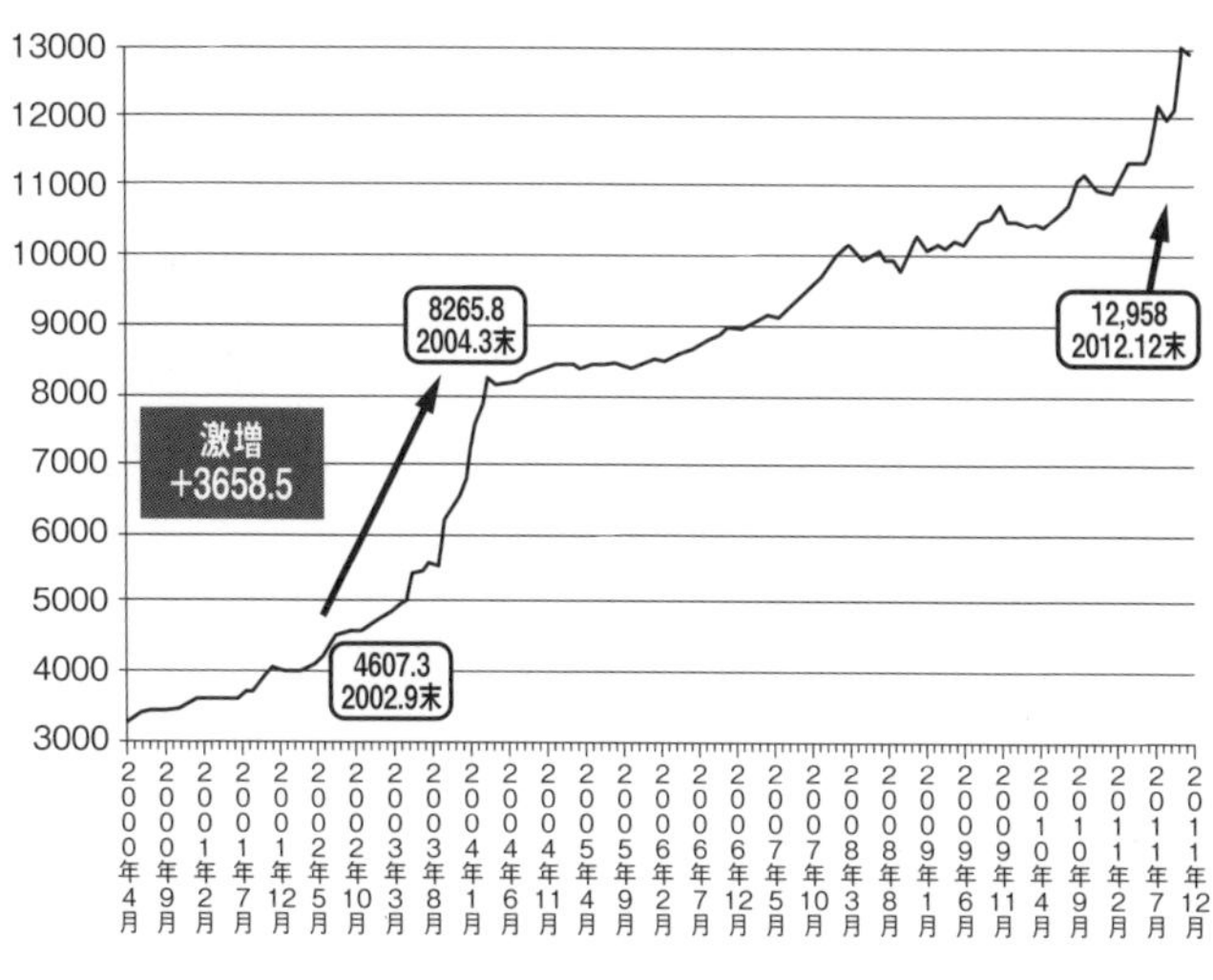

日本が独立国であるなら、米国に貸したお金は返してもらうのが当然の〝筋〟である。かつて橋本龍太郎首相が米国コロンビア大学の講演で「米国国債を売りたいと思う衝動に駆られたことがある」と発言して大騒動に発展した。

　その後、橋本氏は首相辞任に追い込まれ、数年の後に謎の死を遂げた。同様に、２００８年10月に日本の外貨準備活用策を提言した中川昭一元財務相は、その直後の２００９年２月のイタリア・ローマでのＧ７蔵相・中央銀行総裁会議後に酩酊（めいてい）記者会見に巻き込まれて財務相辞任に追い込まれ、同年10月に不遇の死を遂げた。

　こうした事情もあり、日本政府が米国に貸したお金を返してもらうことを求めることがタブー視されている。しかし、この状態を放置するなら、日本を独立国と言うことはできない。

日本が米国の植民地であり続けるのか、腹をくくって独立国になる道を選択するのか、その覚悟が問われている。

第4章

衰退日本と混迷世界

著しく〝縮小〟した日本のGDP

1996年の1年間、筆者は1997年増税を圧縮する必要性を訴え続けた。経済企画庁幹部との大論争もNHK日曜討論で展開した。橋本内閣が大増税を強行すれば、日本経済は金融危機に陥ると指摘した。敵対した経済企画庁経済研究所長の吉富勝氏はふざけたことを言うなと言わんばかりの対応を示した。

1997年4月に消費税増税が強行され、現実に日本経済は1997年から98年にかけて金融危機に突入した。

筆者が警告した通りの現実が発生した。しかし、この事実さえ大蔵省は改ざん・隠蔽した。大蔵省の体質は森友学園公文書改ざんのはるか昔から伝統的に保持されている。

大蔵省は1997年の金融危機発生の原因が消費税増税ではなく、アジア金融危機などの外部要因によるものだとする調査報告書を創作した。報告書をまとめる研究会に筆者が招聘されなかったことは言うまでもない。

消費税は1989年度に導入された。導入時の税率は3%だった。この税率が1997年に5%に引き上げられ、その後、安倍内閣の下での2度にわたる税率引き上げによって現在の10％に達した。いまや消費税は政府の最大の税収費目に膨張している。悪徳の消費税、悪魔の消費税である。

消費税の最大の特徴は〝逆進性〟にある。所得が10億円ある人も所得が０円の人も、同税率で税が徴収される。収入10億円の人が収入の１割だけを消費に充てる場合、消費税の負担率は収入金額の１％にとどまる。他方、収入が１００万円の人がそのすべてを消費に充当する場合、収入金額の10％が税金で巻き上げられてしまう。

強い者に優しく、弱い者に限りなく過酷であるのが消費税である。

日本経済は１９９０年代に入り、実質ＧＤＰ成長率を１・５％に低下させた。２０００年代の成長率は０・６％。２０１０年以降も０から１％の超低空飛行の経済推移を示し続けた。

経済成長の歩みを他国と比較してみよう。

１９９５年から２０２２年までのドル換算名目ＧＤＰ推移を見てみよう。日本のＧＤＰが完全に横ばい推移であることがわかる。ドル換算名目ＧＤＰ推移を見ると、１９９５年の日本のＧＤＰが５・５兆ドルであったのに対し、米国のＧＤＰは７・６兆ドルだった。日本は米国に肉薄する堂々たる世界第２位の経済大国の地位を確保していた。

ところが、それ以来27年間、日本経済の成長は完全に止まっている。２０２２年の日本

日本の実質GDP推移
（1994年～2022年、2015年価格、10億円）

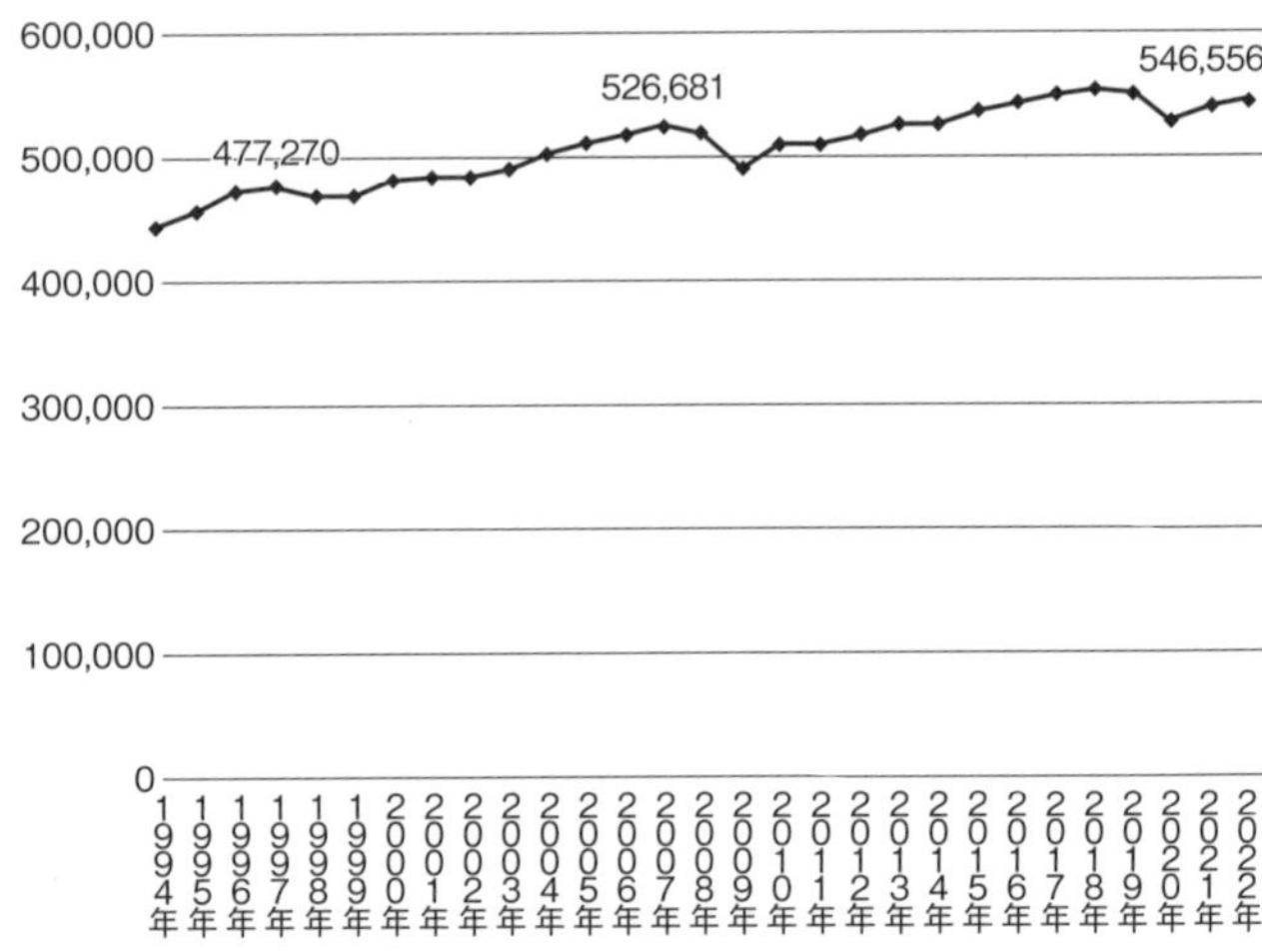

のＧＤＰドル換算値は４・２兆ドル。米国のＧＤＰは25・５兆ドルに拡大している。日本のＧＤＰ水準は米国ＧＤＰの５分の１にも達しない水準であり、果てしなく水を開けられた。

２０２２年のドイツのＧＤＰは４・１兆ドル。日本とドイツの差はほとんどなくなっている。為替レートの変動にも依存するが、２０２３年の日本のＧＤＰは、ついにドイツにも抜かれることになった。

日本のＧＤＰは２０１０年に中国に抜かれた。その中国は２０１０年以降も成長を続け、２０２２年のＧＤＰ規模は17・９兆ドルに達した。日本のＧＤＰ４・２兆ドルの４倍以上の規模に拡大した。

主要国名目GDP
（1995年～2022年、米ドル表示、億ドル）

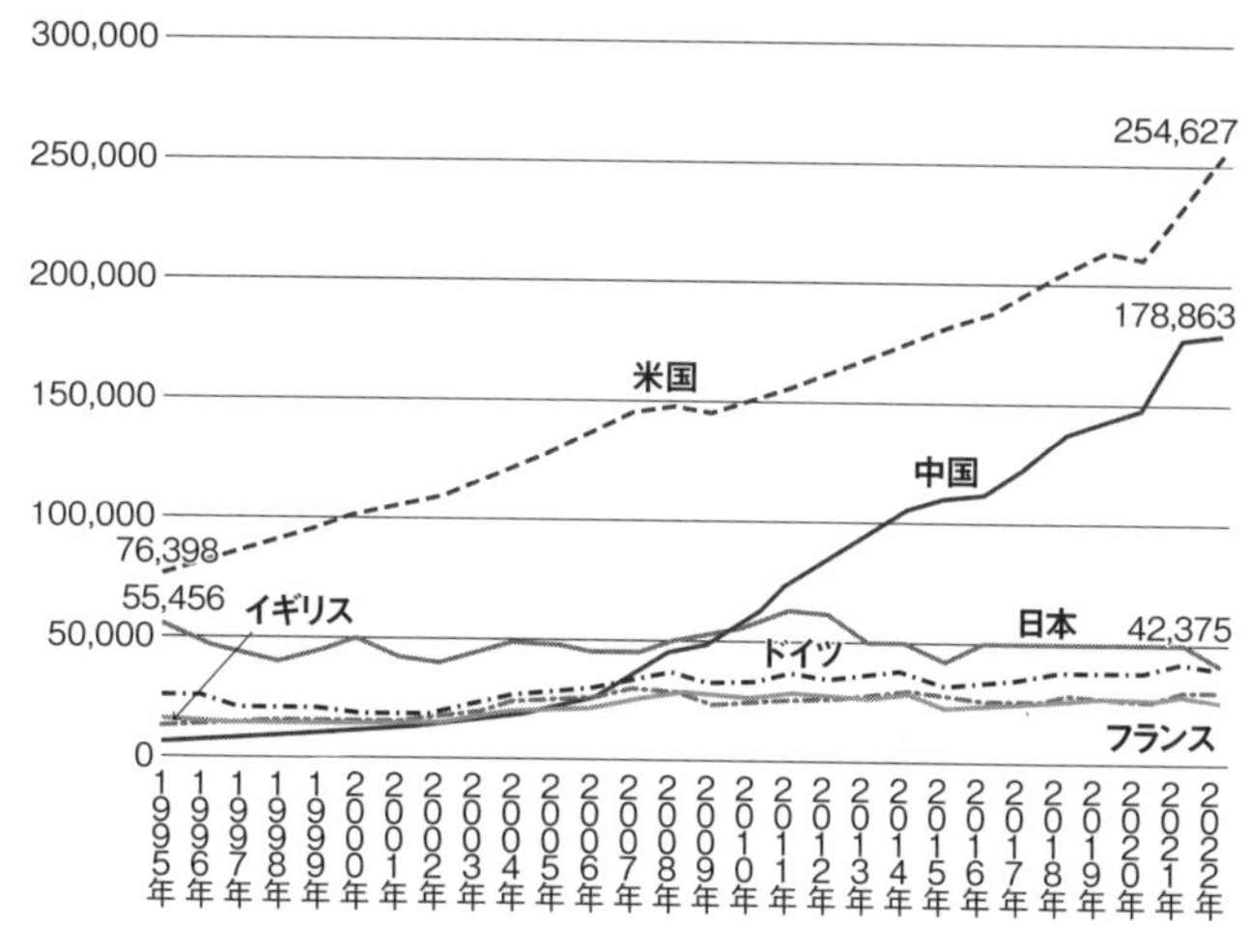

１９９５年のＧＤＰ水準を１００として、その後の27年間の変化を算出すると、中国経済はこの27年間に24倍の規模に拡大した。米国ＧＤＰは同じ期間に３・３倍の規模に拡大した。これに対し、日本のＧＤＰは１９９５年の76％。日本経済はこの27年間に４分の３の規模に縮小してしまっている。

現実の為替レートで換算したドル表示名目ＧＤＰであり、現在の円安によって日本の経済活動規模が国際標準に照らして著しく〝縮小〟したことが判明する。そして、ついにドイツにもＧＤＰ規模で日本が追い抜かれる状況に立ち至った。

ＯＥＣＤは各国の平均賃金の水準を公

主要国名目GDP
（1995年～2022年、1995年＝100、ドル換算ベース）

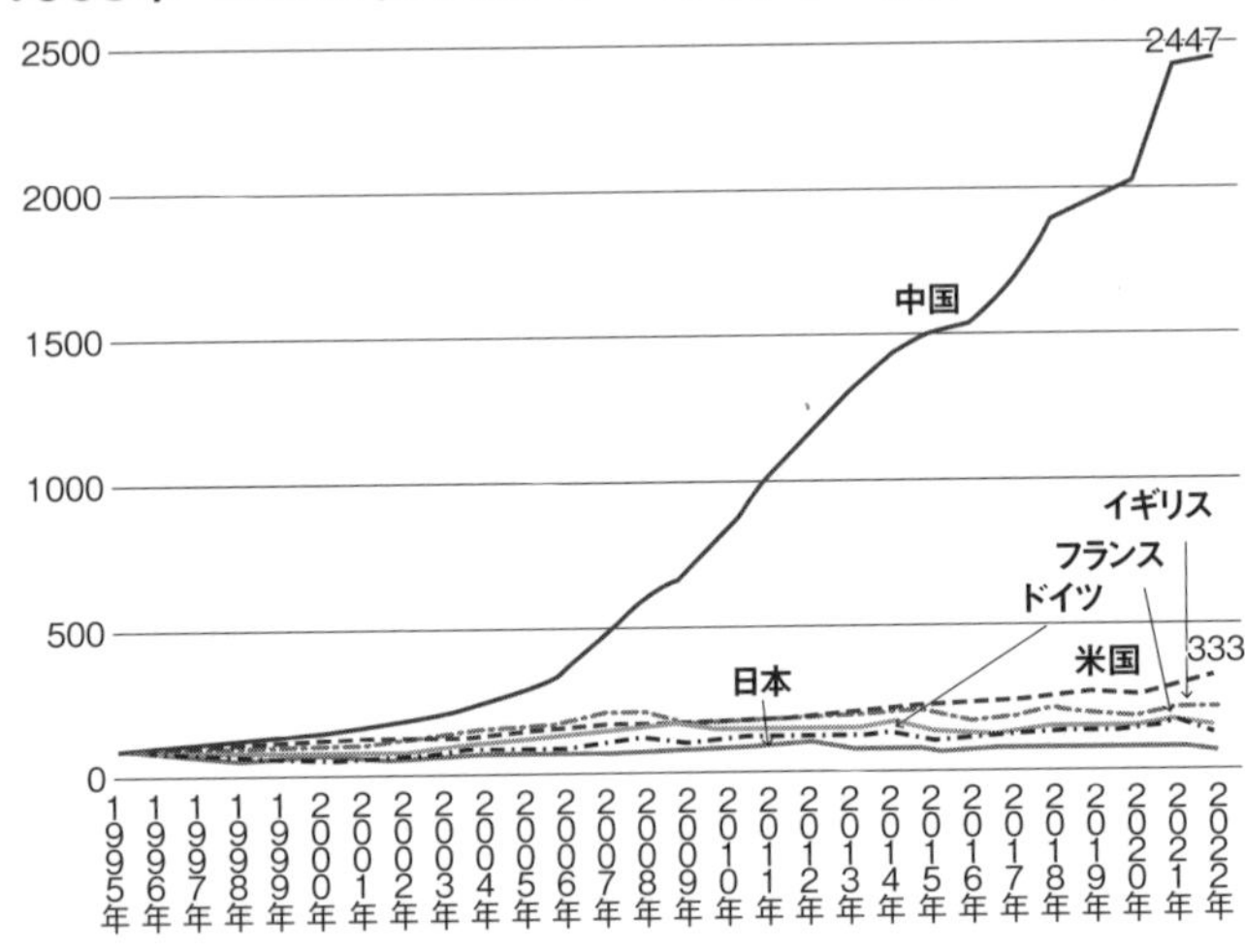

表している。ＯＥＣＤの発表する平均賃金水準は、〝購買力平価〟換算の数値である。

　現在、ドル円レートは購買力平価と比較して大幅円安に振れているため、仮に現実の為替レートで換算する場合には、日本の賃金水準がさらに低い水準になる。

　米英仏独、そして日本のＧ５国と韓国を加えた平均賃金推移を見てみよう。１９９１年当時、日本はこの６ヵ国のなかで第３位の水準にあった。日本の労働者賃金水準は国際比較上、十分に高い水準にあった。

　その日本の平均賃金水準が２０２２年にはＧ５のなかで最下位に転落したと同時に、韓国の賃金水準にも追い抜かれた。

平均賃金推移
（OECD、購買力平価換算、ドル）

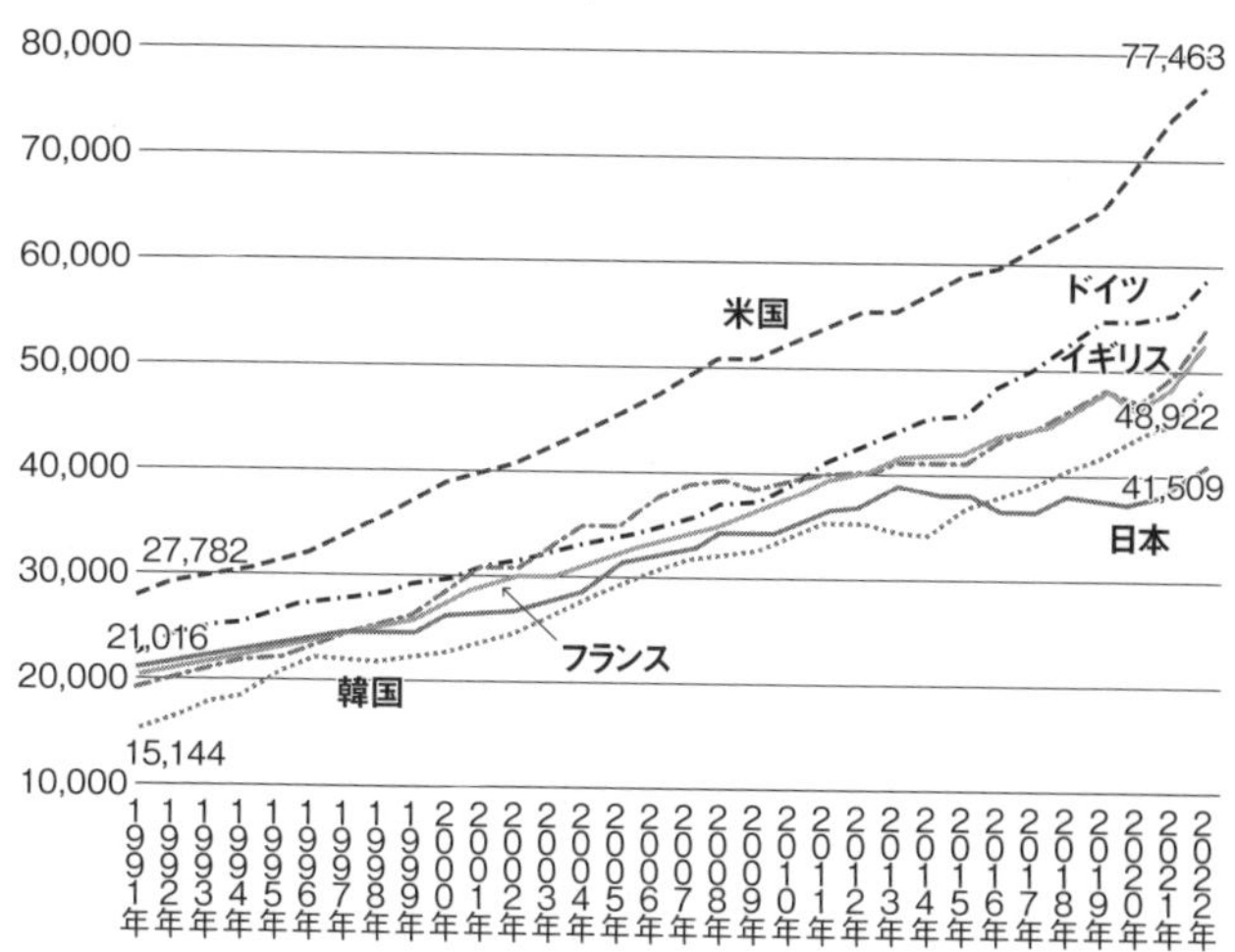

バブル崩壊始動から30年間の経済停滞を経て、日本のＧＤＰ規模はドイツを下回り、日本を経済大国と呼ぶのがはばかられる状況が生じている。

さらに、日本弱体化を象徴しているのが日本円の暴落だ。

日本円の実質実効為替レートは１９７０年水準を下回った。１ドル＝３６０円時代の円よりも、現在の日本円のほうが弱い。日本の労働者が受け取る賃金水準は国際標準で測って〝下位〟に転落している。日本国民が保有する資産のドル換算金額も激減し、グローバルスタンダードで測れば、日本国民保有の資産規模が一気に収縮した。

日本の順調な景気回復を〝妨げる〟放射能汚染水問題

２０２０年にコロナパンデミックが発生した。

この影響で、日本の経済活動は大幅に低下した。コロナパンデミック直前にＧＤＰが最高値を記録したのは２０１９年７―９月期だった。１９９５年価格基準の実質ＧＤＰで、２０１９年７―９月期の日本の実質ＧＤＰは５５７兆円だった（季節調整済・年率換算値）。これが同年10―12月期に５４２兆円水準に急落した。

消費税増税が２０１９年10月にも実施された。消費税率は８％から、ついに10％へと引き上げられた。安倍内閣は２０１４年４月と２０１９年10月の２度にわたり、消費税率を引き上げた。

５％の税率が10％に引き上げられたのである。この消費税増税が日本経済を完全停滞に陥れる主因として作用したと考えられる。

その余韻が冷めやらぬなか、２０２０年２月以降にコロナパンデミックが広がった。日本の実質ＧＤＰは、年率換算で同年４―６月期に５０１兆円に急落した。

２００９年10―12月の日本の実質ＧＤＰは４９８兆円、鳩山内閣が発足した時点のＧＤ

日本の実質GDP（2009年ⅣQ～2023年ⅡQ）

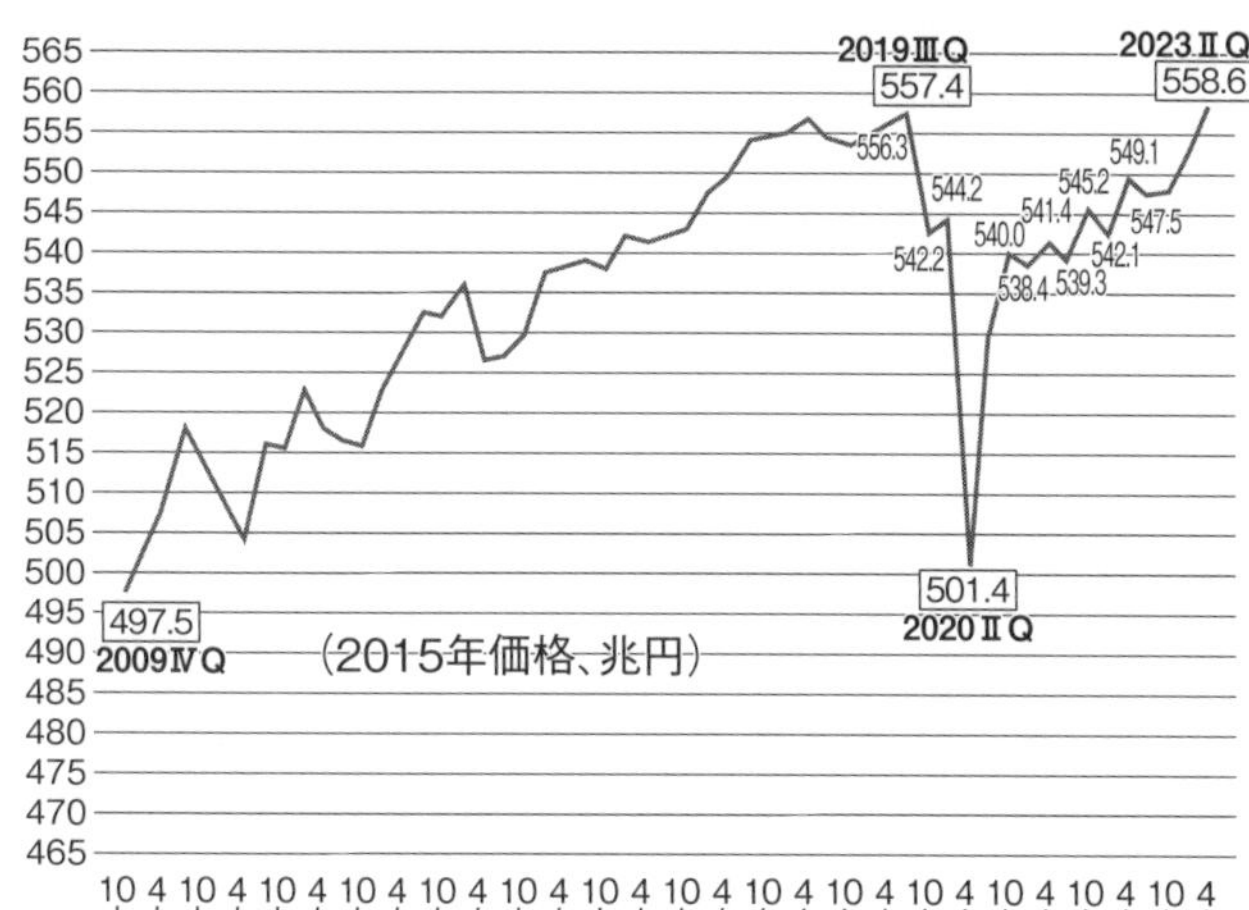

P水準だ。日本のGDPは、コロナパンデミックにより一気に、10年以上も前の鳩山内閣発足時のGDP水準まで激減したのである。

この経済危機に対して、米国政策当局が勇猛果敢な行動を示した。パウエルFRB議長がFFレートを一気にゼロ水準に引き下げると同時に、トランプ大統領がわずか3週間で2兆ドル、現在の日本円換算金額で言えば300兆円の景気対策を決定、議会を通過させた。

日本も2020年度に驚くべき〝規模〟の景気対策を発動した。さらに、実質無利子、実質無担保のいわゆるゼロゼロ融資が無制限、無尽蔵に提供された。

これらの施策を背景に日本経済も回復はしたが、コロナパンデミック発生前の2019年7―9月期のGDP水準にようやく届いたのは2023年4―6月期である。同年4―6月の実質GDPが年率換算で558・6兆円に達し、約4年ぶりにコロナ前最大水準に回帰した。

遅ればせながら、2023年5月にコロナ規制が解除され、日本経済の急速な浮上が期待されたが、実際には経済急浮上が実現しなかった。順調な景気回復を〝妨げる〟新たな要因が顕在化したのである。

日本が中国に対して十分な説明をせずに処理後放射能汚染水の海洋投棄を開始。結果として中国の強い反発を受け、日本経済にとっての貴重な景気浮揚要因を獲得し損なった。

東京電力は、福島原子力発電所に附設した貯蔵タンクに蓄積した放射能汚染水が貯蔵限界に達するとして、処理後汚染水の海洋投棄を始動した。日本政府は、放射能汚染水からトリチウム以外の核種を取り除き、トリチウム濃度を引き下げて海洋投棄すると説明している。政府はトリチウムを含む処理水の海洋投棄は原発を運転する諸外国も実施しているというが、通常の原発から放出される排水とメルトダウンを起こした福島原発から放出されるALPS（アルプス）処理された汚染水は異なる側面を有する。

メルトダウンした燃料デブリに直接触れたと考えられるタンク内の汚染水の約7割にお

いて、トリチウム以外の12の核種が取り除かれておらず、基準値を上回っているとされる。東京電力は、トリチウム以外の核種を取り除き、トリチウムの濃度を低下させて海洋投棄するとしているが、その説明に対する信用度が低い。

これまで東電は原発に関する事故等において、重大な隠蔽、改ざんを繰り返してきた。新潟県の柏崎刈羽原子力発電所でIDカード不正使用や不正侵入検知設備故障放置などの不祥事が相次いで発覚したのは2021年のこと。

23年5月には東電社員が同原発安全対策工事に関する書類を紛失する事案も発生している。

このような「改ざん・隠蔽体質」を持つ企業が、すべてのデータを監視可能なかたちで公開せずに「トリチウム以外の核種を除去して海洋放出する」と説明しても、信用しろということに無理がある。資料とデータを外部から監視できるシステムを構築する必要があると言える。その上で近隣諸国に丁寧な説明をするのが、重大放射能事故を引き起こし、処理した放射能汚染水を海洋投棄する国の責務である。

その東京電力が、今回の処理後放射能汚染水海洋投棄に関連する作業のなかでも、新たな重大事故を引き起こしていたことが明らかになった。

2023年10月25日に、福島第一原発の汚染水の処理を行うALPS施設のひとつで配管の内部洗浄を行っていたところ、放射性物質を含む汚染廃液をタンクに流すためのホースが外れ、作業員5人に汚染廃液が飛散するという事故が発生した。

被曝した作業員2人は、作業ルールで必要な防水性のあるカッパを着用しておらず、東電が作業管理上の規則遵守を徹底していなかった可能性も指摘されている。東電の杜撰(ずさん)対応、事実隠蔽体質が改めて浮き彫りになったと言える。

こうした現実を踏まえると、中国や韓国、また大洋州の人々が不安になるのは当然のこと。中国政府が日本からの海産物輸入を停止する措置を取ったことを頭ごなしに批判することはできない。ところが、日本政府とメディアは、不信感を募らせる中国の人々に非があるとの対応を示し続けてきた。

日本円が暴落している現状で、日本の消費需要を喚起する最大の〝起爆力〟を持つのは、中国からの訪日観光客による国内消費である。日中関係が極端に悪化していなければ、2023年の日本経済回復はより顕著になったと考えられる。しかしながら、日中関係が悪化し、中国からの日本への来訪者が急増せず、日本経済の浮上は緩慢になってしまっている。また、海産物の対中国輸出が激減し、漁業関係者の苦悩も増している。

究極の目標は世界の一極支配

貧困と不正を根絶するための持続的な支援・活動を30ヵ国以上で展開する団体として知られるオックスファム・インターナショナル（Oxfam International）が、毎年、ダボス会議（World Economic Forum）開催に合わせて貧富の格差を象徴する数値を発表する。2023年1月に公表されたのは、世界でもっとも裕福な富豪8人の資産総額が約4260億ドル（約48兆6000億円、当時の為替レート換算値）で、世界人口のなかの所得の低い半分にあたる36億7500万人の資産総額とほぼ同じというもの。8人と37億人の資産が同じという数値だ。

「大富豪8人」には、「マイクロソフト」創業者ビル・ゲイツ、スペインのファッションブランド「ザラ」のアマンシオ・オルテガ氏、著名投資家のウォーレン・バフェット氏、メキシコの実業家カルロス・スリム・ヘル氏、アマゾン・ドット・コム創業者のジェフ・ベゾス氏、フェイスブック創業者のマーク・ザッカーバーグ氏、オラクル創業者のラリー・エリソン氏、アメリカの通信社ブルームバーグ創立者で前ニューヨーク市長のマイケル・ブルームバーグ氏が挙げられている。

こうした超富裕者家系として知られるのがロスチャイルド家である。その創設者と言えるマイヤー・アムシェル・ロスチャイルド（1744年生まれ）が30歳の時にドイツ・フランクフルトに12人の実力者を集めて秘密会議を開いたと言われている。その会議で世界を一極支配するための計画が話し合われ、25項目からなる「世界革命行動計画」と呼ばれるアジェンダ（実現目標）が示されたと伝えられている。

真偽のほどは定かでない。後世の者がロスチャイルド家の考え方を要約して創作したストーリーであるとも考えられる。

ここではその真贋（しんがん）の解明を追求しない。しかしながら、現代経済社会の動きを見ると、ここに示されている戦略、戦術が大きな意味を有していると考えることができる。

このアジェンダに示されている戦略、戦術は次の5つの原理原則に要約できる。

1　人を支配する原動力は、金と暴力である

2　自由という思想を利用する

3　情報を支配する

4　代理人に代行させる

5　ゴイム（奴隷・一般市民）同士で争わせる

アジェンダの究極の目標は世界の〝一極支配〟である。具体的には、「最終的に我々の運動に尽くす少数の金持ち、及びその利益を守る警察と兵士、そして圧倒的多数のプロレタリアート大衆が残ればよい」とする。すべての市民、一般大衆を〝下流〟に押し流し、一握りの少数者がすべての所得と富を独占支配する。

これが世界支配者の、世界一極支配の構図である。この最終目標実現に向けてすべての行動が計画されるということになる。アジェンダに描かれる一種の都市伝説＝コンスピラシー（陰謀）とされるものが、現実の経済社会の変化のなかで、この方向に着々と進行していることを否定しきれない。

産業革命以降、生産力は拡大し、人類の生産活動は右肩上がりで飛躍的な増大を遂げた。しかしながら、ある物理的な領域内で生産活動が最大値に到達した後は、生産水準をさらに拡大させることが難しくなる。

新たに生産水準を飛躍的に拡大させるには、新たな技術が開発される必要があり、仮に新技術の開発が滞ることになれば、次に模索されるのは経済活動領域の拡大になるだろう。生産技術が遅れている地域を発掘し、その地に先進的な技術を埋め込み、生産の拡大を図

裕福な8人総資産>貧しい37億人総資産（オックスファム2023）

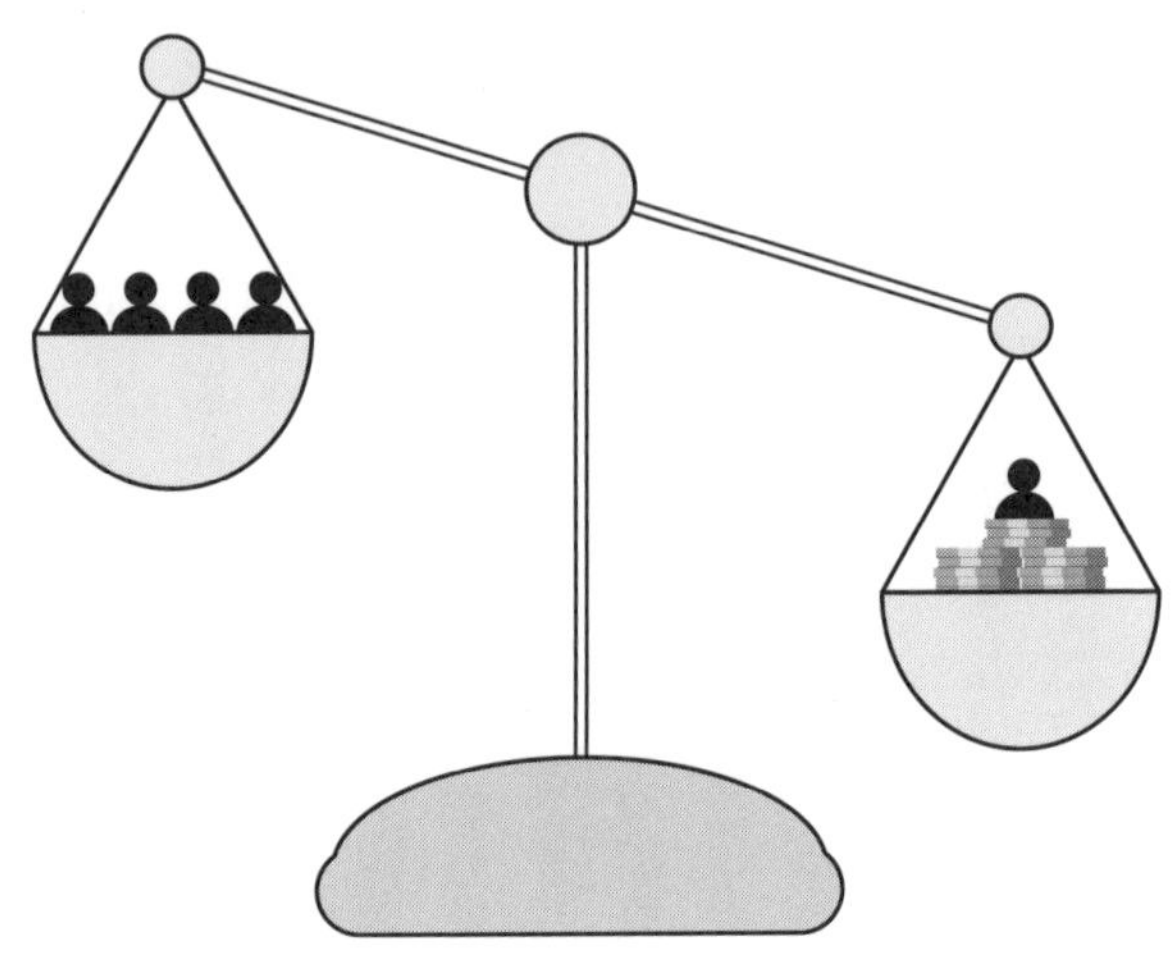

る。

冷戦が終焉し、東側世界が新たに資本主義経済の〝領域〟に組み込まれた。ワシントンコンセンサスが示す累積債務問題処理に際しての手法は、西側資本主義国が導入した資本主義の生産技術を他国に埋め込むためのツールであった。

さらに、他国に対し市場原理に基づく経済活動を埋め込む活動と並行して、新興国の公的企業、政府所有物を「民営化」の名の下に西側資本が簒奪する。このプロセスが進められてきた。

すべての根源は経済成長の限界

ヘレナ・ノーバーグ＝ホッジが製作したドキュメンタリー映画『幸せの経済学』をぜひご覧いただきたい。40年前まで外国人立入禁止地域だったヒマラヤの辺境ラダックに近代化の波が押し寄せた。いきいきと目を輝かせ、精神的に豊かに暮らしていたラダックの人びとが、10年後には「（欧米文化に比べ）私たちは何も持っていない、貧しいんだ。支援が必要だ」と訴えるようになった。

資本主義の経済システムはあっという間に彼らの伝統的な生活スタイルを一変させ、自然との関わりを切り離し、人との繋がりを希薄化させることにより、彼らのアイデンティティーや伝統文化の誇りまでも奪っていった。

資本主義の運動法則によってラダックの桃源郷が破壊されていくプロセスが鮮明に描かれている。大資本は利潤を極大化するために新たなフロンティアを必要とする。資本主義とは無縁の安定した共同体社会が資本主義の運動法則によって破壊される。消費と生産の増大は資本に利益をもたらすが、それによって本当の豊かさ、人心が破壊される。社会は明らかに荒廃するのである。

資本主義の根本的な原理が2つある。市場原理の不可侵性と私有財産制の神格化である。この2つの原理によって資本主義社会が拡大を遂げてきた。

市場原理の帰着点は言うまでもない〝弱肉強食〟である。強い者が際限なく強くなり、弱い者が生存可能ギリギリの最低ラインにまで引き落とされる。生存ラインを超えてしまえば、資本が利益を生み出す駒が消滅してしまうから最低ライン上で圧迫は停止される。江戸時代の「生かさず殺さず」の原理が援用される。資本にとっての一般市民＝ゴイム＝奴隷は、「生かす」存在ではないが、同時に「殺戮する」存在でもない。殺戮しないギリギリの最低ラインに一般市民を誘導する。

ある場所で資本が利潤拡大の限界に到達すれば、フロンティアを外に広げるしかない。その格好の〝対象〟になったのが東側世界であり、東側世界に対し「自由」というスローガンが掲げられ、収奪の対象とされていった。

1992年のウクライナ独立以後にウクライナで発生した現象も、まさにウクライナの資本主義経済領域への組み込みであった。巨大な国有資産は、「民営化」の名の下に少数の資本家に低廉な価格で譲渡された。日本の明治時代に実行された官業産業払い下げと類似する資産収奪が実行された。

こうした資本主義化運動によってもたらされるのは、圧倒的多数の弱者と少数の利益独占者への二極分化、少数による圧倒的多数支配構造の確立である。

生産力を増大させる技術革新が限界に到達しつつある。生産活動に必要になる資源の残存量の制約も強まりつつある。しかし、資本は資本の運動法則としてあくなき利潤拡大を追求していかねばならない。

それゆえに、巨大資本が〝禁断の領域〟に足を踏み入れることになる。市場原理に基づく収益の拡大ではない、人為的工作による利潤の拡大、利益の拡大である。その具体例として浮上、我々の目の前に出現しているのが、公的分野からの収奪、そして国際社会における新たな制度的ビジネスの創作、そして戦争の創出である。

War、Public、Fakeの３つのビジネスモデルは、すべてが行き場を失いつつある大資本が創作する新たな利潤源泉になっていると言える。

その根源は〝成長の限界〟に由来する。成長の限界に直面する巨大資本が、あくなき利潤追求の対象をみずから創作する。そのウエイトが時間の経過とともに拡大しているのである。費用対効果で絶対的効率性を誇るのが財政資金の収奪。「民営化」の美名の下に推進する公的事業の簒奪も加速している。コロナパンデミックは財政収奪による法外なワクチン利潤を生み出した。国連に提唱させたＳＤＧｓのスローガンは財政資金を収奪する印籠（いんろう）の役割を果たす。そして、究極の巨大ビジネスが戦争の〝創作〟である。

人為ビジネスの急拡大は資本主義メカニズムの〝末路〟、〝断末魔〟を意味している。資本主義の運動法則が人類の本来の幸福を破壊し、ひいては地球の破滅をもたらす危険性が、急激な勢いで拡大している。

市場原理の不可侵性と私有財産制の神格化を根幹に置く、資本主義のメカニズムそのものを根底から修正しなければ、人類社会は終焉を迎える可能性が高い。人類社会の終焉は、とりも直さず地球の終焉を意味する。世界終末時計はいよいよ最後の時に迫りつつある。

この経済社会の運動法則、資本主義パラダイムを地球終焉の前に転換させることができるのか。突き付けられている課題は無限大に大きい。

断末魔の巨大資本が創出した5つのビジネスモデル

巨大資本の飽くなき利潤極大化行動は、大きな壁にぶち当たっている。市場メカニズムのなかで、巨大資本が自律的な成長、発展を遂げることが不可能になっているからだ。私たちが感じている〝奇妙〟な経済現象は、このことと関係している。

利潤追求の限界に直面した巨大資本が、飽くなき利潤拡大を継続するために、苦し紛れに生み出してきた新たな「人為ビジネス領域」として5つの類型を提示できる。76ページに記述した3つのビジネスモデルを敷衍（ふえん）したものである。以下に列挙してみよう。

「巨大資本の延命プロジェクト」

1　逆所得再分配
2　公的事業領域の簒奪
3　公衆衛生（パンデミック）ビジネス
4　国際特殊詐欺（フェイク）ビジネス
5　戦争

5つの人為ビジネス領域を提示できる。

1番目の逆所得再分配政策とは、政府の財政活動を新たに重要な収益源に組み込むビジネスモデル。本節のメインテーマ。

2番目の公的事業領域の簒奪は政府企業乗っ取りだ。かつての社会主義国を資本主義経済に組み込む際の〝常套手段（じょうとう）〟である。経済システム転換の旗印の下、既存の公的企業の

〝民営化〟が強行される。その民営化論議は密室で遂行され、限られた巨大資本の手に優良な公的企業の所有権が破格の安価で譲渡されるわけだ。

明治政府は巨大な資本を投下して官営事業を創出したが、その官営事業は少数の資本家に破格の安価で譲渡された。ＩＭＦが資金支援の〝見返り〟として設定する厳格な融資条件（コンディショナリー）のなかに、この公的企業の破格払い下げプロセスが必ず組み込まれている。たとえばウクライナは１９９２年に独立を果たしたが、独立後の政治運営の下で公的事業が破格の安値で払い下げられた。ソビエト連邦が崩壊する過程で、巨大資本の意向に沿って旧ソ連の公的事業解体の任を負ったのがエリツィン大統領だった。

東側諸国を解体する際に、巨大な経済利権が特定少数の資本家に〝闇価格〟で譲渡されている。

３番目の公衆衛生ビジネスとはパンデミックビジネスのこと。２０２０年以降、成長の限界に直面する巨大資本に法外利益がもたらされた。法外利潤を生み出す巨大ビジネスモデルがこれだ。パンデミックを人為的に創作する主目的がワクチンビジネスの展開にあったと考えられる。日本においても、コロナパンデミック発生と並行して、巨大なパンデミックビジネスが財政収奪を軸に構築された。

４番目の国際特殊詐欺（フェイク）ビジネスは、国連での論議を通じて国際的な巨大経済社会問題を創出すること。その巨大経済社会問題に沿う巨大な財政支出が、各国政府によって執行されることになる。その代表事例が「ＳＤＧｓ」と呼ばれるビジネス展開である。地球温暖化なる〝仮説〟を構築し、この仮説の下に新たな巨大ビジネスを創出する。その新ビジネスへの支出を支えるのは巨額の財政支出資金である。

５番目の戦争は、世界最大の産業である米国軍産複合体を維持、存続させ続けるための方策に他ならない。10年に１度の中規模戦争が存在しなければ、この巨大産業は存続し得ない。巨大産業を維持拡大するために、必然性のない戦争が経済的事情という必要性によって人為的に〝創作〟されている。

突出して増えた防衛関係費

日本の国家財政の基本構造を正確に把握している者は極めて少数と思われる。国会で予算審議が行われるが国家の財政支出全体の構造を根本から論じることはない。予算案の重箱の隅を突くことに終始している。しかし、大事なのは全体の骨格だ。財政支出全体の構造を踏まえずに些末(さまつ)な一部分だけを取り上げて論じるだけの行動は「木を見て森を見ない」もの。基本構造を正確に把握することが何よりも重要だ。

グラフは、2022年度と23年度の当初予算ベースの一般会計・特別会計歳出純計である。一般会計と特別会計の間に重複があり、これらを取り除き、国の財政支出全体を網羅したものである。

2022年度当初予算の場合、一般会計・特別会計歳出純計は270兆円だった。日本のGDPの約半分に当たる巨額の支出が行われた。しかしながら、その内容を見ると93兆円が国債費である。国債の利払いや国債の償還（借金の返済）にかかる支出である。国債費が巨額になるのは、満期を迎える国債が多く存在するからだ。

満期を迎える国債の償還原資はどのように調達されるのか。実は、満期が到来する国債を償還するための原資の大半は、国債の再発行によって調達される資金によって賄われる。国債償還資金を調達するために発行される国債を借換債と呼ぶ。たとえば満期10年の国債6兆円の満期が到来して6兆円を償還するときに、償還するための6兆円のうち5兆円は新たに国債を発行して償還原資を調達する。これが借換債だ。

国債費93兆円と記載されると、とてつもない巨額の資金が国債費として使われてしまっているように見えるが、実はその大半の資金は国債の再発行によって調達されている。この点には注意が必要だ。グラフに記載されていないが2022年度の一般会計の国債費は23・4兆円であるので、92・7兆円との差額である69・3兆円部分は借換債の発行によっ

一般会計・特別会計歳出純計（2022年度当初）

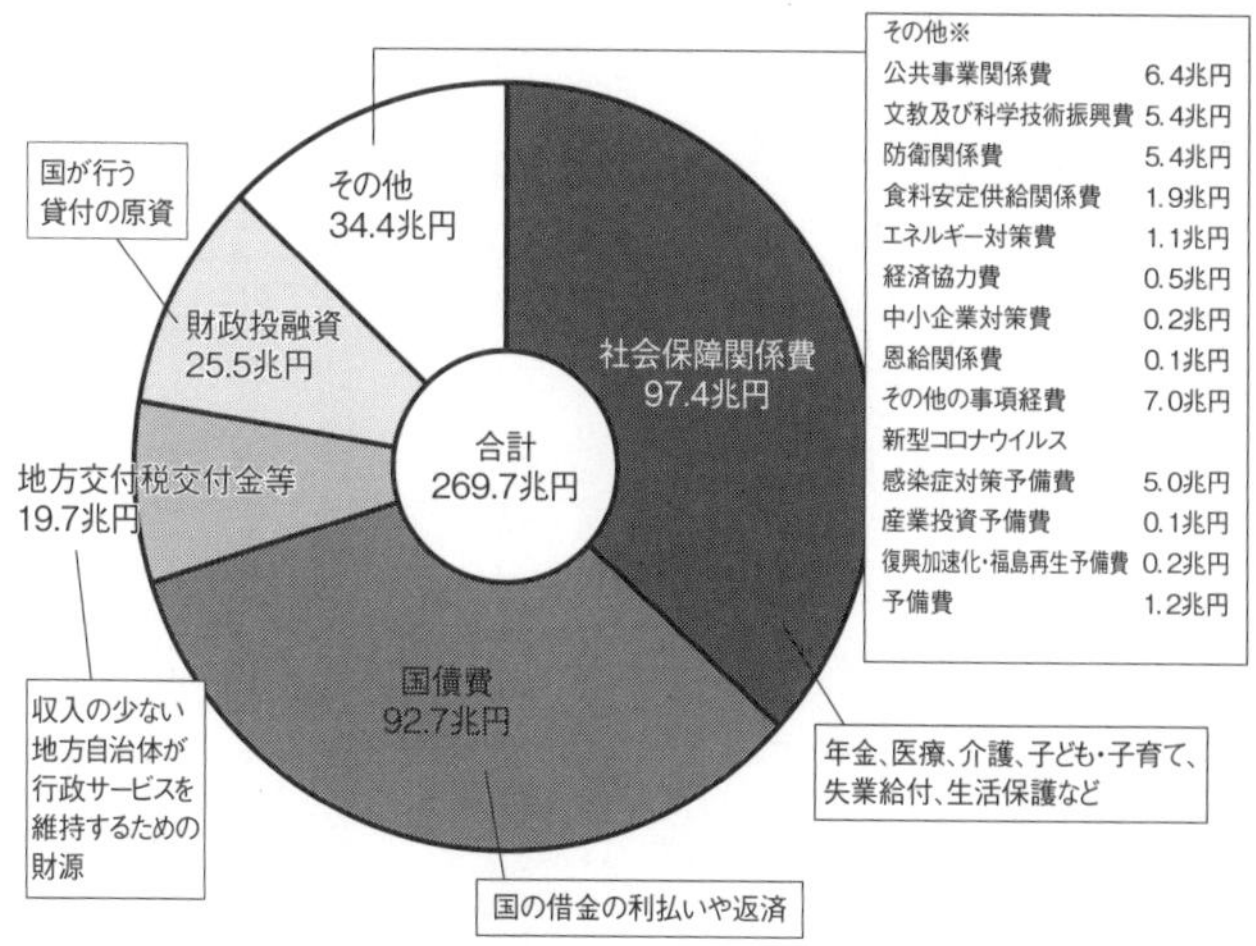

一般会計・特別会計歳出純計（2023年度当初）

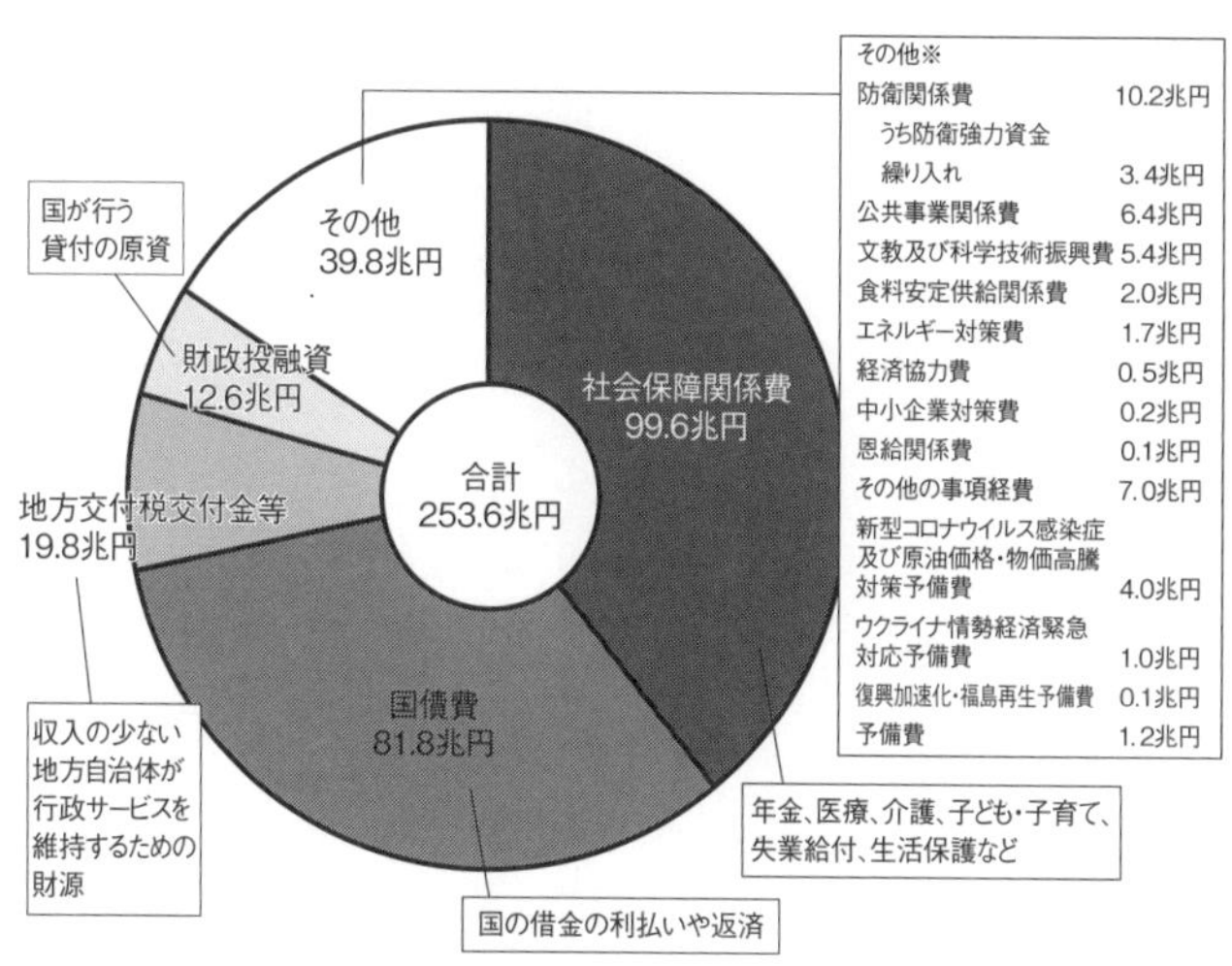

て原資が調達されたと考えてよい（厳密には国債の現金償還金額と一般会計国債費に含まれる国債整理基金への繰入金額には差が存在する）。

２０２２年度当初予算での新規財源債発行額は36・9兆円で、国債費23・4兆円との差額である13・5兆円をプライマリーバランスの赤字と表現している。

いずれにせよ、国債費は国の各種政策遂行上の支出ではない。

もうひとつの巨大支出費目が社会保障関係費で、２０２２年度当初予算では97・4兆円である。政府の社会保障支出には、これ以外に地方政府が支出する社会保障支出が33兆円強存在し、２０２２年度当初予算での国・地方合計の社会保障支出は全体で１３１兆円に達する。社会保障財政の仕組みについては後述する。

２０２２年度当初予算では、これら以外の政府支出として、地方公共団体に対する使途が自由な交付金が約20兆円ある。また、国が行う貸付等の原資である財政投融資の支出が20兆円存在するが、これは使い切る支出ではなく投融資のための支出である。

国が社会保障以外の政策執行のために行う財政支出が、「その他」の約34兆円だ。34兆円の「その他」の項目のなかに、防衛関係費、公共事業関係費、文教及び科学技術振興費、食糧安定供給関係費、エネルギー対策費、経済協力費、中小企業対策費など、ありとあらゆる政府の政策支出が含まれている。

このうち、防衛関係費が５・４兆円で、２０２２年度の場合には、新型コロナウイルス感染症対策予備費が５兆円計上された。さらにこれとは別に予備費が１・２兆円計上された。

34・４兆円の国の政策支出総額から、防衛関係費と新型コロナ対策費、そして予備費を除くと、残与は23兆円になる。つまり、国の財政支出は一見すると特別会計・一般会計純計で２７０兆円と、とてつもない巨大な金額に見えるが、社会保障関係支出以外の国のさまざまな政策支出の合計は、防衛関係費とコロナ関係費を除けば、合計で年額23兆円ということになる。

この23兆円が、社会保障関係支出を除く国の政策支出の1年間の総合計金額である。このことをすべての財政支出論議の土台として明確に〝把握〟しておく必要がある。

２０２２年度と２０２３年度の数値を比較すると、この政策支出34・４兆円が、２０２３年度に39・８兆円に膨張したことがわかる。政策支出が全体で約５兆円拡大した。

どこでその差が生じたのかと言えば、支出項目細目を見ると〝一目瞭然〟である。

２０２２年度の防衛関係費が５・４兆円であったのに対し、２０２３年度の防衛関係費が10・２兆円に拡大している。約５兆円の増大、倍増だ。岸田内閣は日本の防衛予算を単年度予算の比較上においても、年間5兆円から10兆円にいきなり倍増させた。

2022年度の社会保障支出を除く国のすべての政策支出合計額が23兆円だった。このなかで、防衛費膨張の突出ぶりが鮮明に浮かび上がる。

財政危機も財政破綻も完全なフェイク

財政政策運営の問題がどこに存在するのかを理解する上での格好の事実が存在する。それが2020年度に編成された補正予算である。2020年度にコロナパンデミックが発生した。

この事態に対応して、政府は第一次から第三次にわたる補正予算を編成した。この補正予算で追加計上された政府支出は73兆円だった。

かつて日本経済が深刻な不況に直面したときに、景気を支える経済対策発動が論議された。その際に政府は事業規模10兆円、事業規模20兆円などという数値を発表する。

しかし、これは財政支出追加の規模ではない。財政支出を追加した際に、その効果で発生することが期待されるGDP拡大規模を寄せ集めて、〝見かけ〟の数字を拡張して表現したものだった。

　このため、経済対策が決定される場合には、実際に国がどれだけのお金を国庫から追加支出するか、減税であれば、どれだけの税負担減少を提示するのかが問われた。

　政府が具体的に国庫からの支出追加を予算に計上する金額、減税を実施する金額は財政収支尻の悪化に表れることになり、これを「真水」と表現して最重視した。景気対策が打ち出されると、政府はメディア向けに、事業規模20兆円、事業規模30兆円などと誇大にアピールするが、実際の財政収支尻悪化規模は3兆円であったり、5兆円であったりというのが常であった。「真水」の規模での巨大財政政策は実行されてこなかった。

　政府が提示する景気対策の規模を〝判定〟する最重要の基準が、「真水」である。その「真水」において2020年度は73兆円の財政支出追加が決定された。驚異的な財政支出拡張と言うほかない。

　1年間の国の政策支出は、社会保障関係支出、防衛費、コロナ関連支出を除くと、すべてを合計して23兆円であることを示した。財務省と各省庁が徹夜を繰り返して予算要求と査定を繰り返して決定される当初予算案における1年間の政策支出の総合計が23兆円であるときに、2020年度は国会での審議も綿密に行われぬまま、73兆円もの「政策」支出が追加された。

　2020年度の場合、第三次補正予算で税収見積もりが8・4兆円下方修正された。そ

2020年度73兆円補正予算

補正予算規模　第１次〜第３次合計で73兆円	
比較的透明な予算	合計19兆円
一律給付金	13兆円
持続化給付金	4兆円
家賃支援給付金	2兆円
残余54兆円大半が利権予算	
資金繰り対策	19兆円
＝天下り機関への資金贈与	
デジタル・グリーン	3兆円
構造改革・イノベーション	2兆円
GoToトラベル	3兆円
防災減災国土強靭化	3兆円
予備費	10兆円

の結果、不足する財源合計額は80兆円に達することになったから「真水」追加の規模は正確には80兆円で、そのすべてが新規財源債の増発＝国債発行によって賄われたのである。

最重要の問題はその使い道だ。73兆円の補正予算の使い道のなかで、例外的に一律給付金は透明性が高かった。すべての国民に一人10万円の給付が行われた。日本の人口は１・3億人弱であるから、全員に給付が行われるときに予算に計上される金額は約13兆円になる。

当時、自民党における政策決定最高責任者である政務調査会長の職にあったのが岸田文雄氏である。岸田氏は一律給付に難色を示す財務省の意向に押されて、低所得世帯に最大30万円を給付する限定給付案をまとめた。予算規模は4兆円だった。すべての国民に10万円給付する予算では13兆円かかるため、最大30万円という「偽装」を凝らして予算規模を4兆円に圧縮する提案をまとめ上げた。

ところが、この提案にクレームが付けられ、一人10万円の一律給付に政府決定が覆された。岸田氏の指導力の欠落が指摘される事象だったが、いま考えると、当時から岸田文雄氏は財務省の意向に押されてしまうという特性を保持していたのだと言えるだろう。

2020年度補正予算では、これ以外に、コロナの影響で事業の継続が困難になった企業等に対する持続化給付金が4兆円、また、家賃支援給付金が2兆円計上された。持続化給付金も家賃支援給付金も、その後に不正受給が大量に発覚した。したがって、これらの給付金補正予算にしても、公明正大、透明な政府支出とは言い難い部分があったのは事実だが、それ以外の政府支出と比較すれば、透明な政府支出追加であったと言える。

一人10万円の一律給付金、持続化給付金、家賃支援給付金の合計が約19兆円。これらが比較的透明な財政支出だったが、全体規模が73兆円だから、残余が50兆円以上存在する。その50兆円以上の財政支出資金のほぼすべてが〝利権的〟支出に充てられた。

利権的な支出とは、一般国民が直接受け取る政府支出でなく、特定の大資本や政府系機関が受け取る政府支出のことで、これが50兆円も計上されたわけだ。

そのなかの最大の費目が、〝資金繰り対策〟として計上された19兆円だった。

コロナパンデミック発生に伴い、実質無利子、実質無担保のゼロゼロ融資が拡大したと記述したが、この予算に計上された19兆円は、コロナで苦しむ個人、零細企業事業者に充てられた資金ではない。この19兆円は、日本政策金融公庫や日本政策投資銀行などという、財務省〝最重要天下り〟金融機関に対する資金贈与として計上された資金だった。

コロナパンデミックに乗じて、財務省は最重要天下り先に史上空前とも言える資金贈与を「出資金」という形態で付与したのである。

それ以外に、デジタル・グリーン・トランスフォーメーション関連に3兆円、構造改革・イノベーション関連に2兆円、ＧｏＴｏトラベルという名称のＧｏＴｏトラブル事業に3兆円、防災・減災・国土強靭化に3兆円、さらに使途自由の予備費に10兆円が計上された。1年間の本予算での政策支出が総合計で23兆円であるなか、国会審議もほとんどない補正予算で50兆円の財政資金が、大企業を背後に持つ利権官庁の間で「つかみ取りし放題」という、コロナパンデミック収穫祭が演じられたことになる。

2020年度補正予算は大資本による財政収奪のモデルケースになる、新たなビジネスモデルを開拓した記念碑＝ランドマークを打ち立てたものと言ってよいだろう。

日本政府・財務省は、口を開けば「日本財政は危機にある」、「財政赤字が巨大すぎる」、

「日本財政に破綻の恐れあり」と繰り返すが、もし、これらの諫言に信ぴょう性があるなら、2020年度のような杜撰な財政運営など生じる余地はない。

つまり、財政危機も財政破綻のリスクも完全な〝フェイク〟なのである。それでは彼らは何のために財政危機や財政破綻を叫んでいるのだろうか。その理由は後述する。

所得税と法人税の減税に充てられてきた消費税の税収

「逆所得再分配」を巨大資本の延命プロジェクトのひとつに位置づけているのは、財政活動を通じて巨額の資金を収奪することが極めて〝容易〟であるということを背景にしている。財政を通じた逆所得再分配戦略とは、一般庶民から税収を毟り取り、その結果発生する財源を巨大資本が独占して収奪してしまうというものである。

税の構造において、かつては所得税中心主義がとられていた。所得税の最大の特徴は累進税率構造にある。所得の少ない人の税負担率は軽く、所得の多い人の税負担率は漸次上昇する。

所得税の場合、夫婦子2人で片働き世帯の場合、子供の年齢等の条件にもよるが、年収

350万円までは納税額がゼロになる。年収350万円までは課税が免除される。

日本国憲法は第25条に「生存権」を定めている。健康で文化的な最低限の生活を営む権利を国が保障している。一家4人の世帯であれば、350万円の収入までは生存権を守る視点から、税金を課さないという考え方が取られてきた。他方、収入が増えるにつれ税負担率が上昇する。これが戦後日本の税制の基本的な考え方である。

能力の高い者に高い負担を求める。これを「応能原則」と呼ぶ。ところが、この日本の税制の基本が破壊されてきた。税制の基本を破壊してきた主役を担っているのが消費税である。

所得税、法人税、消費税。これが現在の国税の三大税目である。かつては所得税が税収の中心に据えられていたが、いまや税収の中心に据えられているのは消費税である。消費税の最大の特徴は〝逆進性〟にある。

所得の少ない人ほど、収入金額に占める消費のウエイトが高い。収入金額が100万円の人は、100万円すべてを消費に充当するだろう。

他方、年収10億円の高額所得者は、収入金額の10分の1の1億円しか年間に支出しないことが十分考えられる。1億円の支出に対し10%の消費税が徴収されたとしても、この人の収入金額10億円に対する税負担率は1%にとどまる。

他方、１００万円の収入の人がその全額を消費に充てる場合、収入金額の10％が税金で毟り取られる。

所得税を計算する場合、まずは収入金額から各種所得控除を差し引いた課税所得を算出する。その課税所得に対して税率が適用される。

先に示した夫婦子２人片働きの世帯においては、３５０万円の収入から各種控除を差し引くと、課税所得がゼロになる。

そのために納税額がゼロになるが、消費税の場合にはこのような控除制度すら採用されていない。１００万円の収入金額の全額を消費に充てる場合、その１００万円に直接10％の税率が襲いかかる。これでは所得の少ない人の生存権は守られない。

１９８９年度から２０２３年度までの35年間の消費税収は約５０９兆円であるが、同じ期間に所得税、住民税の減収額が累計で２８６兆円に達した。法人税及び地方の法人二税の減収額が３１９兆円に達した。消費税で５００兆円徴収したが、所得税と法人税の減収で６００兆円も還付してしまったことになる。

消費税増税が財政再建にまったく寄与していないどころか、その消費税増税の税収すべてが所得税等と法人税等の負担軽減に充てられた。減税の恩恵を受けたのは巨大資本と高額所得者である。

消費税増税＜法人税・所得税減税（1989年度～2023年度）

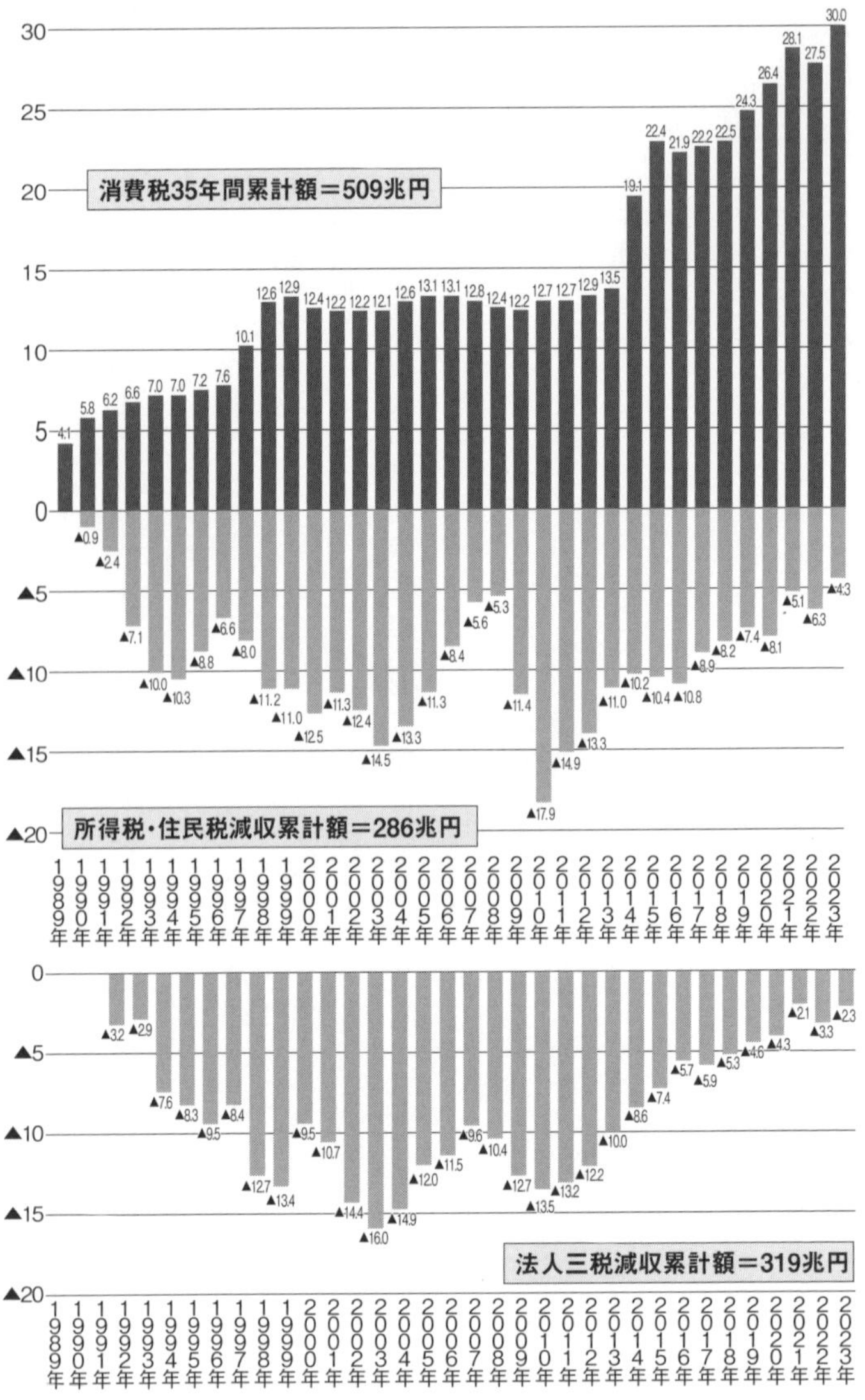

財政を通じて遂行される巨大資本と富裕層に対する逆所得再分配政策

日本政府の支出を2つに分類できる。権利財政支出と利権財政支出である。

米国では社会保障支出のことをプログラム支出と呼ぶ。財政支出がプログラムによって自動的に算出されるものだからである。これに対し、先に示した補正予算が典型事例であるが、政府＝財務省の匙（さじ）加減で個別に予算をつける財政支出がある。これを〝裁量支出〟と呼ぶ。

社会保障支出は、憲法が定める国民の〝権利〟を満たすための財政支出である。これが権利の財政支出だ。これに対し裁量支出は、政府そして財政当局が個別に匙を舐（な）め回して〝恣意（しい）的〟に支出を決定するものであり、裁量支出イコール利権支出である。

国の財政支出には、権利のための支出と利権のための支出の2種類が存在する。財務省の予算編成基本方針は明確である。権利の支出であるプログラム支出を徹底的に〝切り刻む〟一方で、利権の支出は際限なく〝拡張〟する。その明白な証左が2020年度の補正予算編成だった。

繰り返すが、国の政策支出の合計金額は社会保障費、防衛費、コロナ関係費を除けば、1年間で23兆円だ。このとき、まるで〝豆腐〟を買う感覚で1兆、2兆と利権予算がうずたかく積み上げられ、3回の補正予算で73兆円もの財政支出が計上された。

そして、そのうちの50兆円が利権支出だった。国会で審議される予算案には、通常国会の最大審議対象となる各年度の当初予算案＝本予算案と本予算案とは別に提案される補正予算案の二種類がある。当初予算＝本予算は前年度踏襲で編成され、厳格な査定対象になることから、本予算に利権支出を追加的に盛り込むことは困難になりつつある。

そこで、本予算ではなく補正予算に巨大な利権財政支出を計上し、国会審議の洗礼も浴びることなく利権財政支出を獲得する策略が横行しているのである。

2023年6月にひとつのニュースが報じられた。経済産業省がトヨタのＥＶ向け電池開発に約1200億円の補助金を出す方針を固めたと伝えられたのである。

トヨタはＥＶ開発で世界に遅れを取った。このトヨタのＥＶ開発を後押しするために、リチウムイオン電池の開発や生産への投資を後押しするという名目で、国が1200億円の補助金を出すとの報道であった。

個別一企業に対し、政府が1200億円の資金を贈与する。このような政府財政支出政策が何の〝疑い〟もなく流布されている。国会論議も経ずに、既成事実として報じられる現実に耳を疑わなければならない。一般国民は所得が減るなかで物価が高騰し、普段の食費を削って何とか生き延びようと苦心惨憺（さんたん）に追い込まれている。消費税の増税が次から次に実行され、さらに社会保険料の負担は増大し、社会保障の給付は切り刻まれている。

この状況下で、政府と深い関係にある大資本に対しては、子供に小遣いを渡すかのごとく、何のためらいもなく１２００億円の資金が提供される。

庶民は消費税で無間地獄に突き落とされているが、輸出製造業に対しては巨大な消費税還付金が支出されている。２０２１年度には輸出大企業20社に消費税還付金が約１・７兆円も支払われたという試算も提示されている。

輸出製造業の輸出にかかる消費税率はゼロである一方、国内販売額には消費税が含まれる。他方、売り上げ原価などの年間仕入れ額に含まれる消費税相当分が控除される。売り上げのうち輸出のウエイトが高ければ、売り上げにかかる消費税額よりも仕入れ額に含まれる消費税額が大きくなり、その差額が還付されるのである。

庶民の生活を根底から揺るがす、生存権をも奪う威力を発揮する消費税だが、輸出製造業にとっては巨額の還付金を生み出す打ち出の小槌（こづち）と化しているのが消費税のもうひとつの素顔なのである。巨大な下請け構造を配下に従える巨大輸出製造業は力関係から仕入れ価格を抑制し、消費税増税が実施されても仕入れへの価格転嫁を許さない。その一方で輸出にかかる消費税が免除されることから、消費税増税は利潤を拡大させる魔法の杖と化すのである。

利潤拡大のフロンティア縮小の隘路に苦しむ巨大資本は、政治権力を〝支配〟することによって、いとも簡単に巨大な財政資金を収奪することに味をしめているのではないか。こうしたいびつな財政収支の変化が突出して目立つ状況が生まれている。

財務省の基本理念が、一般庶民から税財源を収奪し、その税財源を巨大資本と富裕層に〝分配〟することに移行しているように見える。財政政策の重要機能である所得再分配政策は、本来、税負担能力の高い個人・企業から税金を多く徴収し、所得の少ない人に対する財政支出を行って生存権を保障することを目指すもの。この所得再分配政策によって、経済の格差拡大を抑止し、結果における〝格差是正〟が達成される。これが財政政策の最重要機能のひとつである。

ところが、現実の財政活動は、庶民から巨大な税金を徴収し、その税収を巨大資本と富裕層に分配する施策を強めている。2020年度の補正予算では73兆円もの追加支出が計上され、その大半が大資本と富裕層向けの利権支出に費やされた。財政活動を通じて逆所得再分配が遂行されているのが現実である。

日本が世界ランキング第1位に輝いたコロナワクチン接種回数

2022年春の財政制度等審議会で、コロナ関連予算の内訳が公表された。コロナ医療関連支出に計上された政府支出は16兆円。社会保障と防衛を除く国の1年間のすべての政策支出合計が23兆円であることを踏まえれば、コロナ支出の巨大さは鮮明である。

このうち、コロナ病床確保などの緊急包括支援交付金に6兆円、ワクチンの確保や接種にかかる費用に4・7兆円が計上された。この2費目だけで約11兆円に達する。

ワクチン関連の4・7兆円のうち、ワクチン代金は2・4兆円、ワクチン接種費用が2・3兆円だった。ワクチン代金2・4兆円は、8・8億回分のワクチン購入契約を賄う資金計上だった。政府はワクチン接種を推奨する大合唱を演じてきたが、これまでに使用したワクチンは約4億回分だ。

ワクチン購入契約8・8億回分のうち、一部は契約がキャンセルされたと伝えられているが、2億回分から3億回分のワクチン購入代金が〝無駄〟になる可能性がある。金額換

コロナ医療に投下された国費16兆円

コロナ病床確保などの緊急包括支援交付金	6.0兆円
ワクチンの確保や接種にかかる費用	4.7兆円
治療薬の確保	1.3兆円
ワクチン・治療薬の開発・生産支援	1.3兆円
医療物資の確保	0.9兆円
PCR検査や検疫の強化	0.8兆円

算で1兆円が無駄になる可能性が浮上している。

アベノマスクの無駄が叫ばれたが、予算規模はマスク代金で260億円、その他諸経費を含めても約500億円と見られている。これと比較しても、ワクチン代金の無駄は法外な規模に達する恐れがある。だが、政府はワクチン購入契約の詳細公表を守秘義務を盾に拒んでいる。これでは政府の財政支出に対して国会が監視の機能を果たす財政民主主義の根幹が揺らぐ。

ワクチンには当初、感染予防効果があるとされた。しかし、検証の結果、感染予防効果は確認できないことが明らかにされた。その後、重症化予防、死亡予防につながると喧伝されたが、これも検証の結果、効果が疑わしいとされている。逆に、ワクチン接種がもたらす重大な〝副作用〟が指摘されている。

科学的立証は容易でないが、客観的事実として、ワクチン接種拡大に連動する日本における〝死亡数激増〟が

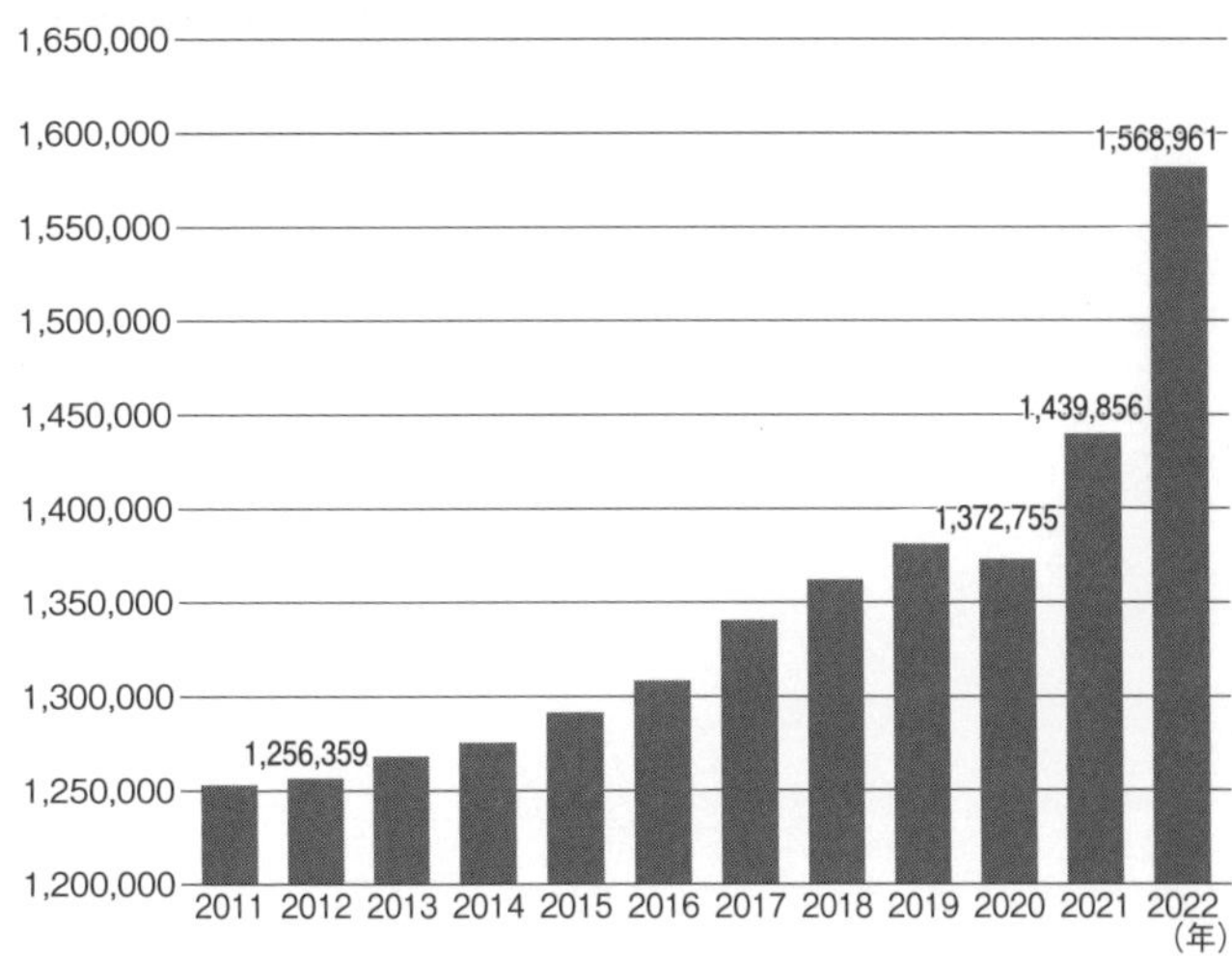

観測されている。死亡数が激増した他の要因を提示することは困難で、ワクチン接種が日本の死亡数激増の原因になっているとの仮説には強い説得力が付与されている。

ワクチンそのものの代金として２・４兆円が計上された一方で、ワクチンの接種費用として２・３兆円計上された。ワクチン接種を行う医師、診療所には巨大な財政資金が投下されてきた。医療関係者にとって、天から降り注ぐ慈雨の側面が強い。医療関連団体・個人が声を合わせてワクチン接種推進の大合唱を奏でたことは、この構図から考えれば極めて順当であったと言える。

世界のなかで、最後の最後までワクチン接種を国民に〝強要〟し続けたのが日本と

人口100人当たりワクチン接種回数
（2023年11月23日現在）（Our World Data）

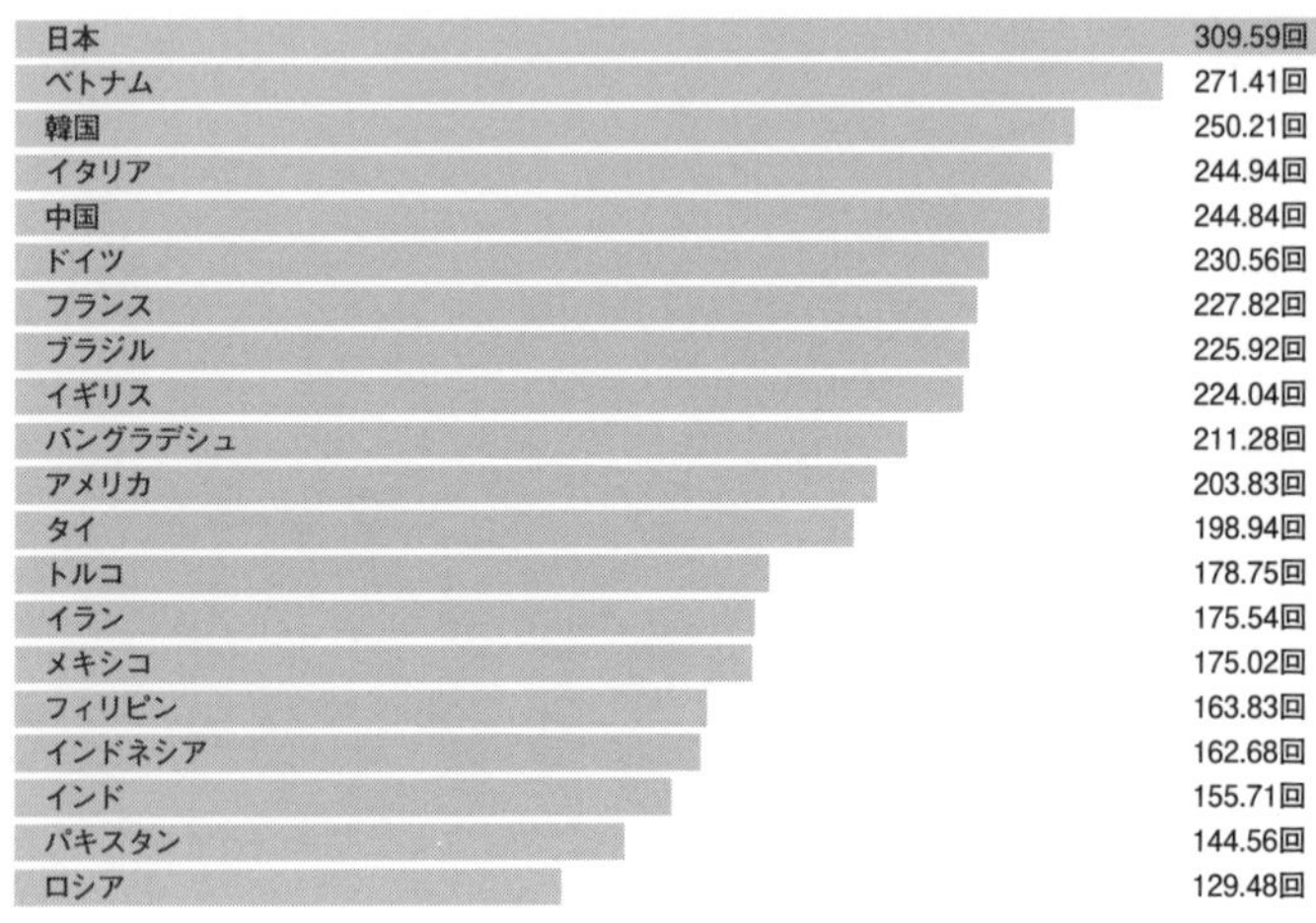

アメリカである。新型コロナのウイルス変異は早く、変異したウイルスに対する効力がないと見られるワクチンの接種を強要する行政対応が展開され続けた。

人口100人当たり接種回数において日本は米国をはるかにしのいで、世界第1位の地位を獲得した。ワクチン特需の恩恵に与ろうとする関係各業界関係者の努力の賜であると言えるが、お上の命令に従順に従う国民の行動様式、集団のなかで独自の主張を貫くことを控える同調圧力に弱い国民の精神性の表出であるとも言える。

病床確保のために6兆円もの財政支出が計上された成果は如実に表れている。コロナ指定病院となった全国の国立病院、公立病院、地域医療機能推進機構等の収支が劇

公的病院の劇的収支改善

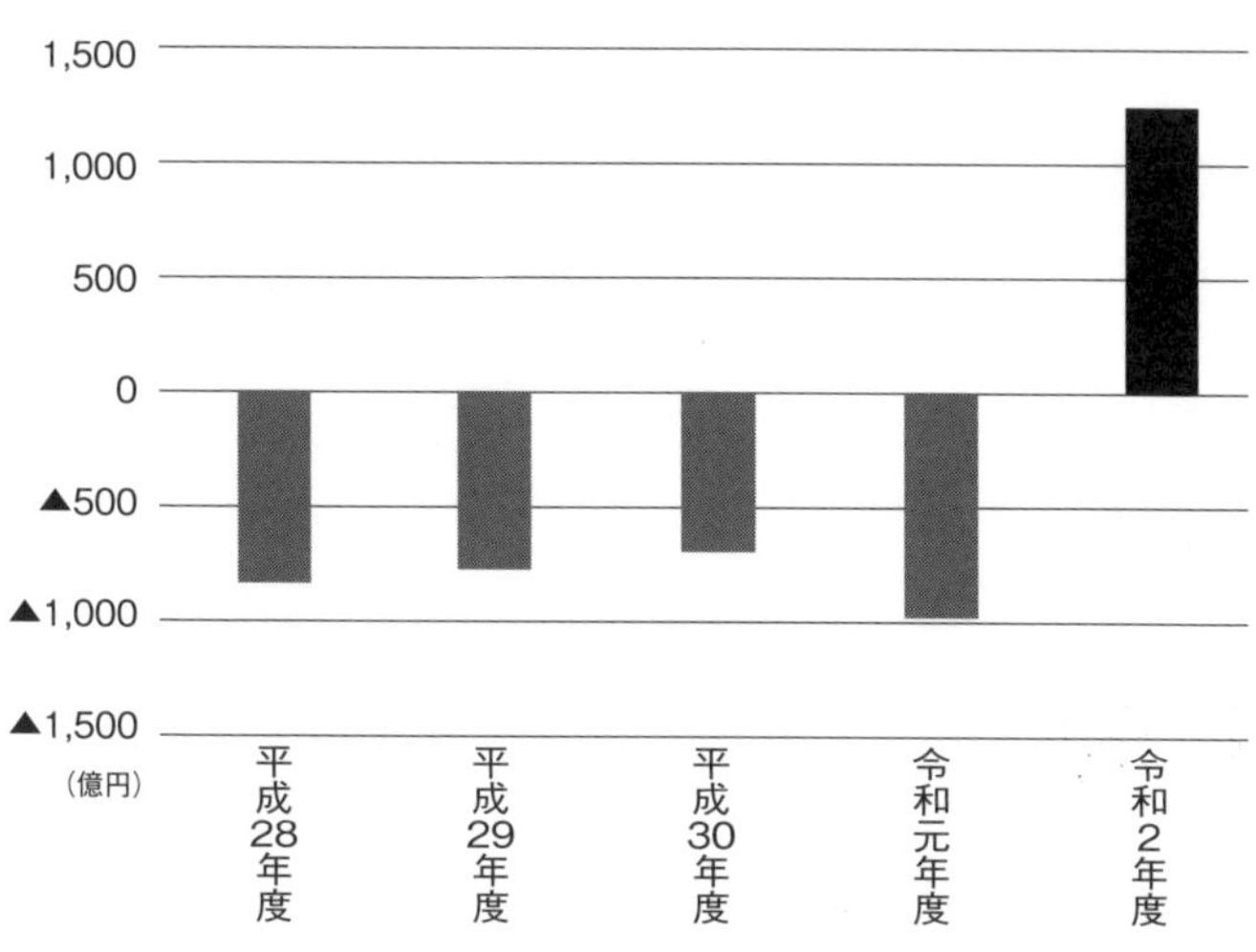

的な黒字拡大、改善を見たのである。公的病院は、２０１９年度まで恒常的な巨額赤字を計上してきた。それが一転、２０２０年度には１０００億円を超す巨額黒字を計上するに至った。

次に社会保障財政の構造を見てみよう。２０２２年度当初予算ベースの社会保障支出は国・地方合計で約１３１兆円である。社会保障支出は、年金、医療、介護の３本柱によって構成されている。

この１３１兆円の社会保障支出の、74兆円は社会保険料で賄われている。個人が支払う社会保険料、企業が負担する社会保険料によって74兆円の財源が調達されている。公費投入は約52兆円。地方公共団体の負担

社会保障支出と財源の構造（2022年度）

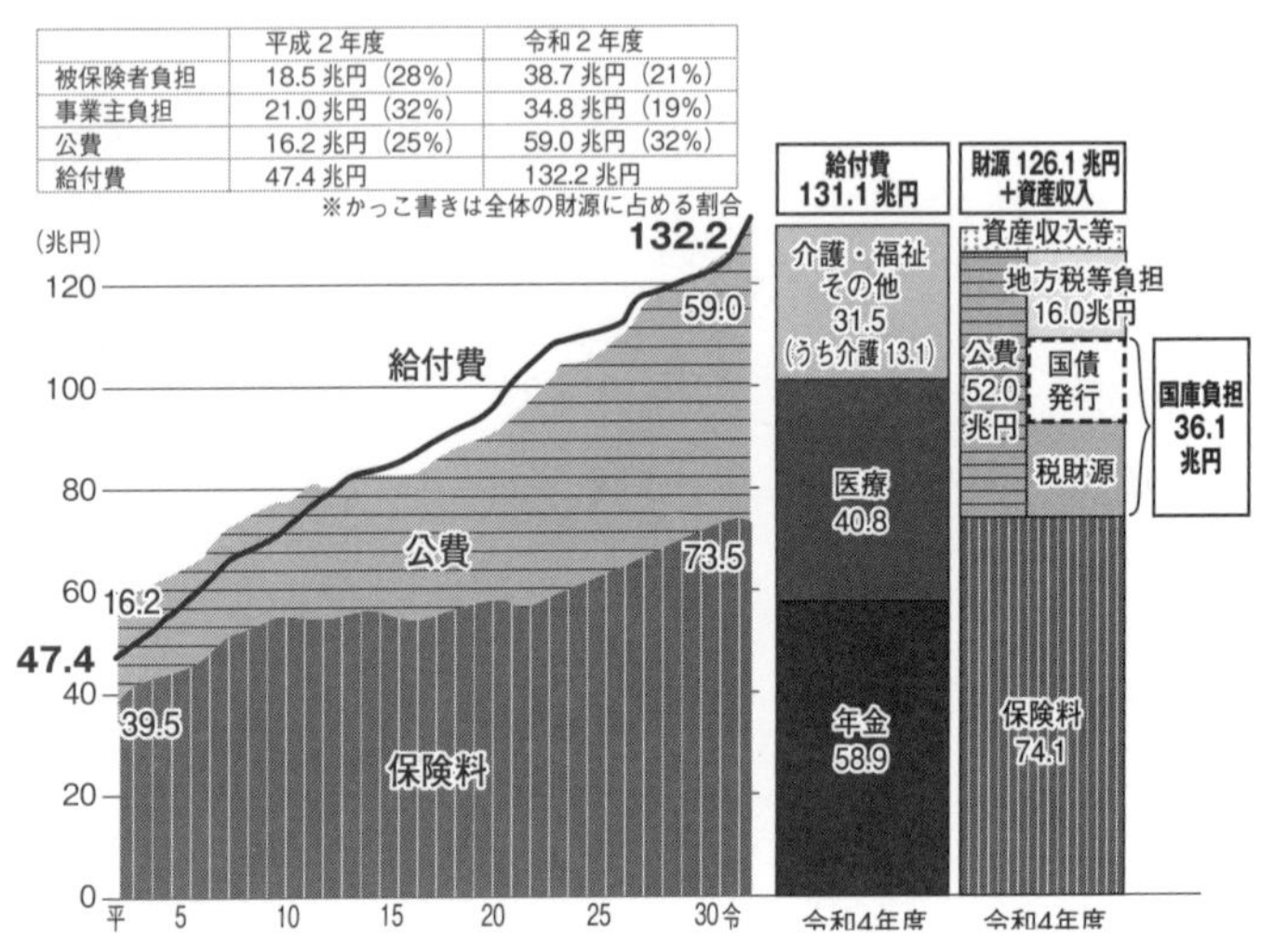

	平成２年度	令和２年度
被保険者負担	18.5 兆円（28%）	38.7 兆円（21%）
事業主負担	21.0 兆円（32%）	34.8 兆円（19%）
公費	16.2 兆円（25%）	59.0 兆円（32%）
給付費	47.4 兆円	132.2 兆円

※かっこ書きは全体の財源に占める割合

が約16兆円、国の負担が36兆円である、国の負担は税および国債発行によって賄われている。

消費税で徴収した税財源を社会保障に充当するとの言い回しがなされるが意味がない。社会保障関連の国費支出が年間36兆円存在するから、消費税収が36兆円に達するまでは、消費税収すべてを社会保障に充当するとの説明が可能だ。

日本の財政制度では、道路特定財源等を除き、特定の税財源を特定の財政支出費目に充当していない。特定の収入と特定の支出を結びつけない財政運営の原則を「ノンアフェクタシオンの原則」と呼ぶが、日本はこの原則で財政を運営している。

したがって、「消費税の税収は社会保障支出に充当するから消費税増税を呑め」などという〝まやかし〟の詭弁（きべん）に騙されてはならない。消費税そのものに正義があるのか、消費税増税に正当性があるのか。その一点から論じることが重要だ。

消費税率を10％に引き上げることを決めた、いわゆる「社会保障・税一体改革」において、「消費税率引上げによる増収分を含む消費税収（国・地方、消費税率1％分の地方消費税収を除く）は、全て社会保障財源に充てること」とされた。しかしながら、政府の社会保障支出金額が消費税収を上回っているため、この規定は意味を持たない。政府の社会保障支出金額が消費税収を上回っている限り、「消費税収のすべてを社会保障支出に充当している」と言い続けることが可能であるだけなのだ。財務省が弄（ろう）する言葉のトリックに騙されてはならない。

政府は今後も、政府の社会保障支出金額が消費税収を上回る限り、消費税増税の税収はすべて社会保障支出に充てると言い続けるだろうが、そのことは消費税増税を肯定する論拠にならない。政府の財源調達方法として、税構造全体のなかで消費税による調達が妥当であるのか否かを判定することが重要である。そして、その結論としては、逆進性の著しく強い消費税は、現行の日本の社会保障支出実態に鑑（かんが）みて廃止ないし大幅減税すべきものということになる。

防衛費大拡張にほくそ笑む財務省

2023年度当初予算では、コロナ及びウクライナ及び予備費に6兆円が計上されるとともに、2022年度に5兆円だった防衛費が一気に10兆円に増額された。

この防衛費倍増は米国の〝命令〟に基づくものであったことが判明した。既述の通り、米国のバイデン大統領は2023年6月20日、カリフォルニア州で開いた支持者集会で、日本の防衛費増額について「私は3度にわたり日本の指導者と会い、説得した」と告白した。岸田文雄首相による軍事費倍増強行は米国の命令に服するものだった。

その軍事費は、日本の官僚機構、国内巨大資本にとってもうまみのある政府支出である。財務省が支配下に置く省庁の重要な一角が防衛省である。歴代防衛事務次官の複数を〝財務省出身者〟が占めているのがその証左である。

軍事費ほど〝利権〟を包含する財政支出は存在しない。軍事装備品の価格はあってなきがもので、高額な正規価格を設定しても、それがそのまま受容される。過大な価格の一部が利権の原資に充当される。防衛省に対する支配力が強い財務省にとって、軍事費拡大＝防衛予算拡大は歓迎すべき事象である。

コロナ関連予算は史上空前の巨額規模に達しているが、これも利権予算そのものである。他方で、生活保護の水準は〝切り下げ〟られ、社会保険料の保険料率は〝引き上げ〟られ、高齢者の医療窓口負担は〝増大〟させられている。

全国の小中学校の学校給食を完全無償化するための費用は、５０００億円から６０００億円とみられている。コロナで70兆円もの補正予算を編成するのであれば、〝１００年分〟の学校給食無償化を実現できる。しかし、財務省は一般庶民に行き渡る財政支出＝権利支出に対しては常に徹底的に切り刻む方向性を維持している。

庶民の生活を苦しめる消費税増税は全面推進する。他方で、政府と深い関係にある企業に対する１０００億円単位の補助金支出は子供への小遣いのように気前よく、気軽に快諾する。巨大法人は利益をため込み、社内留保を激増させているが、実質的な法人税負担は驚くほど低い。各種租税特別措置が採用され、大資本の法人税負担が軽減されている。驚くべき二重基準＝ダブルスタンダードである。

一般庶民から税を巻き上げ、一般庶民への支出を絞り、庶民からせしめた財源を大資本と富裕層に再分配する。逆所得再分配が現代日本財政の新しい機能と化している。

弱肉強食を是とするリバタリアニズム勢力の拡大

現代日本そして現代世界の最大の経済問題は格差拡大である。８人対37億人の巨大格差がさらに尖鋭化している。市場原理を不可侵化する経済運営においては、格差が際限なく拡大し続ける。弱肉強食の理(ことわり)によって、強者は果てしなく強くなり、弱者は生存の危機に直面することになる。

資本主義の根本原理は、市場原理の不可侵性と私有財産制の神格化である。この基準を是として経済を運営すれば、間違いなく弱肉強食の社会が構築される。日本はかつて1億総中流社会と呼ばれたが、それは過去の〝おとぎ話〟に転じた。日本も世界有数の格差社会に移行している。

ロスチャイルドの25箇条「世界革命行動計画」が目指す究極の世界像は、ひと握りの支配者が残余の全世界庶民をプロレタリアート化、奴隷化するというものである。

現代経済社会は確実にこの方向に動いている。この状況下で、日本の政治思潮にも重大な変化が観察されている。格差拡大に対する見直しの提案は格差是正である。余力の大きい者から資金を調達し、社会のすべての構成員の最低水準を〝引き上げる〟所得再分配政策の提案が格差是正の基本策になる。

政府が格差の是正、分配の是正に重要な責務を果たすべきとの主張が脚光を浴びる。自由主義を根幹に据えながらも、結果として生じる著しい〝不均衡〟を是正することが政府の役割であると考える政治哲学が脚光を浴びる。リベラリズムの主張だ。

格差拡大が際限なく進行する状況下で、常識的に考えれば、リベラリズムの政治哲学が賛同者を増やし、威力を増すものと想定される。ところが、現実には、そうではない逆の思潮変化が広がり始めている。

リベラリズムの対極に位置づけられるリバタリアニズムの思潮が〝威力〟を強め始めている。リバタリアニズムを日本語で表現すれば「超自由主義」となる。

経済運営を市場原理に委ねれば、当然のことながら格差が発生し、弱肉強食のメカニズムが支配する。その状況を〝是〟とする立場がリバタリアニズムである。

その前提に置かれるのが私有財産制の尊重だ。私有財産制を神格化し、経済運営を徹底して市場原理に委ねる。資本主義の根本原理を是とする思潮がリバタリアニズムであると表現することもできる。弱肉強食は推進され、格差拡大は際限なく進行する。

政府は、こうした自然の〝摂理〟に対して手を加えるべきでない。政府の役割は国防、警察に限定すべきである。これが超自由主義＝リバタリアニズムの考え方である。

格差拡大が進行する現代社会において、リベラリズムが力を増し、リバタリアニズムが〝抑制〟されると考えるのが通常の判断であるが、現実には逆にリバタリアニズム思潮が支持者を増やしているように見える。

第3極政治勢力として台頭する日本維新の会

ＪＸ通信社と選挙ドットコムの両社が実施するインターネットを活用した世論調査結果が月次で公表されている。通常の電話による調査と並行してインターネットによる調査が組み合わせられている点に特徴があり、「ハイブリッド調査」と命名されている。

調査結果を俯瞰（ふかん）すると、電話調査の回答者が、選挙に際して投票所に足を運ぶ有権者と重なる面が強いと感じられる。他方、ネット調査の回答者は、年齢層も低くなり、選挙に際して投票所に足を運ばない有権者が主流を占めていると考えられる。

近年の日本の国政選挙では、有権者の約半分が投票所に足を運んでいない。投票所に足を運ぶ〝半分〟の有権者の投票によって政治体制が決定されている。

したがって、現実の選挙投票結果を予測する上では、電話調査の結果が〝重要〟になると考えられる。他方、ネット調査結果においては、支持政党なしが75％を占め、次期衆院選比例代表での投票先について「わからない」の回答が65％を占めた（2023年10月）。「支持する政党なし」、「（選挙の際の投票先が）わからない」と回答する圧倒的多数のネット回答者の大半が、実際の選挙の際に投票所に足を運ばない可能性が高いと思われる。しかし、時に選挙の投票率が急上昇することがある。それは、この「支持する政党なし」、「（選挙の際の投票先が）わからない」回答者の多数が突如、投票所に足を運ぶ場合に観察されることになるのではないか。

この意味で、現在の政治に対する関心を失ってしまっている、若年層を中心とする無党派層の人々の行動が、今後の日本政治を大きく変化させるキャスティングボートを握っていると言うこともできる。政治変革を引き起こそうと考える政治勢力が存在するなら、積極的に働きかけるべき層が、実はこの無党派層であると言えるだろう。

目を引くのは、ネット調査における政党支持率の状況だ。2023年10月のネット調査における自民党支持率は9・6％で10％を割り込んだ。野党のなかで最大数値を記録したのが維新の5・1％。以下、立憲民主2・0％、公明1・9％、共産1・3％、国民1・3％、れいわ2・2％だった。維新に次いで野党第2位の支持を得たのがれいわ新選組である。

次期衆院選比例代表選挙での投票予定先については、自民党が10・0％で第1位を獲得したが、これに肉薄したのが維新の9・4％である。以下、立憲民主2・6％、公明2・8％、共産1・6％、国民2・8％、れいわ2・5％となった。

ネット調査において、日本維新の会に対する支持と投票予定が突出して高いという結果が示されている。ＪＸ通信社と選挙ドットコムの両社が維新と近い立場にあるとの説もあり、その点を割り引いて考える必要はありそうだが、維新が支持を集めているのが近年の日本政治潮流の大きな〝特徴〟になっている。

維新に対する報道が激増したのは２０１２年だった。いわゆる〝第3極〟政治勢力として維新がクローズアップされたのだ。

２００９年に政権交代が実現した。当時の民主党が２００９年8月総選挙で歴史的勝利を収め、民主党を主軸とする連立政権が樹立された。２００１年から２００６年にかけて、小泉政治の旋風が日本中を吹き荒れた。いわゆる改革路線が提示され、新自由主義経済政策が日本に埋め込まれた。その象徴事例が派遣労働の〝拡大〟だった。

こうした新自由主義経済政策の問題点を〝浮き彫り〟にしたのが、２００８年から２００９年にかけてのサブプライム金融危機に伴う深刻な不況だった。

２００８年9月15日に米国大手投資銀行リーマンブラザーズが破綻した。金融市場は混

選挙ドットコム＆ＪＸ通信社電話世論調査（2023/10）

電話	支持率	投票先	電話	支持率	投票先
自民党	28.7	28.5	国民	2.0	3.2
公明	4.3	5.3	れいわ	1.4	2.2
立民	11.9	15.4	社民	0.5	1.1
維新	8.2	14.8	政女	0.2	0.2
共産	4.6	8.1	参政	1.9	1.6
			支持なし	36.2	16.9

選挙ドットコム＆ＪＸ通信社ネット世論調査（2023/10）

ネット	支持率	投票先	ネット	支持率	投票先
自民党	9.6	10.0	国民	1.3	2.8
公明	1.9	2.8	れいわ	2.2	2.5
立民	2.0	2.6	社民	0.1	0.2
維新	5.1	9.4	政女	0.4	0.5
共産	1.3	1.6	参政	1.0	1.1
			支持なし	75.1	64.6

乱に見舞われ、経済活動は急激な悪化を示した。製造業各社は派遣労働者の雇い止めに突き進み、職を失い、住む場所も失った孤立無援の労働者が路頭に迷う事態が発生した。

2008年年末、こうした労働者が命からがら東京の日比谷公園に設営された「年越し派遣村」に逃げ込んだ。人々はようやく、新自由主義経済政策の光と影の、影の側面を〝直視〟することになった。

このことが政権交代への〝機運〟を高め、2009年8月総選挙の結果をもたらしたと言える。日本の政治支配を永続させたいと考える米国は、日本の政治体制が根底から刷新されることを恐れたと思われる。

自民党に対する支持が趨勢(すうせい)として低下するなか、野党による革新政権確立をもたらさないように、野党陣営の〝分断作戦〟が展開されたと推察される。

この目的から自民党と根底でつながるが、装いだけを新たにする偽装野党勢力を立ち上げる試みが2008年から展開され始めたのである。

ロスチャイルドとオーバーラップする維新の戦術

米国支配勢力の対日政治工作の根本は、野党の分断である。この文脈上で最重要の位置を占めているのが、維新と労働組合組織＝連合であろう。

連合は総評や同盟などの労働組合組織が統合されて創設された日本最大の労働組合連合組織である。現在の主導権を握っているのは、かつての同盟系の労働組合である。同盟は、１９６０年に創設された民社党の支持母体として１９６４年に創設された運動体で、大企業の御用労働組合が中心を担っている。

米国の支配下にある自公政治勢力に対峙する政治勢力がひとつにまとまり、有効な選挙戦術を採用すれば、政権交代は生じ得る。

２００９年8月総選挙がこのことを実証した。このプロセスで樹立される政権が、これまでの日本政治構造を根底から覆すものになるなら、日本政治の永続支配を目論む米国にとって〝許容〟できるものでなくなる。

２００９年から10年にかけ、日本政治の体制を根底から〝刷新〟しようとする鳩山由紀夫内閣が誕生したことは、米国支配勢力にとっての最大の教訓になった。この事態を二度と繰り返してはならぬ。そのための方策が全力で取られ続けている。その一環として、維新勢力支援・強化活動が展開され続けており、その成果が現実に観察されている。

維新の特徴は、年齢が低く政治発言能力が高い人物を候補者として多数擁立すること、議員歳費の削減など政治家の処遇を切り下げる主張を行うこと。民営化や自由主義などの新しい政治主張を強く打ち出すこと、などにある。こうしたイメージ戦略によって、若年層を中心に支持を高めることに成功してきている。

この維新勢力の提示する政治主張がリバタリアニズムの思潮と〝重なる〟部分が多い。市場原理＝競争原理を重視する、結果における優勝劣敗を容認する、公的部門を可能な限り民営化する、などの主張は「自由という思想のアピール」と言えるもの。

「政治と金」の問題が繰り返し指摘され続けてきた日本政治の風土下では、「身を切る改革」風に受け取られる政治主張は、若年層を中心とする有権者の〝琴線〟に触れやすい。

知事の退職金制度を廃止する、あるいは国会議員等の歳費を削減する、などの主張も、政府の無駄を省くことを求める有権者の心理に沿うものである。

しかしながら、維新が本当に政治と金の問題にクリーンであるのかどうか、本当に主権者国民の側に立つ政策運営を追求するのかどうか。そこは慎重に見定める必要がある。

先にロスチャイルドの25箇条の世界革命行動計画に示される戦略、戦術を5つの原理原則に要約できると記述した。1．人を支配する原動力は金と暴力である、2．自由という思想を利用する、3．情報を支配する、4．代理人に代行させる、5．ゴイム（奴隷・一般市民）同士で争わせる、などの原理原則は維新の戦術と深くオーバーラップする部分が多いように感じられる。

優勝劣敗、弱肉強食も、自由という思想を利用することで美しく見せることが可能になる。一見わかりやすく、ある種の清々しさを感じさせるものだからだ。しかし、格差拡大が究極の段階にまで進展すれば、多くの人々は敗者に〝分類〟され、生存の危機に直面することになるだろう。

多数の有権者がそのような結果を本当に求めているとは考えられない。

維新勢力の重要な戦術は、情報を〝支配〟することにある。維新勢力は関西の主要メディアおよび関西に地盤を持つ大手芸能企業と連携を深め、情報空間を支配しているように見える。

そして、この勢力が強く主張する自由主義においては、たとえば一部の低所得者が生活保護を不正受給している事例をことさら大きく取り上げて、生活保護を受けずに苦しい生活に歯を食いしばっている人と〝敵対〟させる図式が構築されている。まさに、ロスチャイルドが掲げる「ゴイム同士で争わせる」戦術が取られているように見える。

政治資金規正法第21条の2の第2項の削除というリトマス試験紙

民営化という言葉の響きは良いが、現代社会における民営化においては「誰の誰による誰のための政策であるか」を見極める必要がある。公的事業分野の民営化が叫ばれているが、民営化される分野は基本的に〝独占事業〟である。

同時に、必要不可欠な生活必需品ビジネスである。水道にしろ、空港にしろ、港湾にしろ、存在しないわけにいかない事業領域である。同時に、事業者は基本的に単独企業となり、事業形態は独占になる。必需品産業であるから、事業が消滅することはあり得ない。独占形態の事業で、価格設定の自由が付与されれば、高い価格を設定して超過利潤を獲得できる。

成長の限界に直面した巨大資本は、新たに公的事業分野を標的に定めている。絶対に消滅することのない事業。その事業の独占運営権を手中に収めれば、独占価格を設定することにより超過利潤を得られる。民営化という〝美名〟の下で労少なくして不当に巨大な利潤獲得が目指されている可能性が極めて高い。民営化は新しい利権ビジネスモデルである。

政治と金の浄化が提案されているが、筆者は、政治と金の問題を根本的に解決するための具体的提案を3つ提示している。

第一は、議員報酬を大幅に引き下げること。第二は、企業団体献金を全面禁止すること。第三は、政治資金規正法第21条の2の第2項を削除することである。

そもそも日本の議員の報酬は高すぎる。議員の基本報酬である歳費及び期末手当が年間で2200万円程度になる。文書通信交通滞在費が年間で1200万円。立法事務費が780万円。これ以外にJR特殊乗車券、国内定期航空券、さらに政党交付金を原資とする政党からの資金配分がある。合計すれば5000万円から6000万円の水準に達する。

英国の国会議員の報酬は為替レートが大幅円安に振れているため、円換算金額が拡大する傾向を持つが、それでも日本の4分の1程度の水準でしかない。

政党交付金制度を創設する際に企業団体献金の廃止が検討されたが、結局、企業団体献金が認められたままになっている。大企業は巨額の政治献金を行い、政府与党が大企業に巨大な補助金を投下する、いわば〝合法的汚職〟と表現することのできる構造が構築されている。

このなかで、政治と金の透明性確立に最重要の問題が、政治資金規正法第21条の2の第2項である。この条項が政党から議員個人への寄附を認めていることが問題だ。

民間給与実態調査（2022年）

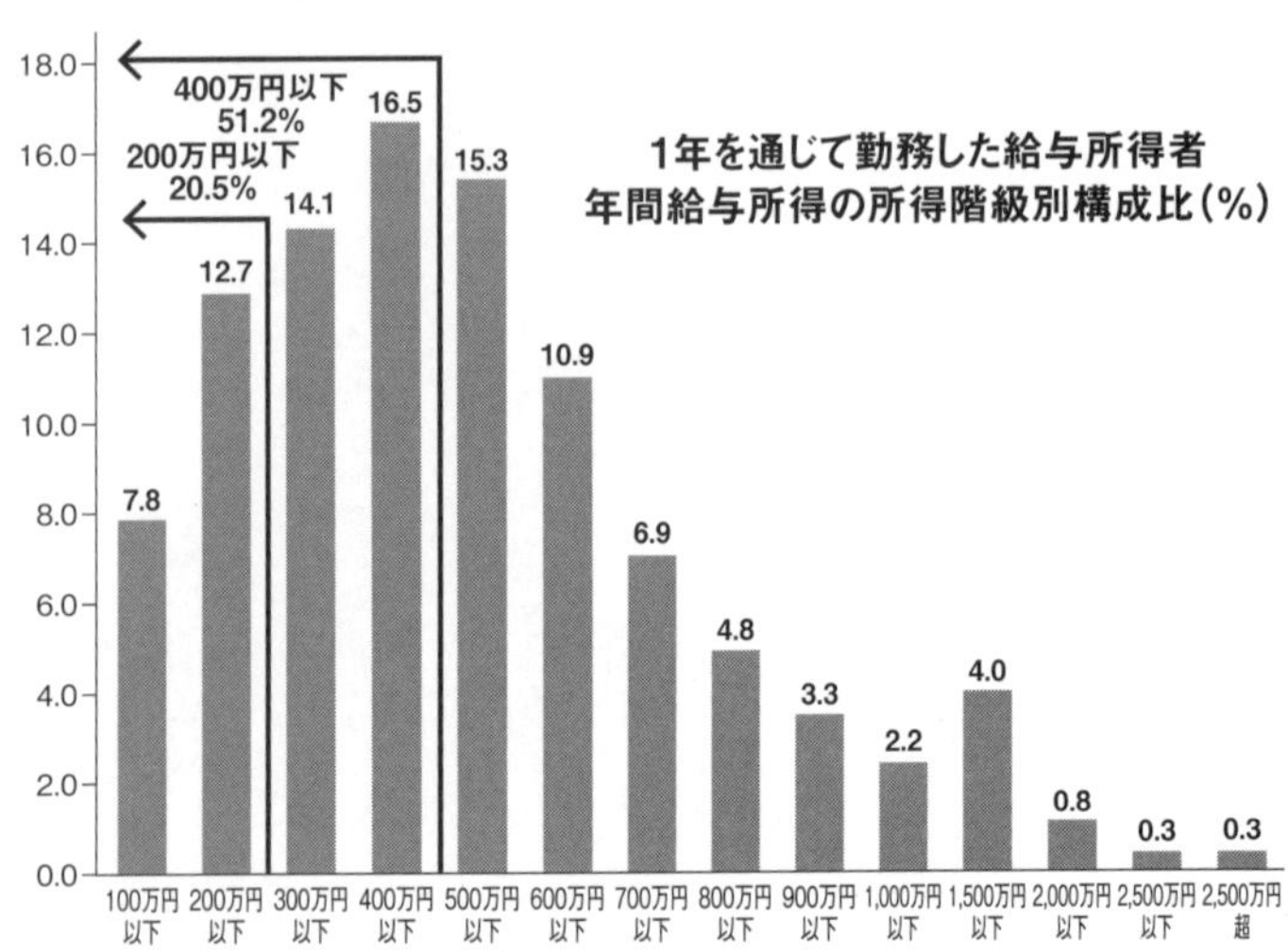

巨額の資金が政党から議員個人に寄附され、その〝使途〟が一切公開されていない。

その資金を飲食に使おうが蓄財に回そうが、すべてが容認され、資金使途が明らかにされない。この制度を利用しているのは与党自民党だけでない。野党の一部もこの制度を利用して、法外に巨額の資金が闇に消えている。

1年を通じて勤務した給与所得労働者の51％が年収400万円以下である。20％を超える労働者が年収200万円以下である。国民が生活苦に喘ぐなかで、血税が投下されている政党からの資金支援で、国会議員が観光旅行ではしゃぎ、エッフェル塔を模した観光気分満載の写真をSNS上に嬉々として流布している。

現在の法体系のなかで、政治資金規正法第21条の２の第２項が政治資金規正の〝抜け穴〟になっている。政党から議員に億円単位の寄附が行われ、その億円単位の資金の使途が一切明らかにされていない。

政治資金収支報告書によって政治資金の流れを透明化する試みが取られてきたが、この条項が巨大な抜け穴になっている。ブラックボックスの政治資金総本山の自民党では、10億円単位の資金が闇に投げ込まれている。

政治と金の透明化を謳(うた)うなら、一丁目一番地の施策が、政治資金規正法第21条の２の第２項の〝削除〟になる。

条文は次の通り。

(公職の候補者の政治活動に関する寄附の禁止)

第21条の２　何人も公職の候補者の政治活動（選挙運動を除く）に関して寄附（金銭等によるものに限るものとし、政治団体に対するものを除く）をしてはならない。

前項の規定は、政党がする寄附については、適用しない。

この第21条の２の第２項により、巨額の資金が政党から政治家個人に寄附され、その使途が明らかにされていない。

国民民主党、維新も高額寄附の常連として名を連ねている。もしこの2つの政党が「政治と金」の透明化を訴えるなら、まず率先して21条の2の第2項削除を〝公約〟に明記すべきである。

維新は知事の退職金制度の廃止、議員歳費の削減など、有権者が賛同する提案を示している。本気で政治と金の問題に切り込む姿勢を持つのであれば、政治資金規正法第21条の2の第2項削除を公約に明記する必要がある。

仮にそれが実行されないのであれば、政治と金の資金透明化は本気の施策とは言えず、また民営化推進政策が、新たな利権を生み出す〝利権事業〟として捉えられるという疑いを否定できなくなる。

日本における野党分断工作の歴史

米国が支配する日本政治構造を永続的に維持するために用いられてきた手法が2つある。

第一は隠れ自公勢力としての第3極勢力の創出だ。２００８年の政治ドラマ「ＣＨＡＮ

GE」放映以来、15年にわたる工作活動の結果として、いま維新がその目的を達成しつつある。維新の伸長はテレビメディアによる全面的支援がなければ説明できない。

第二の重要方策は野党分断工作であり、その中核を担ってきたのがかつての〝同盟〟である。1960年に民社党が創設された。民社党創設にはCIA資金が流入していたことが米国公開文書によって明らかにされている。

日本の革新勢力が一枚岩でまとまることを防ぐため、野党を分断する〝エセ野党勢力〟として創設されたのが民社党であり、その民社党の支援母体として創設されたのが同盟である。同盟は大企業御用組合を軸に創設された労働組合組織であり、この同盟の活動と極めて深い関係を有してきたのが国際勝共連合である。

現在の連合の主導権を握っているのは、旧同盟系の流れを組む「6産別」と呼ばれる勢力だ。電力、電機、自動車、鉄鋼、機械・金属、繊維・流通など、6つの産業別労働組合組織が連合の実権を握っている。

このなかで、機械・金属の産別組合であるJAM所属の芳野友子氏が連合会長に就任。選挙活動において、共産党との野党共闘を激しく攻撃し続けている。

日本の有権者の投票行動は、半分が選挙を棄権し、半分が投票所に足を運ぶというもの。投票所に足を運ぶ半分の有権者のうち半分が自公に投票しているが、反自公の勢力が連帯し一枚岩になれば、政権交代が起こりうる状況にある。

しかし、その反自公勢力を2つに分断すれば、自公の優位は揺るがない。反自公勢力を分断するために、反自公勢力を共産党と共闘する勢力と共産党とは共闘しない勢力に分断させる。

この役割を担っているのが現在の連合であると考えられる。さらに、日本支配勢力の長年にわたる工作活動の結果、現在、維新勢力の伸長も実現している。このために、日本政治を刷新する基本構図が崩れてしまっている。

共産党は現代日本政治のさまざまな〝闇〟を追及し、重要な指摘を続けてきている。共産党単独で政権を担い、日本のシステム全体を根底から変えるリスクがあるのなら、警戒する人が出現することを理解できる。しかし、現在の自公政治を刷新するために野党勢力が連帯するというのなら、共産党と連携することに本質的問題は生じない。

連合が共産党との共闘を激しく攻撃するのは、そのこと自体が目的なのではなく、野党勢力が連帯し、日本政治刷新の動きが拡大することを〝阻止〟することを目的としたものと考えられる。

先にリバタリアニズムとリベラリズムの相違を述べた。

資本主義の根幹は市場原理と私有財産制の全面的肯定にあり、これにすべてを委ねれば、必ず格差は拡大し、弱肉強食の世の中になる。

そのときに社会を支配するのは1%の勢力に他ならない。この弊害に着眼し、余力のある人に負担を求め、その負担によって、すべての社会の構成員に一定水準の最低ラインを〝保障〟しようとするのがリベラリズムの考え方である。

リベラリズムの政策主張は99%の国民の利害に寄り添うもの。民主主義が機能するなら、本来は99%の主権者の意向が政治に反映されるはずだ。民主主義を機能させ、リベラリズムの政治を実現することが求められているが、現実には1%の人々が社会を支配する様相が日増しに強まっている。

リバタリアニズムの考え方への有権者の賛同が〝巧妙〟に誘導され、1%のための経済、社会、政治体制の構築が着々と進行しつつある。現実を冷徹に洞察するなら、1%の利益を追求するシステムが資本主義であり、99%の利益に寄り添う政治システムが民主主義である。

資本主義と民主主義は基本的に〝対立〟する本質を内包している。経済、社会構造の根本的変革を実現するためには、資本主義を抑止し、民主主義を活用することが必要になる。

ロスチャイルドの「世界革命行動計画」に次の言葉がある。

「我々は『自由・平等・博愛』という言葉を大衆に教え込んだ最初の民族である。今日に至るまで、この言葉は愚かな人々によって繰り返されてきた。ゴイムは、賢者であると自称する者さえ、難解さゆえにこの言葉を理解できず、その言葉の意味とその相互関係の対立に気づくことさえない」

「自由」の強調は弱肉社会創設につながる。「自由」という思想をアピールし、民衆がこれを支持しても「平等・博愛」の社会は生み出されない。「自由」と「平等」の相互関係の対立に大衆は気付かず、「自由」をアピールする政治活動に巧みに吸引されてしまうのである。

リベラリズムに基づく改革が求められる情勢下で、現実にはリバタリアニズムの思潮に民衆が吸引されてしまう現実が観測されている。

習近平行動原理基本としての荀子の思想と哲理

世界はいま、大きな時代の転換点に差し掛かっている。

第二次大戦後に構築された米国一極支配の構造が徐々に揺らぎ始めている。ウクライナ戦争において、米国は全世界に対して対ロシア非難、対ロシア経済制裁を呼び掛けた。

しかしながら、対ロシア非難決議に加わったのは人口比で全世界の4割にとどまった。6割は対ロシア非難から距離を置いた。G20において、対ロシア経済制裁を実行している国の人口比が全体の2割、実行していない国の人口比が8割である。

米国は、ロシアのプーチン体制を破壊するために、経済制裁実施に総力を注いだ。経済制裁によりロシアが立ち行かなくなることを目論んだ。

しかし、ロシア経済は持ちこたえている。ロシアは原油を産出する原油立国であるが、ロシア産原油を中国、インドが輸入してロシアを〝支えている〟ため、ロシア経済は窮地に追い込まれていない。

米国はロシアを国際銀行決済システムから除外する施策を取ったが、ロシアは独自に資金決済を行えるネットワークを保有しており、この経済制裁も実効性を上げていない。

西側社会は中国を覇権主義であると批判するが、中国が覇権主義を実行しているという証左は存在しない。他国に対する内政干渉、他国に対する軍事介入、他国に対する侵略戦争を繰り広げてきたのは、中国ではなく米国である。

2003年に実行されたイラク戦争は米国による〝侵略戦争〟だった。米国は国連安保理の決議に反して、イラクに対する軍事侵攻を実行した。

米国はイラクが大量破壊兵器を保持していることを軍事侵攻の理由に挙げたが、戦争後の検証において、イラクから大量破壊兵器は発見されなかった。

イラク戦争において100万人内外の一般市民＝文民が犠牲になったと伝えられているが、西側メディアはイラク市民の苦境を報じなかった。ウクライナ戦争で連日連夜ウクライナ市民の犠牲を報じるメディアが、イラク戦争ではイラク市民の苦境を報じることはなかったのだ。

2023年4月に訪中したフランスのマクロン大統領は記者会見で「米国の同盟国であることは米国の家臣になることではない。自分たちは自身で考える権利がないということにはならない」と述べた。フランスは対米従属でないとの姿勢を鮮明にした。

ヨーロッパでさえ、米国の指令に対して絶対服従でなくなっている。中国はウクライナ戦争に関し、ロシアに対する軍事支援行動を明示していないが、ウクライナ戦争の本質を正確に〝理解〟していると考えられる。

中国の実情に造詣の深い遠藤誉筑波大学名誉教授が、ビジネス社から『習近平が狙う米一極から多極化へ』を刊行された。同書のキーワードは「兵不血刃」である。同氏は、習近平の行動原理の基本に、荀子(じゅんし)の思想、哲理である「兵不血刃」が存在すると指摘する。

遠藤氏は、中国大陸において壮絶な体験を有する、中国の本質を肌身で知る識者の一人である。その遠藤氏が習近平の本質に肉薄したのが同書といえる。

習近平の考えを正確に理解するには、歴史的経緯をたどることが必要不可欠である。習近平は中華人民共和国最高幹部の一人であった習仲勲(しゅうちゅうくん)の子息である。高級官僚の子弟を「太子党」と表現し、習近平も分類上は太子党人脈に組み入れられる。

しかし、習仲勲の生涯は平坦ではなかった。１９３４年から36年にかけて、毛沢東の紅軍は蒋介石(しょうかいせき)の紅軍討伐により行き場を失った。最後に行き着いたのが、習仲勲が創設した西北革命根拠地。「このとき、習仲勲が創設した西北革命根拠地が残されていなければ、中華人民共和国は誕生していない」と遠藤氏は指摘する。

毛沢東は習仲勲を自分の後継者の一人にしようと重用した。これを嫌悪したのが鄧小平だった。鄧小平は、習仲勲とともに毛沢東が重用した高崗(こうこう)を自殺に追い込み、習仲勲を冤罪で失脚させた。習仲勲はそのために16年間も牢獄や軟禁生活を強いられた。

親の敵を討つ決意で国家のトップに立ったのが習近平であると遠藤氏が指摘する。同氏の前著『習近平 父を破滅させた鄧小平への復讐』（ビジネス社）に詳しい。

日本のメディアは中国が覇権主義であり、独裁主義、膨張主義で戦争を引き起こすとしか伝えないが、習近平の行動哲学をまったく〝洞察〟していないものである。

遠藤氏が提示する習近平の行動哲学を読み解くキーワードは先に述べた「兵不血刃」＝「刃(やいば)に血塗らずして勝つ」である。

世界はいま、一極主義と多極主義の対立のなかにある。米国が推進するのが一極主義、ワンワールド構想である。ニューワールドオーダー（NWO）とも表現する。米国の価値観を世界に埋め込み、米国が支配する世界、世界統一市場を完成させる。

米国が掲げる価値観を「絶対善」として、この価値観を世界に埋め込む。そのために必要があれば軍事力の行使を辞さない。これが米国ネオコン＝「新保守主義勢力」の基本スタンスといえる。

米国は世界各国に工作部隊を送り込み、政権転覆を図ってきた。その先鞭をつけるのがNED（全米民主主義基金）である。NEDが資金を提供して政権転覆のための運動が組織される。ジョージア、イラク、ベラルーシ、モルドバ、チュニジア、エジプト、香港、台湾、そしてウクライナなどで実行されてきた。

「カラー革命」の資金源はすべてNEDであり、NEDの正体はCIAだと見られている。民主化革命の〝装い〟が凝らされるが、実態は米国による内政干渉、政権転覆、謀略工作に他ならない。先にも記したが、ウクライナも2004年と2014年に政権転覆が実行された。

この一極主義に対して習近平が描くのが多極化世界新秩序である。

「いかなる国にもその国の伝統があり、その国の国情があるので、相手国の国情を尊重し、相手国の政府転覆などを目論んではならない。すべて平和的に問題を解決しなければならない。多極化された世界においては、どの国も平等に『運命共同体』としての『自国の利益』を追求し、利益が共有できる範囲での共同体を形成する」

これが「多極化世界新秩序」である。習近平が保持する革新的価値観が「多極化世界新秩序」であり、その哲理を理解するキーワードが「兵不血刃」であると遠藤氏は説く。

兵は刃に血塗らずして「勝利する」戦略が習近平の哲理の〝核心〟であると遠藤氏は説く。米国による一極支配の世界から、世界が多極主義に転換していけるのかどうか。習近平が示す「兵不血刃」の戦略が実効性を上げていくのか注目されている。

中国が不動産バブル崩壊による金融システム不安を回避できる可能性は高い

その中国経済がいま、不動産・金融不況に直面している。中国ＧＤＰの30％を占める不動産関連投資が急激な縮小に直面し、経済が崩壊するのではないかと危惧されている。

エバーグランデやカントリーガーデンなどの巨大不動産企業の経営危機が２年ほど前か

ら表面化してきた。

日本は1990年代以降に、類似した深刻な不動産・金融不況に直面した。バブル崩壊が失われた30年に発展した最大の要因は、政府の経済政策の誤り、不良債権問題処理の先送り、そして分配政策の誤りにあった。

中国政策当局は日本の失敗事例を研究し尽くしている。とりわけ重要なポイントになるのが、不良債権問題の処理である。日本政府は問題を先送りし、問題企業・金融機関の大爆発が発生するまで放置したため、企業破綻と金融機関破綻が連鎖した。このなかで政策当局は抑制的経済政策運営を維持した。結果として、極めて深刻な不況が長期的に日本経済を覆い尽くすことになった。これが日本の不良債権問題処理に伴う長期不況の背景である。

中国では問題企業を早期に確認し、政府が早期の介入する行動が示されつつある。エバーグランデにしろ、カントリーガーデンにしろ、すでに企業の法的整理に向けての動きに政府が着手している。この過程で重要な意味を持つのが、金融政策当局の対応だ。

政策当局が金融システム不安の回避に最大のプライオリティーを置くのかどうか。これが最重要の分岐点を形成する。金融問題を引き起こした「責任ある当事者」の責任を問う

上海総合指数10年

ことは必要だが、それだけを優先すると金融システムの崩壊を防ぎきれない場合が生じる。責任問題処理の重要性を認識しつつ、金融システム不安を顕在化させないこと。この点の明確化と、それに見合う政策対応実施が鍵を握る。

中国政策当局が現在進行させているのは、この考え方に基づく問題処理である。問題企業を確認し、早い段階で政府が企業解体に〝着手〟する。金融システム不安が連鎖的に広がらぬよう、中央銀行は無制限、無尽蔵の資金供給体制を確保する。

その上で、問題を引き起こした当該企業の経営責任者に対しては、厳しい責任追及を行う。社会主義国家であり、国家権力が優越的権限を有するために行い得る施策であるが、逆にその強権を発動することにより、適正な責任処理と金融システムの危機回避という2つの要請を〝達成〟することが可能になる側面があると考えられる。

一方、中国の不動産投資が停滞しているために、中国の生産活動が低下している。5%にまで低下すると見通している経済成長の実績が3%程度まで低下することも想定される。しかしながら、国家権力が個別企業の問題というミクロの経済活動領域に〝介入〟することが可能である中国の政策運営システムの下においては、市場における金融波乱が連鎖的に広がるというシステム不安を除去し得る余地が大きいと考えられる。

中国政府は、金融問題処理の目途をつけつつ、同時に経済活動を活性化させるための財政政策発動を検討し始めているとみられる。

習近平が掲げる経済政策運営の基本哲学は「共同富裕」である。一握りの資本家が富を集中独占することを許さず、国民全体の〝最低水準〟引き上げに重心を置いている。このために従来の市場原理主義の経済運営、いわゆるレッセフェールの経済運営は修正されつつある。銀行部門の資金不足に対しては、中国政策当局が必要十分な資金供給を実行する体制を整えている。

日本を含めて西側メディアが中国の崩壊、中国における恐慌発生を叫び続けて10年以上の時間が経過する。２０１５年から16年にかけて、中国株価が急落した局面があった。このときも中国経済崩壊、金融恐慌発生を予言する書が日本の書店に山積みされた。

筆者は２０１６年１月に上梓した『日本経済復活の条件』（ビジネス社）のなかで、中国株価、そして中国経済が、圧倒的多数の予想に反して底入れを実現させる可能性が高いことを予測して記述した。現実に中国株価は２０１６年２月に底入れし、中国経済の回復も実現した。

中国経済の低迷持続が予想されているが、政策当局が積極的に問題企業への早期介入を実行し、責任ある当事者の責任追及を行うことと並行して、秩序ある企業の解体＝法的整理、無制限・無尽蔵の資金供給による金融システム不安回避を実行する可能性は高いと、筆者は見ている。こうした施策の延長線上に、中国政策当局が大規模財政政策を策定し、発動することが想定される。

さらに、ウクライナ和平を中国政府が提唱し、主導する可能性すら考えられる。中国は中東諸国との関係を強化し、米国一極支配に〝対峙〟するグローバルサウス陣営の〝中核国家〟としての地位を固めつつある。米国は中東における主導権を中国に奪われることに焦燥感を覚え、イスラエルとサウジアラビアの国交回復を推進したが、この動きを牽制するためにパレスチナのハマスがイスラエルに対する攻撃を展開したと理解される。この影響で米国主導のイスラエル・サウジアラビア国交回復の動きは中断されることになった。

欧州もマクロン大統領の発言に代表されるように、米国の〝家来〟ではないとの姿勢を鮮明にし始めている。

2024年においても中国経済の低迷持続が想定されるが、中国発の大波乱が必ず発生すると見るのは早計である。

また、台湾問題に関する中国と多数の台湾市民の見解は〝一致〟している。中国との良好な関係を維持していくことが望ましいと考える市民が大半なのである。

これに対し、米国軍産複合体はウクライナに次いで、極東での戦乱創出を目論んでいる側面がある。米国が意図して台湾政治に介入し、意図して台湾と中国の関係悪化を工作するリスクが存在する。

最大の焦点になるのは2024年1月の台湾総統選。中国と距離を置く民進党候補を勝利させることを米国は目論んでいる。民進党候補に対抗する野党候補が現時点では複数出馬する予想となっている。野党陣営が複数候補を擁立することは、民進党候補者の当選を促す要因になる。

民進党候補者が引き続き台湾総統ポストを維持する場合、米国の意向を受けた台湾政府による、台湾・中国間の緊張拡大が誘導されることになるだろう。その場合には、極東における戦乱勃発のリスクが高まる。逆に、中国政府と良好な関係を保持する候補者が総統選で勝利を収める場合には、米国が〝画策〟する極東での戦乱勃発が回避される公算が高くなる。この意味で、２０２４年1月の台湾総統選が極めて重要な意味を持つ。

巨大資本が追求する際限のない弱肉強食

岸田内閣は原発全面推進の施策を打ち出しているが、これもＳＤＧｓ派生ビジネスのひとつである。日本は福島原発で発生させてはならない事故を引き起こした。現在も原子力緊急事態宣言が発令されたままの状況にある。

一般公衆の被曝上限は、法律によって年間1ミリシーベルト以下とされている。しかしながら、原子力緊急事態宣言が発動されていることを根拠に、原発周辺の住民には年間20ミリシーベルトの被曝が強要されている。

累積被曝線量が１００ミリシーベルトを超えると、がん死リスクが有意に上昇することが科学的知見として確認されている。20ミリシーベルトの被曝を5年受ければ、累積線量は１００ミリシーベルトに達する。科学的知見として優位にがん死リスクが高まる状況が放置されている。

日本の原発が極めて危険な状況に置かれているのは、日本のほぼすべての原発の耐震性能が不十分であるからだ。日本では地震による１５００ガル以上の揺れが頻繁に観測されている。ところが、日本の圧倒的多数の原発の耐震性能基準は１０００ガル以下でしかない。原発を建造した時代に、関東大震災の揺れが５００ガル以下であると認識されており、この認識に基づいて日本全国の原発が建造された。

１９９５年の阪神・淡路大震災発生後に全国各地に地震計が設置され、その結果として、日本各地で１５００ガルを超える地震動が観測されていることが確認された。民間の住宅メーカーの耐震設計基準は３０００ガルないし５０００ガルに定められている。

それにもかかわらず、原発の耐震基準は１０００ガル以下に据え置かれたままだ。日本全国のどの地においても１５００ガル以上の揺れが発生するリスクが存在する。原発は活断層の真上に建造してはならないこととされているが、活断層は大規模地震が発生して初めて確認されるケースが過半を超える。

したがって、原発直下に活断層が存在する可能性を否定できないのである。

成長の限界に直面する巨大資本は、飽くなき利潤の極大化、民衆からの収奪を実行するために、踏み込んではならない邪道に足を踏み入れている。その象徴が戦争ビジネスだ。現代の戦争は必然によって生じない。〝必要〟によって生じる。巨大資本の経済的事情という必要が、戦争を生み出す主因になっている。「死の商人」の言葉が用いられるが、いまや「死の商人」ビジネスは圧倒的ウエイトで世界最大の産業として君臨している。

ミンスク合意が履行されていれば、ウクライナ戦乱は発生していない。ミンスク合意を一方的に破棄し、挑発に次ぐ挑発を重ねてロシアの軍事行動を誘発し、戦争を創作することに成功した主役は軍産複合体だ。同じ手法が極東で用いられる危険がある。

第二次大戦後、中東パレスチナの地にイスラエルが新しい国を創設した。パレスチナの人々は土地を奪われ、半世紀以上にわたり苦難の生活を強いられてきた。これを「力による現状変更」と呼ぶ。このパレスチナの地において、イスラエルとアラブとの間で大規模戦争が勃発する恐れも生じている。

巨大資本が労せずして巨大利得を獲得できるひとつの事例が、パンデミックに基づくワクチンビジネス＝財政収奪だった。同様に、労せずして巨大利得を獲得できる事業分野が公的事業の簒奪である。これを『民営化』と呼ぶ。

耳に心地よい言葉に置き換えて、収奪と簒奪が展開されている。世界の水道事業が民営化されたが、多くの地で失敗に終わっている。民間事業者は利潤拡大を追求するため、同じ方式でビジネスが展開される場合、民間事業者が事業主体になると、少なくとも利潤に該当する金額だけは確実に割高になる。住民にとっての費用対効果が低下する。

公的企業がビジネスを担うと効率が損なわれるとの批判があるが、公的事業分野に対する監視システムを構築することにより、公的ビジネスの効率を引き上げることは可能である。しかし、現実に、空港ビジネス、水道ビジネスなどの公的事業分野での大資本によるビジネスチャンス簒奪が進んでいる。

資本主義の運動法則がもたらすものは、格差の拡大、弱肉強食世界の出現である。動物の弱肉強食と異なり、巨大資本が推進する弱肉強食には限界がない。飽くことのない利潤追求が永遠に繰り広げられ、敗者は生存の境界線にまで追い詰められる。

このようなシステムを民主主義の装いを凝らした社会の枠組みのなかで実現させるためには、金と暴力、自由のアピール、情報の支配、そして弱い者同士を争わせること、という狡猾（こうかつ）な工作の組み合わせが必要になる。

その延長線上にあるのは、1％の勢力だけが高笑いし、99％の民が虐げられる世界だ。パラダイスが広がることはあり得ない。1％の利益を追求する資本主義の運動法則を、99％の利益を追求するシステムに転換できるか。それは、民主主義の制度を実体として活かすことができるかどうかにかかっている。

必要なのはインフレを抑止したうえでの賃上げ要請

岸田文雄内閣は２０２３年11月２日、総額17兆円台前半の総合経済対策を決定した。岸田首相は９月に実施した内閣改造、10月に実施した旧・統一協会に対する解散命令請求発出、そして総合経済対策策定によって内閣支持率を浮上させ、年内に衆院解散・総選挙を断行するシナリオを描いていたと見られる。

しかし、内閣支持率は回復するどころか、10月実施の各社世論調査の多くが、内閣発足以来の最低支持率を示す結果に終わった。多くの世論調査で内閣支持率が政権危機ラインといわれる３割を割り込んだ。解散・総選挙ではなく内閣総辞職が秒読み態勢に移行したとの見方も強まっている。

内閣改造では自民党の主要役員、内閣の主要閣僚ポストが留任となり、新入閣の閣僚人事はいわゆる滞貨一掃の派閥〝順送り〟人事になった。岸田首相は女性閣僚を５人起用したことをアピールしたが、５人のなかの新入閣の３名すべてが世襲議員だった。さらに、副大臣、政務官ポストに女性が１人も起用されないという〝異様〟な様相も示された。

政権発足直後に、女性との不適切な関係を認めた山田太郎文科政務官が辞任。さらに、

岸田内閣支持・不支持率

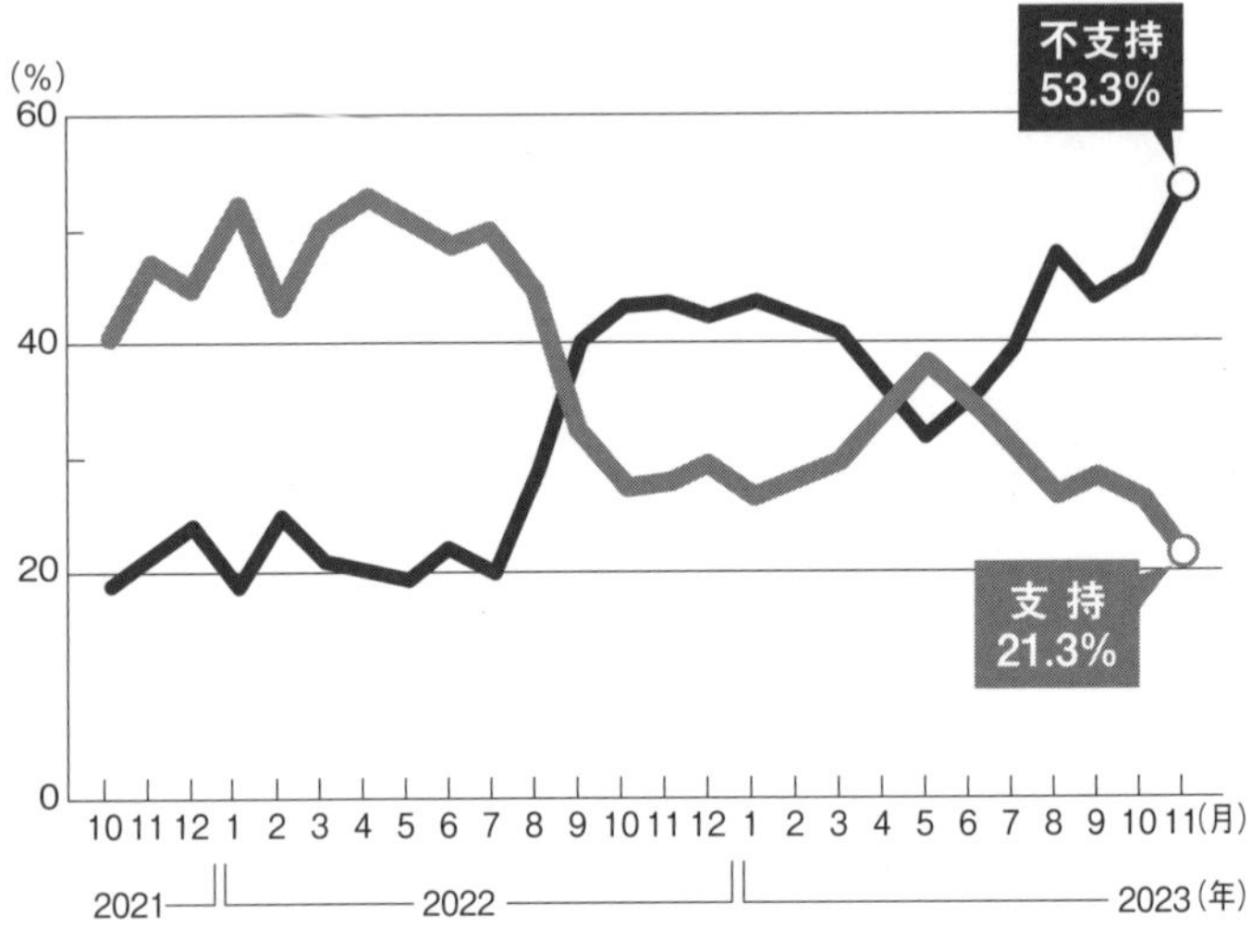

時事通信社調べ

東京都江東区長側の公選法違反事件に関与したとして柿沢未途法務副大臣が辞任。さらに税金滞納問題で神田憲次財務副大臣も辞任に追い込まれた。

岸田内閣が風前のともしびの様相を強めている。

岸田内閣が11月7日に提示した総合経済対策の柱は以下の5つ。

1　物価高対策

2　持続的賃上げや地方の成長実現

3　半導体や宇宙など国内投資促進

4　人口減少対策とデジタル社会への変革

5　国民の安全・安心確保

経済対策の名称は「デフレ完全脱却の

ための対策」で、一般会計歳出を13・1兆円追加する２０２３年度補正予算案が国会に提出された。これに加えて物価高対策の目玉として、24年6月に1人当たり所得税3万円と住民税1万円の計4万円を減税するほか、年内にも住民税が課税されない低所得者世帯に7万円を給付する方針が示された。定額減税総額は3兆円台半ば、給付総額は1・1兆円を見込む。これらを含めた経済対策の規模は17兆円台前半になる。

しかしながら、この経済対策を高く評価する声は聞かれない。景気対策の目玉として、岸田首相は減税を打ち出したが、税制改正については22年末に防衛費倍増の財源を賄う大型増税の方針が示されている。今回提示された減税は２０２３年夏に実施される1回限りのもの。規模も大きなものではない。小型減税を提示してはいるが、その裏側に大型増税が控えていることを国民が見通している。

10月30日の衆院予算委員会質疑で岸田首相は少子化対策の財源に関して、

「徹底した歳出改革等を行った上で、その効果を見ながら国民に実質的な追加負担を生じさせないことを目指す」

と述べたが、これに対して立憲民主党議員が、

「増税しないということは国民の負担は1円たりとも増やさないという意味か」

と質問した。

岸田首相は「目指す」、「目指していく」を繰り返すだけで、増税をしないとは述べなかった。小型減税の裏側の大型増税が透けて見える。

1回限りの超小型減税を実施して、そのあとに超大型増税を遂行することを、筆者は岸田内閣SF商法（催眠商法）と表現した。

閉め切った会場に人を集め、日用品などをただ同然で配って雰囲気を盛り上げた後、冷静な判断ができなくなった来場者に高額な商品を契約させる悪徳商法が「SF商法」、「催眠商法」だ。

救いがあるのは、日本国民の多くが覚醒して催眠商法にかからぬよう身構えていること。岸田超小型減税SF商法の正体を見抜いている。岸田内閣は軍事費＝防衛費を倍増し、少子化対策にも最大で年3兆円台の支出を追加する方針を示す。しかし、その財源を明らかにしない。国民が大型増税におののくのは当然のことである。

日本の出生数減少、高齢化進展は極めて深刻な様相を示す。経済停滞下でインフレが進行し、労働者の実質賃金減少が進んでいる。巨大な災害の発生に対する警戒感も強まっている。問題の所在は明確だが、それに対する的確な政策対応がまったく示されていない。

岸田内閣が物価上昇を問題にするのなら、まずはインフレを〝抑制〟する経済政策方針を明示する必要がある。岸田内閣は賃金上昇を提唱し、2024年春闘で5％賃上げを目指すとしている。

政府と日銀は盛んに「物価と賃金の好循環」なる言葉を使うが、いつからこんな考え方が経済政策運営の根幹に置かれることになったのか。「物価と賃金の上昇循環」は金融政策運営上の禁忌とされてきたものである。

パウエル議長は9月会見でこう述べた。

「インフレによって最も打撃を受けるのは固定収入のある人で、そのような人のために可能な限り迅速に価格の安定を取り戻す必要がある」

インフレを抑止する最大の理由はインフレが実質賃金を引き下げてしまうことにある。賃金労働者の損失を食い止めるために中央銀行はインフレ抑止に努める。日本銀行も労働者実質賃金の変化を注視しなければならない。

金融政策の運営上、「物価と賃金のプラス循環」のことを「物価と賃金のスパイラル」と表現してきた。「物価と賃金のスパイラル」を発生させてしまうとインフレ抑止が困難になる。このことから「物価と賃金のスパイラル」を発生させぬよう、インフレ防止の政策運営が最重要であるとされてきたのである。

米国の金融政策運営上、最重視されている経済指標のひとつが賃金上昇率。賃金上昇が過大であればインフレ率が高騰する原因になる。だからこそ、金融引き締め政策を実行して賃金上昇率の鈍化を確認することが最重視されている。

物価上昇が問題であると認識するなら、金融政策運営の要諦とされてきた「物価と賃金のスパイラル上昇を発生させない」という不文律を尊重しなければならない。過去の教訓を忘れ去ることが災厄の再発をもたらす。

バブル生成と崩壊の苦い歴史に基づく不文律を守った企業は1980年代以降のバブル生成・崩壊の過程で生き延びた。過去の教訓を忘れ、バブルに狂奔した企業がバブル生成・崩壊過程で破綻して消えた。

インフレが進行し、これを後追いして賃上げが行われる。それがさらにインフレ加速の要因になる。インフレを沈静化させるためにもっとも重要な点は、賃金と物価のスパイラル発生を〝防止〟すること。これが1970年代のインフレ鎮圧過程における最重要の教訓である。

物価安定が実現しない下での賃上げは〝有害〟である。賃金上昇を求めること自体は間違いでないが、インフレを抑止した上での賃上げ要請でなければ意味がない。2023年春闘で賃上げは実施されたが、現実に実質賃金の減少は続いているのである。

他方、人口減少が進む最大の要因は、若者が生活苦にあえぎ、結婚、出産という人生設計を思い描けなくなっていることにある。いま、日本で必要なことは、圧倒的多数の一般労働者の所得水準を引き上げることだ。

　この30年間進行してきたのは、大資本の利益だけが突出して拡大し、一般労働者の所得が減少し続けてきたという現実である。圧倒的多数の労働者の所得水準を引き上げることが、消費を活発化させる景気対策の中軸に置かれるべきであり、同時にこれが、出生数減少に歯止めをかける政策の核心になる。

富裕層および巨大資本から能力相応の税負担を求めよ

　筆者は「オールジャパン平和と共生」という名の市民による政治運動を2015年に立ち上げた。日本の政治を、戦争と弱肉強食から平和と共生に方向転換し、「誰もが笑顔で生きてゆける社会」を構築することを目指す運動だ。その実現には考えを共有する国会議員が国会の過半数を占有することが必要である。基本政策を共有する市民と政治勢力が連帯して日本政治刷新を実現する。

「誰もが笑顔で生きていける社会を実現すること」を私たちは「ガーベラ革命」と名付けた。色とりどりのガーベラの花は〝多様性〟の象徴。ガーベラには希望、前進、限りない挑戦という花言葉がある。「ガーベラ革命」に因(ちな)んで「オールジャパン平和と共生」の愛称を、「ガーベラの風」とすることにした。親しみやすい名称で、政治から距離を置いてきた人々が参画してくれることを期待してのことである。

その「ガーベラの風」は以下の３つの経済政策を提唱してきた。

1　最低賃金引き上げ

2　生活保障制度確立

3　消費税減税・廃止

最低賃金を全国一律で1時間１５００円にする。企業にこれを強要すれば企業倒産が多発する。そこで、最低賃金１５００円を実現するための財政支援を実施する。年間労働時間２０００時間では、１５００円の最低賃金は年収３００万円を意味する。夫婦共働きであれば世帯収入が６００万円になる。

現在の状況下では、年収が２００万円に届かない層が2割以上に達している。すべての労働者が得られる最低保障所得ラインを３００万円に引き上げる。これが第一の柱。

第二に現在の生活保護制度を抜本的に改めて生活保障制度を確立する。憲法第25条に基づく、健康で文化的な最低限度の生活を営む権利を、政府が確実に保障する制度を構築する。現行の生活保護制度では制度の利用条件を満たす人のうち、実際に利用しているのは2割以下と見られている。新制度では要件を満たすすべての人が例外なく生活保障制度を利用するシステムに移行させる。生活保障を受けることは権利であり、引け目を感じるべきものでない。最低賃金水準に準拠する生活水準をすべての国民に保障する制度の確立が重要である。

第三は、課税のあり方の見直しである。既述の通り、消費税は著しく〝逆進性〟が強い。日本の財政構造の現実は、所得の少ない一般大衆から税を毟り取り、それを富裕層および大資本の利益のために分配する逆所得再分配構造になってしまっている。

北欧のように、国家がすべての国民に保障する最低水準が極めて高い水準に設定されているのなら、その財源調達として付加価値税や消費税などを位置づけることは〝合理性〟を持つ。しかしながら、日本では、すべての国民に保障する最低水準があまりにも低い。その一方で、財源調達のための税構造において、極度にいびつな逆進性を持つ消費税が中核に据えられている。

日本の社会保障の水準で消費税を中核に据えることは〝社会正義〟に反している。欧州の消費税率＝付加価値税率は高水準に設定されているが、食品などの生活必需品に対しては非課税や半分の税率を設定するなどの配慮がなされている。

日本でも複数税率が採用されたが、8％の据え置き税率では〝焼け石に水〟でしかない。現在の日本の弱肉強食推進システムを前提とするなら、税収に占める消費税のウエイトを引き下げることが適正だ。まず10％の税率を5％に引き下げることから実行するべきだ。

岸田内閣の財政運営においては、巨大な財政支出が計上されても、その支出が一般市民にではなく、大資本あるいは天下り機関に向けて支払われる。

物価高対策としてガソリン価格上昇に対応するなら、ガソリンに課している上乗せの〝暫定税率〟を廃止すれば済むはずだ。ところが、岸田内閣は上乗せ税を消費者から毟り取り、その税収を石油元売り会社に〝補助金〟として渡している。石油元売りに渡された財政資金が消費者に還元される保証は存在しない。庶民の支払う税金が大資本への補助金として消えてしまっている疑いが濃厚なのだ。

財政政策の基本を根本から変える必要がある。税制においては、税負担能力の高い富裕層及び巨大資本に能力相応の負担を求めるべきで、税負担能力の低い国民から過酷に税を毟り取る消費税での大規模税調達を直ちに停止すべきである。支出においては、社会保障を中心とするプログラム支出に〝限定〟して支出拡大を実行すべきである。

2020年度以来、巨額の補正予算が編成され、その補正予算の大半が裁量支出＝利権支出に充当され、大資本と特定利害関係者への利益供与財政支出として計上されてきた。

こうした裁量支出＝利権支出を全面的に排除し、財政支出追加をプログラム支出、すなわち国民の権利のための支出に〝限定〟する基本方針を確立するべきである。

第5章

生き残るための金融投資戦略

あまりにも低い日本の国民に対する保障の最低水準

社会の枠組み、政治が構築する制度の枠組みとしての基本は、公助である。私たちが私たちの意思でつくる政府。その政府は、すべての社会の構成員が笑顔で生きていける制度を構築する必要がある。

公的制度としてもっとも重要なことは、すべての国民に対する保障を十分な水準に引き上げること。日本はこの点が完全に〝欠落〟している。生活保護の水準はあまりにも低く、しかも生活保護を利用する要件を備えている人の2割しか制度の適用を受けていない。

政府が法律・制度として確保する「公助」が国家のシステム、政治の施策として最重要である。一方、個々の個人がこの世の中で生きていく上で基本に置いておかなければならないのは、「自助」である。社会の仕組みとして十分な「公助」が確保されることが、国民の基本的権利を守る制度の在り方であるが、他方、各個人は、自らの人生設計を描くに際して、「自助」を基本に据えることが求められる。自分の力で道を〝切り開く〟心構えが重要である。

経済停滞が30年も続いてきた日本。労働者の実質賃金が26年間で14%も減ってきた日本。

このなかで生き延びることは容易なことでない。金融庁が老後の資金が2000万円不足するという試算結果を公表し、大騒ぎになった。国家がすべての国民に保障する最低生活ラインがあまりにも低いのだ。この貧困な国家制度を改変することが必要である。

市民から税金を毟り取り、その税収を富裕層と大資本のために振り向ける現在の逆所得再分配財政システムを根本から刷新しなければならない。そのためには政治を〝変える〟必要がある。政治を変えるためには、選挙で変革を求める政治勢力が国会議席の過半数を占有することが必要になる。

残念ながら、まだその道筋は見えていない。となれば、この暗黒日本のなかで生存の道筋を自らの力で見出していかなければならない。そのための金融投資戦略である。

虎の子資金をいかに有効に活用するか。金利がゼロの経済状況が続いているなかで、資産を現金や預金で放置しても、なんらの果実を生み出すことがない。リスクを排除しつつ、可能な限り高いリターンを生む投資を各個人が工夫する必要がある。

証券投資を促進するために、税制上の恩恵が付与されているＮＩＳＡやｉＤｅＣｏなどの制度が存在する。これらの制度を活用し、資金運用が生み出す利益に対する税負担を軽減する対応をとることも求められる。

余剰資金の運用先として、多種多様な金融商品が存在する。大きなくくりとして、円資金での運用と外貨建て資金での運用の区分があり、その選択をしなければならない。そして、それぞれの通貨建て資産のなかに、属性の異なる資金運用対象商品がある。現金、預金、債券、株式、そして不動産、貴金属・資源というメニューが存在する。

上昇トレンドに転換した日経平均株価

現在の円預金は利息をほとんど生まないが、銀行倒産が生じない限り、元本は守られる。債券は金利変動によって価格変動するが、満期まで保有すれば額面金額が償還される。これに対して株式の価格は常に変動するため、買い付けを行った時点の株価が維持される保証はない。大きく値下がりすることもあるし、当該企業が倒産すれば保有株式の価値がゼロに帰すこともある。このことから、預金や債券を安全資産、株式をリスク資産と呼ぶことがある。

価格が大きく変動する株式資産はリスク資産である。しかし、大幅な価格上昇が生じる場合には大きな利益をもたらす。株式投資がもたらす利益は、①価格上昇による利益＝キャピタルゲイン、②配当による利益＝インカムゲイン、③株主優待による利益、の3種がある。株価上昇のタイミングを捉えることに成功するなら、株式投資は預金や債券と比較してはるかに大きな利益をもたらす資金運用商品である。

しかし、裏を返せば大きなリスクもあるということ。厳格なリスク管理策を講じて株式投資を行わないと悲惨な結末を迎えることになる。

実は、株式投資が有利な時期と不利な時期がある。株式投資が不利な時期に株式投資を行っても高いリターンを獲得することは難しい。しかし、株式投資に有利な局面を選択して株式投資を行うと、平均すれば高いリターンを期待することができる。その時期の選択が重要である。

日経平均株価の過去40年間の推移を見ていただきたい。実は、株価変動はランダムに生じているのではなく、大きなトレンドを描いていることがわかる。大きなトレンドの下落局面は株式投資が不利な局面である。逆に大きなトレンドの上昇局面は株式投資が有利な局面である。株式投資を積極的に行うのに適した時期は言うまでもない。株価上昇トレンドの時期である。

現在はどの局面に位置しているか。現在は株価上昇トレンドの局面に位置している。このことから、株式投資が基本的には推奨されるのだ。１９８６年年初から１９８９年末までに日経平均株価は約3倍の水準に急騰した。これが「バブル」の局面である。これに対して、１９９０年年初から２００３年4月末まで、日経平均株価は暴落し続けた。「失わ

日経平均株価

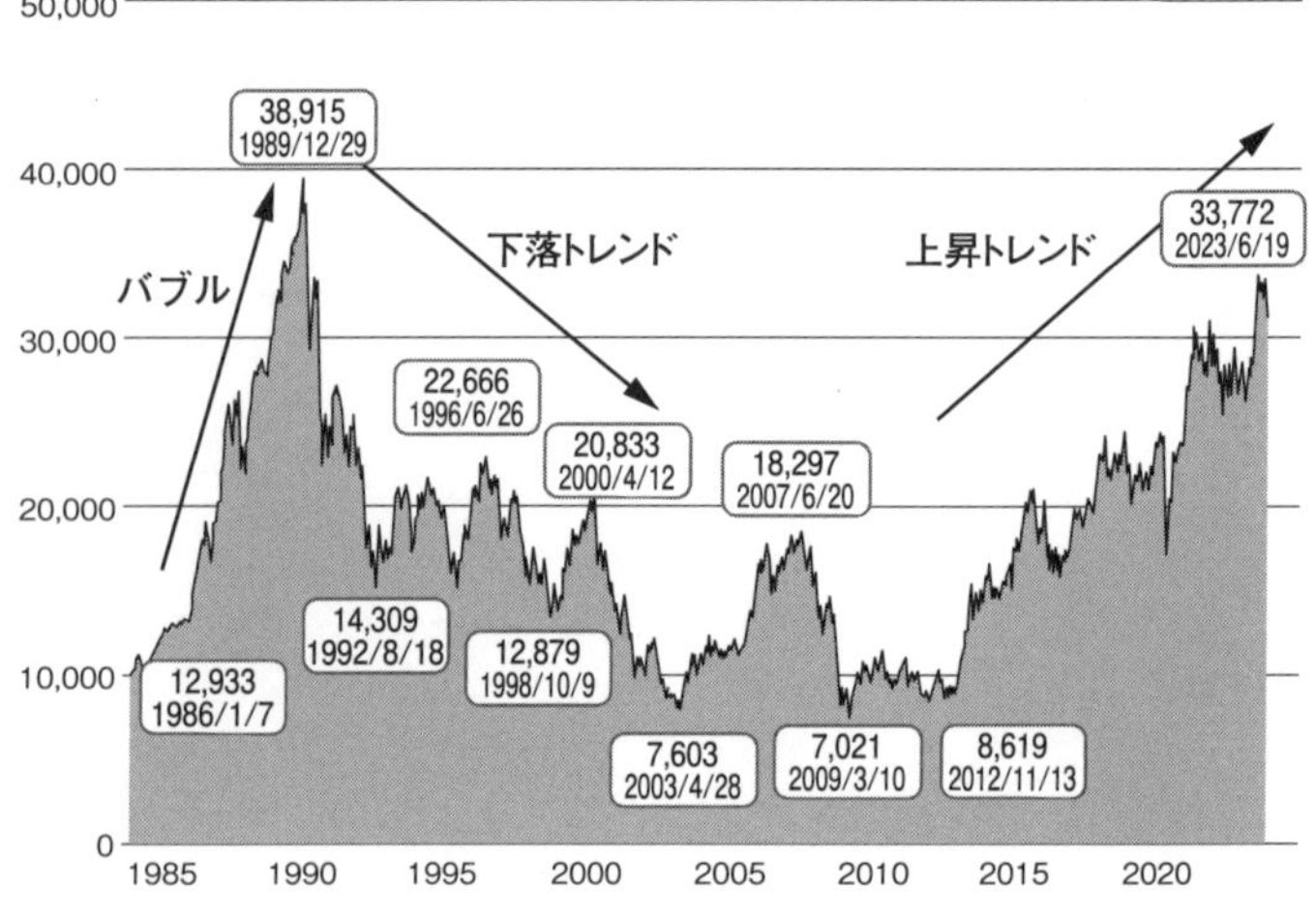

れた10年」から「失われた20年」に差しかかる期間だ。

日経平均株価は5分の1の水準に暴落した。この期間の株式投資は、平均して大きな損失を生んだ。株式に投資して大損するよりも、1円も増えない預金のほうがはるかに優良な資産だった。安全資産の選択が正しい判断だった。

2007年にかけて世界でミニバブルが発生した。しかし、2007年から09年にかけて「サブプライム金融危機」が世界の金融市場を震撼させた。日経平均株価が上昇トレンドに転じたのは2012年11月のこと。野田佳彦首相が自爆解散を宣言した。その瞬間に政権交代が確定的になり、株価は上昇トレンドに転換した。筆者は「金利・為替・株価特報」2012年10月29日号にトレンド転換の可能性を指摘した。その予測が衆院解散決定で現実化し、円安・株高大変動が生じたのである。「金利・為替・株価特報」2012年12月25日号には、「日経平均株価は18000円を目指す流れに転じたと考えられる」と明記した。

この見通しを単行本化したのが2013年版TRIレポート『金利・為替・株価大躍動』（ビジネス社）だった。

PBRが1以下に〝放置〟されている多数の日本企業

日経平均株価は2012年11月を起点に長期上昇トレンドに転じ、現在に至っている。長期トレンドのなかに、3ヵ月から半年のタイムスパンでの上下波動が形成される。株式投資で高いリターンを獲得するには、長期トレンドを的確に把握するとともに、3ヵ月から半年のタイムスパンでの上下波動をも的確に捕捉することが極めて重要になる。この、3ヵ月から半年のタイムスパンでの上下波動を本書では「潮流」と表現している。長期トレンドとともに、中短期の「潮流」を正確に捕捉することが株式投資のリターンを高めるための「極意」になる。「極意」については後述する。

「長期上昇トレンド」という認識の下で2023年の株価変動「潮流」を考察して、「千載一遇の金融大波乱」との洞察を示したのである。金利急騰を背景に金融波乱が生じるが、その波乱が日本株式投資の大チャンスを与えるとの予測を示したものである。

この長期上昇トレンドは2024年も維持される。この意味で、引き続き株式投資の基本環境は良好である。しかし、3ヵ月から半年のタイムスパンでの上下波動＝潮流を的確に捕捉できないと、積極売買による利益獲得は難しい。内外の政治経済金融社会変動を総合的に分析して潮流を的確につかむ。これが投資パフォーマンスを引き上げる核心的要諦になる。

株式投資を判断するうえで重要な指標を示す。日本経済新聞が日々公表する主要株価指標を常にチェックする必要がある。そのなかに、株式投資の参考指標としてとりわけ重視すべきものが2つある。株価収益率と株価純資産倍率である。

株価収益率（プライスアーニングレイシオ）をPERと呼ぶ。これは株価が1株当たり利益の何倍であるかを示すもの。もうひとつの重要指標は株価純資産倍率（PBR）。これは株価が企業の1株当たり純資産の何倍であるかを示す指標である。

株価収益率は、株価が1株利益の何倍であるかを示す数値であるが、その〝逆数〟が株式の利回りになる。1株利益が株価の何％にあたるかを示す。これを「株式益利回り」と呼ぶ。

企業が生み出す利益は、配当として株主に手渡しされるか、企業の内部に蓄えられる。株価収益率や株式益利回りで用いる1株当たり利益は、配当として投資家に手渡しする利益と、企業の内部に蓄える利益を合計したものである。

株主が受け取る配当が株価の何%にあたるかを示すのが、配当利回りである。利回りという言葉を使うと、配当利回りを頭に置く人が多いかもしれないが、株式投資の〝尺度〟として重要になるのは配当利回りではなく、株式の益利回りである。

企業が生み出す利益は、配当として株主に手渡しされる部分と、企業の内部に蓄えられる部分とに分かれるが、いずれも株主に〝帰属〟するもの。したがって、企業が生み出す利益のどれだけを配当に回し、どれだけを内部に残すかは、株価に影響を与えない。これはモジリアニ・ミラーの第二命題と呼ばれるものである。

日経平均株価は1株当たり利益の15倍水準にある。利回りでは約7%。株価が高いのか安いのかを判定する尺度は、ＰＥＲの絶対水準ではなく、債券利回りとの〝比較〟になる。15倍の株価収益率を利回りに変換すると7%になる。このとき、比較する対象は10年国債利回りである。

日本の10年国債利回り、すなわち長期金利は上昇したとはいえ1・0%の水準にある。

株価収益率（連結決算ベース）
（2023年11月9日現在 日経平均株価：32,646円）

項目名	前期基準	予想
日経平均	15.94倍	利回り 6.8% 8% 増益予想 14.76倍
JPX日経400	15.40倍	14.87倍
日経300	16.18倍	14.98倍
日経500平均	16.64倍	15.13倍
プライム全銘柄	16.35倍	15.03倍
スタンダード全銘柄	15.43倍	14.05倍
グロース全銘柄	285.41倍	52.27倍

株式益回り（連結決算ベース）
（益利回り4%＝PER25倍相当日経平均株価：55,294円）

項目名	前期基準	予想
プライム全銘柄	6.11%	6.65%

資金を債券で運用する場合の利回りは1・0%、資金を株式で運用する場合の利回りは7%である。圧倒的に株式の利回りが高い。利回りが高いということは、株価が〝低い〟ということである。

株価が上昇すると利回りは低下する。日経平均株価の場合、株式の益利回りが7%で、他方、日本の10年国債の利回りは1%水準にあり、株式の利回りが圧倒的に高く、株価が割安の水準にあると判定される。

ところが、マザーズ指数（東証グロース250指数）などにおいては、株価収益率が圧倒的に高くなる。企業の利益成長率が高いと見込まれ、1株当たり利益の40倍、50倍、60倍という株価水準で株式が取引されている。本当にマザーズ市場（グロース市場）に上場する企業の利益成長率が高いのなら、高い株価収益率が正当化されるが、そうでなければ株価は〝割高〟と判定される。

いま、日本の株式市場の株価変動を左右する最大の資金提供者は外国投資家である。海外の投資家は株価指標から判断して割安な企業に照準を定める。したがって、ＰＥＲの著しく高いマザーズ銘柄＝グロース株銘柄ではなく、ＰＥＲの低い優良銘柄、バリュー株に強い関心を示している。

日本の株式が割安であると判定されるもうひとつの理由は、ＰＢＲ（株価純資産倍率）が低位に位置していること。株価が１株当たり純資産よりも低い場合、すなわち、ＰＢＲが１倍水準を割り込むとき、当該企業を完全に買収して企業を解散すれば、株式を買収した投資家が利益を獲得できる。

ただし正確には、企業を買収して解散するために費用がかかるため、解散費用を差し引いた上でも１株当たり純資産が株価を下回っていなければならないということになる。

多数の日本企業のＰＢＲが１以下に〝放置〟されている。ＰＢＲが低く、株式の益利回りが高い企業、同時に企業経営が安定し、高い技術を備え、将来的に倒産するリスクが限定的である優良企業が多数存在している。このような優良企業に対する積極投資を外国投資家が虎視眈々（こしたんたん）と狙っている。

為替が円高に転換するときに発生すること

世界の超富裕者に名を連ねる米国の著名投資家ウォーレン・バフェットが、日本企業が狙い目であるとの見解を表明した。２０２３年版ＴＲＩレポート「千載一遇の金融大波乱」に示した「金融波乱が投資チャンスである」とほぼ同一の見解をバフェットが提示した。２０２３年４月のことだ。日経新聞１面トップを飾った。

海外投資家はいま日本株式に熱いまなざしを向ける。

その背景は、日本円が〝暴落〟していること。日本円暴落は、海外投資家にとって日本資産を破格の安値で購入できる千載一遇のチャンスを提供するものだ。

しかも、日本の株式の益利回りが極めて高い。ＰＥＲ15倍は、世界標準を基準にしたときに決して低すぎる水準ではない。米国株式においても、Ｓ＆ＰのＰＥＲは15倍から20倍の水準で推移している。20倍のＰＥＲは利回りに換算して５％だが、米国の10年国債利回りは、一時５％を超えた。

債券の利回りが５％であるときに、株式の利回りが５％なら投資家はいずれを選択するだろうか。株式は価格変動リスクの大きい資産であるから、株式に投資をするためには、一般には債券利回りよりも高いリターンが求められる。これを〝リスクプレミアム〟と表現するが、長期金利が5％水準まで上昇した現状においては、5％の株式利回りは魅力的水準であるとは言えない。この意味で米国株価は日本株価と比較して割安とは言い難いのである。

日本の10年国債利回りが4％、あるいは5％の水準に上昇すると状況は一変する。株式の割安感は完全に消滅してしまう。現在の債券利回り1％・株式益利回り7％の状況下では、日本の優良企業株式への投資は極めて優良な資金運用方法と言える。

また、多くの優良企業の配当利回りが高いという現実も存在する。さらに、株式保有による株主優待制度が、活用のしかたによっては株式投資利回りをさらに引き上げる効果を発揮する場合がある。

重要なことは、優良企業＝優良株式銘柄の株価が大きく下落した局面で新規買い付けすることだ。PER、PBR、配当利回り、株主優待制度などの諸条件を精査し、かねて狙いをつけた優良企業の株価が、何らかの要因で急落することがあれば、文字通り千載一遇の投資チャンスであると表現できる。

最重要の〝潮流〟判断

２０１２年11月を起点とする日経平均株価の長期上昇トレンド。その上昇トレンドのなかに、３ヵ月から半年のタイムスパンでの上下波動＝潮流が存在する。その中短期波動＝潮流を的確に捕捉することが重要になる。上昇トレンドとはいえ、中短期波動で大幅に下落する局面もある。その中短期の下落局面で株式を保有し続けることには大きなリスクがある。株式含み損が、瞬間的ではあっても大きく膨らむことがあり得るからだ。

株価が下落する局面においては、株式をいったん〝売却〟することが有効。そして、株価が大幅に下落した局面で、株式を再取得することが有益だ。これが本書が推奨する「積極売買」＝アクティブ運用の投資スタイルになる。

後述する株式投資の「５箇条の極意」を完全にマスターし、鉄則を遵守しつつ、アクティブ運用を実践することを推奨している。

株式以外の投資対象では、たとえば米国の５％の国債は、優良な投資対象である。米国の長期金利が５％を大幅に超えて上昇を続ける可能性は低い。ＦＲＢがインフレを抑止するスタンスを明示している。このことから、短期的に米国10年国債利回りが跳ね上がることはあっても、５％の水準を起点に利回り上昇が長期にわたり継続する可能性は低いと考えられる。５％超利回りの米国国債は〝ドルベース〟の投資対象としては優良である。

しかしながら、日本の投資家が外国通貨建て資産を保有する場合には〝大きな〟ハードルが立ちはだかる。為替レート変動だ。債券価格が上昇しても、為替レートが大幅ドル安＝円高に転じれば、円換金ベースで〝損失〟が発生してしまう。外貨建て資産での資金運用においては、為替レート変動が最重要のポイントになる。

いま、日本円は暴落水準にある。対米ドルだけでなく、対ユーロでも日本円が最安値を更新している。今後、米欧の金利引き上げが〝終了局面〟を迎える。米欧の政策金利はいずれかの時点で利下げに転じることになる。

他方、日銀は遅ればせながら金融政策運営の軌道修正に着手し始めている。内外金融政策のこの組み合わせは、日本円の基本方向を〝転換〟させるものになる。これまで持続した円安の流れが、円高の流れに〝回帰〟する可能性が高まる。

これまで、多くの機関投資家が日本円で短期資金を調達し、これをドルに転換してドル金利で運用してきた。円安傾向が続く間は、金利差と為替差益の両面で利益を獲得できた。〝キャリートレード〟と呼ばれる金融取引だが、この〝キャリートレード〟自体がドル上昇＝日本円下落の為替変動の重要な要因として作用してきたと考えられる。しかし、為替

スイスフラン円（¥／スイスフラン）

変動の方向転換が認識されると重大な変化が引き起こされることになる。

円資金を借りてドル建て金利商品で運用していた〝キャリートレード〟投資家が、その〝キャリートレード〟を一斉に手仕舞うことになる。

これが「巻き戻し」と呼ばれる現象だ。キャリートレードの規模が大きければ大きいほど、「巻き戻し」の規模も大きくなる。為替の方向転換が強く認識される場合には、予想を超える〝急激〟な円高が発生することを想定しておく必要がある。

この意味で、２０２４年の外貨建て資金運用の新規開始には慎重であるべきと考える。

多様な通貨が存在するなかで、リスク分散の視点からかねてより優良投資先として推奨してきたのがスイスフランである。スイスフラン円レートの推移を見ていただくと、実際に日本円からスイスフランへの投資が極めて高いリターンを提供してきたことがわかる。円資金からスイスフラン金利商品への資金運用が、大きな為替差益、金利差益を生み出したことがわかる。スイスフランは引き続き国際分散投資の対象として優良資産であり続けると考えられるが、目先はスイスフランが日本円に対して大幅上昇した直後の局面であるだけに、他の外貨資産と同様、新規のスイスフラン建て資産への投資には慎重であることが推奨される。

株式・債券以外の投資対象として挙げられるのが不動産と金地金だ。

世界の金融当局は管理通貨制度を用いている。通貨の供給量と金保有高が直接リンクしない管理通貨制度においては、中央銀行が自らの意思でマネー供給量を操作することになる。

コロナパンデミックが発生した２０２０年から２０２１年にかけて各国の中央銀行が過剰流動性を供給した。過剰流動性は株式や不動産などの資産価格を押し上げる効果を発揮する。また、過剰流動性供給はインフレ心理を拡大させるため、金価格を押し上げる効果をも発揮する。

２０２２年以降、米国ＦＲＢは強力な金融引き締め政策を実行している。過剰流動性は急激に収縮した。米国では長短金利が大幅に上昇した。金価格は流動性縮小と長短金利上昇から下方圧力を受けたが、現実のインフレ進行によって価格が支えられた。このために、高値圏内での推移を続けたのである。

今後は、米国長期金利の低下も想定され、この金利変動がドル表示金価格を支える要因として機能すると考えられる。

また、現在の管理通貨制度というシステムの下では、折に触れて顕在化する金融波乱に対して、中央銀行が無制限の流動性供給で危機を回避する傾向を強めており、この点を踏まえれば、長期的な流動性増大からドル表示金価格が上方圧力を受けることになることが想定される。この意味で「金地金」投資は〝中長期〟で妙味の大きい資産運用方法であると判断できる。

金取引には帳簿上の取引と金地金を直接保有する取引があるが、さまざまなリスクを回避する視点からは、金の現物＝金地金を自分の手元に〝安全管理〟することが有益である。

不動産価格は基本的に長期金利と〝逆相関〟の関係を持つ。長期金利が上昇する局面で不動産価格は下がりやすい。しかし、不動産には資金運用対象としての大きな〝制約〟

がある。換金したいときに即時に適正な価格で換金することができない。これを流動性の欠落と表現する。

この問題を取り除いた金融商品がＲＥＩＴ（不動産投資信託）である。不動産投資信託商品であるＲＥＩＴは金融取引所で取引される金融商品であるため、取引所で常に換金することが可能である。

不動産の〝代替資産〟として、ＲＥＩＴは優れた特性を有している。ＲＥＩＴ取引は指数取引になるが、基本的な価格変動のメカニズムは長期金利上昇過程でＲＥＩＴ価格が下がり、長期金利低下局面でＲＥＩＴ価格が上がるというものである。

直近、日本の長期金利が上昇傾向を示しているため、ＲＥＩＴ価格が低下傾向をたどっている。日本銀行の政策軌道修正に連動して日本の長期金利が上昇傾向を示しており、この流れは当面持続するものと考えられる。

しかし、欧米の金利引き上げがすでに9合目を超えてきているため、日本の金利上昇が長期間継続すると考えにくい。日本の長期金利も、欧米長期金利のピークアウトを背景に、比較的早い段階で〝ピーク〟を形成する可能性がある。その場合には、ＲＥＩＴ資産価格の反転上昇を期待できることになる。

経済統計だけでなく政策決定会合が重要

金融取引に際して、常にウォッチしていなければならない重要な経済指標が多数存在する。

米国の場合は、毎月月初に発表される雇用統計が重要だ。前月の労働市場の動向が発表される。現在の金融市場は非農業部門雇用者の増加数、時間当たり賃金の上昇率の2点に注目する。

インフレ鎮静化が課題である経済状況下では、雇用統計における賃金上昇率以外に、消費者物価指数、個人消費支出の価格指数＝PCE価格指数上昇率も注視の対象になる。景気の実勢を判断するための経済指標、賃金上昇率、各種物価統計が常に注目されることになる。

日本においても米国同様に、物価関連統計に強い関心が注がれる。また、賃金の動きを表示する厚生労働省発表の「毎月勤労統計」が注目されることになる。この統計によって実質賃金の動向を捕捉できる。

他方、四半期に一度発表される重要統計として、GDP成長率統計と日銀短観を挙げて

短観2023年9月
非製造業業況判断DI

	大企業		
	最近	変化幅	先行き
非製造業	27	+4	21
建設	22	+1	20
不動産	37	+5	28
物品賃貸	28	−2	21
卸売	32	+4	15
小売	24	+7	18
運輸・郵便	14	+1	17
通信	14	0	21
情報サービス	42	−3	38
電気・ガス	22	+36	18
対事業所サービス	32	+6	27
対個人サービス	24	−4	29
宿泊・飲食サービス	44	+8	41
全産業	17	+4	16

短観2023年9月
製造業業況判断DI

	大企業		
	最近	変化幅	先行き
製造業	9	+4	10
繊維	3	0	9
木材・木製品	14	+21	−13
紙・パルプ	0	+7	−3
化学	3	+5	6
石油・石炭製品	14	+20	27
窯業・土石製品	16	+18	24
鉄鋼	18	0	16
非鉄金属	−3	−6	6
食料品	16	+10	8
金属製品	−17	−3	−5
はん用機械	11	−7	18
生産用機械	14	−6	19
業務用機械	30	+2	25
電気機械	−2	−4	6
造船・重機等	8	+1	7
自動車	15	+10	11

おかねばならない。ＧＤＰ統計は、米国においても四半期統計として重視されている。

金融市場が重視するのは、上記の雇用、賃金、物価、ＧＤＰなどの重要経済指標だけではない。それ以上に重要な注視対象は政策当局の対応である。とりわけ、金融政策運営においては、定期的に開催される政策当局の会合が極めて重要視される。米国ではＦＯＭＣ（連邦公開市場委員会）が１ヵ月半ごとに開催され、ここで金融政策運営の重要事項が決定される。

米国のＦＯＭＣと並行する日程で

日本銀行が金融政策決定会合を開催している。この会合で金融政策運営上の重要事項が決定される。日米ともに、年間に8回開催される政策決定会合のうち、1回おきの4回の会合で重要データが併せて公表される。米国ではFRBの経済見通しとFOMCメンバーのFFレート見通しが公表される。日本では経済・物価情勢の展望＝「展望レポート」が公表される。いずれも最重要の注視対象だ。

欧州では、ユーロ圏の統一的な金融政策を決定する機関である欧州中央銀行（ECB）がFRBや日本銀行と同様に、年間8回の定例理事会を開催して金融政策を決定している。これも重要な注視対象である。

日銀が公表する重要データのひとつが日銀短観だ。日銀短観は3月、6月、9月、12月に調査され、その結果が公表されるもの。金融市場が最重視する日銀短観データは、企業の業況判断DIである。短観のデータは日銀が企業に対して行うアンケート調査結果を集計したものだが、そのなかでもっとも注目度が高いのが企業の業況判断を集計したデータである。

目指すべき戦略はローリスクミドルリターン

保有資産を年利回り8％で運用することに成功する。これを9年維持すれば、資産は倍増する。このことから、筆者は運用目標利回りの8％を〝ゴールデンエイト〟と称している。

ちまたの書店には、一攫千金(いっかくせんきん)を夢見させる各種勧誘書物が積み上げられる。株価のなかには、短期で2倍、3倍、場合によっては10倍に暴騰する銘柄が存在する。10倍暴騰銘柄＝テンバガー銘柄の発掘が容易なら、世の中はビリオネアばかりになるだろう。

短期急騰株価が存在するということは、裏を返すと短期暴落株価が多数潜んでいるということである。物事には光があれば影がある。その両面を考える必要がある。

「金利・為替・株価特報」が提唱するのは一攫千金ではなく、堅実な8％リターンの確実確保である。8％を笑うべきではない。ゼロ金利の時代に保有資産全体を8％で運用することは決して容易なことではないからだ。

保有している資金のすべてをリスクの高い投資対象に振り向けることはできない。個人が我が身を守る自己防衛のための金融投資を行うに際して重要な点は、リスクを極力排除し、その枠のなかでリターンをいかに高めるのかである。ハイリスクハイリターン、ローリスクローリターンという言葉がある。目指すべき戦略は〝ローリスクミドルリターン〟だ。

実行可能であるならローリスクハイリターンがベストだが、それほど世の中は都合よくつくられていない。一般的にはハイリターンの裏側にハイリスクが隠れ潜んでおり、ハイリターンを選好すると、ハイリスクの恐怖が襲ってくることが少なくない。

しかし、何もせずにタンス預金にしておけば、減ることはないが増えることも起こらない。他方、タンスの中身が金地金でなく通貨である場合には、その通貨自体が価値を失うことも価値を高めることも生じる。近年、日本円だけで運用した投資家は、保有資産の国際標準での価値を大幅に喪失してしまったからタンス預金のリスクも無視はできない。

運用対象は、大きなくくりとして円資産と外貨資産とに区分される。2024年の投資環境を総括するなら、外貨資産は〝リスク〟を負い始める点を念頭に置く必要がある。周知の通り、日本円は暴落している。海外の金利上昇が終了し、日銀がインフレ抑止のスタンスを明示すれば、為替の方向は〝逆流〟する可能性がある。この点で2024年は、外貨資産運用より〝円資産運用〟を基軸に据えることが推奨される。

金融資産の種別として、現預金、債券、株式、REIT、金地金がある。このなかで、株式等のエクイティ資産と債券を比較してみる。海外では、中央銀行の金利引き上げ政策が9合目を通過しており、金利引き上げ政策が終着点に接近しつつある。

　債券価格が大幅に下落し、債券利回りが急上昇した。米国10年国債利回りが5％に到達した。この利回りの高い国債は、長期的に〝お宝資産〟になる可能性が高い。

　日本円からの投資の場合には為替リスクがあるため、その為替リスクを排除した上でのことになるが、２０２４年にかけて外国債券投資が投資チャンスを迎えている。

　円建て債券については、金利が上昇したとはいえ、依然として１・０％の低位に位置している。日本銀行が政策修正を明確にする場合に、日本の長期金利がどの水準まで跳ね上がるか。ここがひとつの注意点になる。

　日本の債券利回りがピークをつけたと判定できるまで、日本国債への投資には価格下落のリスクがつきまとう。他方、日本株式については、ＰＥＲ、ＰＢＲが低位に置かれている銘柄を中心に、当面は優良な投資対象であり続けることが想定される。

　筆者は前著『千載一遇の金融大波乱』で金融波乱局面が日本株式への投資チャンスを形成し、日本株価が急騰するとの予測を示した。日本株価は２０２３年6月にかけて大暴騰を演じ、6月以降は「踊り場相場」に移行した。「金利・為替・株価特報」では２０２３年5月下旬より「踊り場相場」への移行を予測した。

この「踊り場相場」を通過した後で日本株価が上方に上放れる可能性が高いと予測してきた。2024年にかけて日経平均株価は史上最高値を目指す動きを示すことが期待される。しかし、2024年のいずれかの時点で株価上昇が当面の終焉局面を迎える可能性が高い。残された上昇余地を確実に捕捉するための戦術構築が重要になる。

肝心なのは流動性＝換金性の確保

2023年に株価は大幅に上昇したが、指標的な割高感は存在しない。1989年末に日経平均株価がピークをつけ、その後暴落に転じたが、1987年から89年にかけては、日本株式のPERが40倍ないし50倍の水準にまで跳ね上がり、指標面から見ての〝割高感〟が際立っていた。

日本経済は低迷を続けているが、日本政府は大企業に対する優遇政策を取り続けている。大企業に対する税制優遇策も実施され続けている。大企業に対する法外な補助金支出も大規模に実行され続けている。このために企業利益が拡大し続けている。連動して、企業株価は指標面からの割安さを保ち続けている。

このような経済社会運営は〝適正〟でないが、適正でなくても存在している限り、それを前提に対処するしかない。個人は自己防衛を迫られており、社会正義としての是非と切り離して、個人の〝生存〟のために、金融投資におけるリターン獲得を目指さねばならない。

団塊の世代が後期高齢者に移行する状況を迎えている。「後期高齢者」は表現として適切でない。「高貴高齢者」に改めるべきだ。この世代の人々の今後の生活を支えるひとつの柱として積極的な金融投資戦略を位置づける必要がある。

金融投資を行うためには、常に世界情勢への目配りが必要である。ＰＣを操作して各種情報にアクセスすることも必要になる。金融投資を実行する際、多数の投資家がインターネット取引を仲介する金融取引企業と契約を締結し、ＰＣ画面上の高度の分析ツールを備えた情報サポートを受ける。

各種の高度なチャート分析も可能であり、筆者が投資のタイミング判断指標として有用であるとするＲＳＩ指標（相対力指数）なども自由自在に活用できる。こうした情報収集、情報処理、情報判断のプロセスが脳を著しく活性化させることは間違いない。これらの〝知的活動〟が、一定の生活資金を生み出す源泉となるならば、一石二鳥、一石三鳥の建設的・健康増進活動になる。さらに金融投資における国内チャンピオン、世界チャンピオンを目指すことも不可能ではない。

債券、株式の投資環境を概説したが、これとは別枠で、優良投資対象として特記しておかねばならないのが金投資である。現在の管理通貨制度の下では、金融波乱を回避することが優先されることから、貨幣供給量増加の方向に政策バイアスがかかる。

金融市場に過剰流動性が供給される傾向が存在することは、世界全体に潜在的なインフレ圧力が提供される傾向があることを意味する。この状況を踏まえたとき、資産の〝保蔵手段〟としての金地金への投資は有効である。金地金を保蔵する戦略を金融投資のひとつの柱として位置づけるべきである。

不動産に関しては、今後〝2極分化〟がより一層強まることになると考えられる。日本の人口が減少し、空き家が急増している。人々の選好が2極分化している。大都市優良不動産への人気が集中し、価格高騰が生じている。他方、人々が選好しない周辺地域の不動産においては長期価格下落傾向に歯止めがかからない。

大都市の人気エリア、高層タワーマンションなどへの資金流入が続き、価格高騰を生じている。

しかしながら、大きなリスクが潜むことを見落とせない。日本で巨大地震が発生する可能性が高まりつつある。巨大地震が発生する場合に生じる影響をあらかじめ考慮する必要がある。

日本10年国債利回り

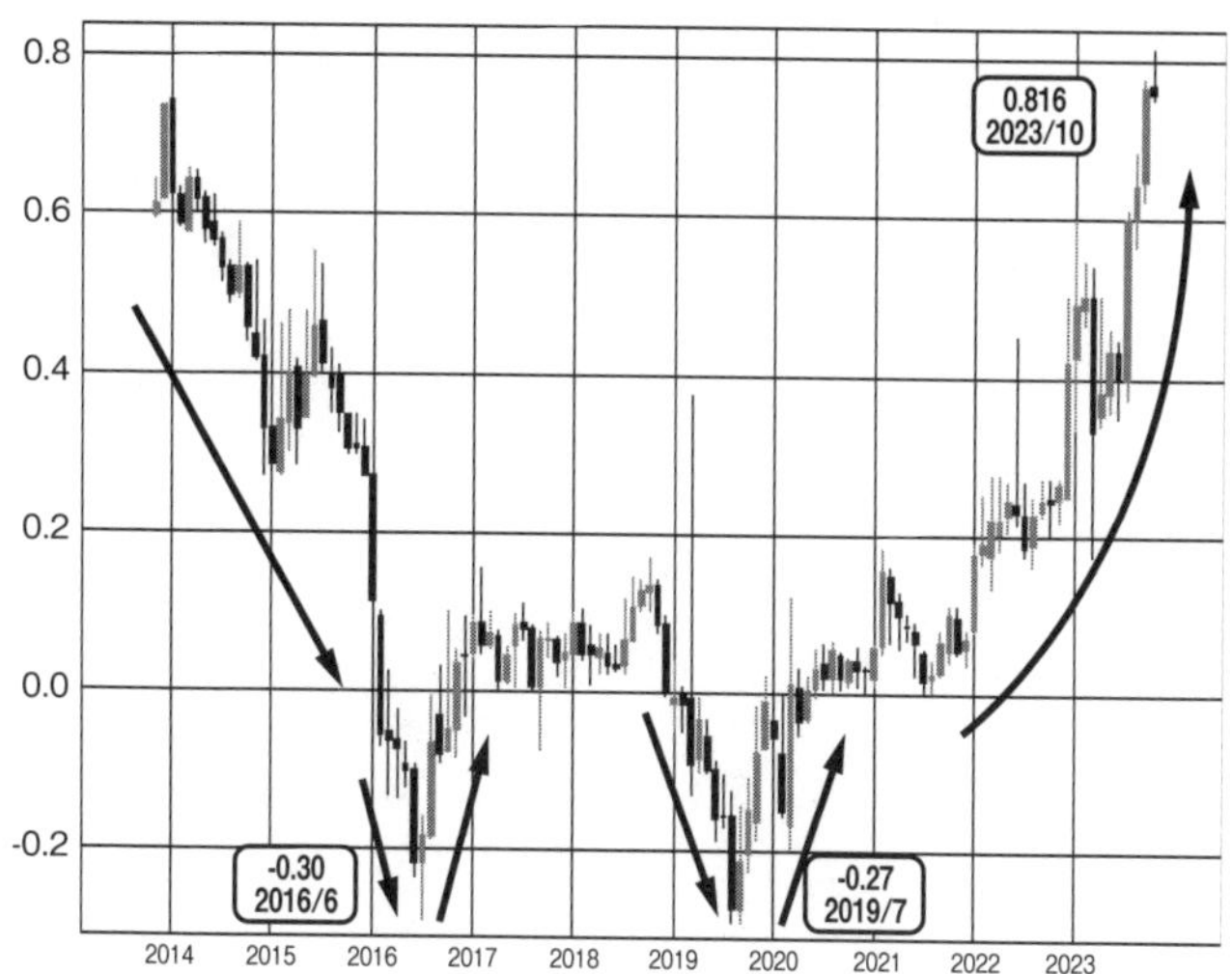

東証REIT指数

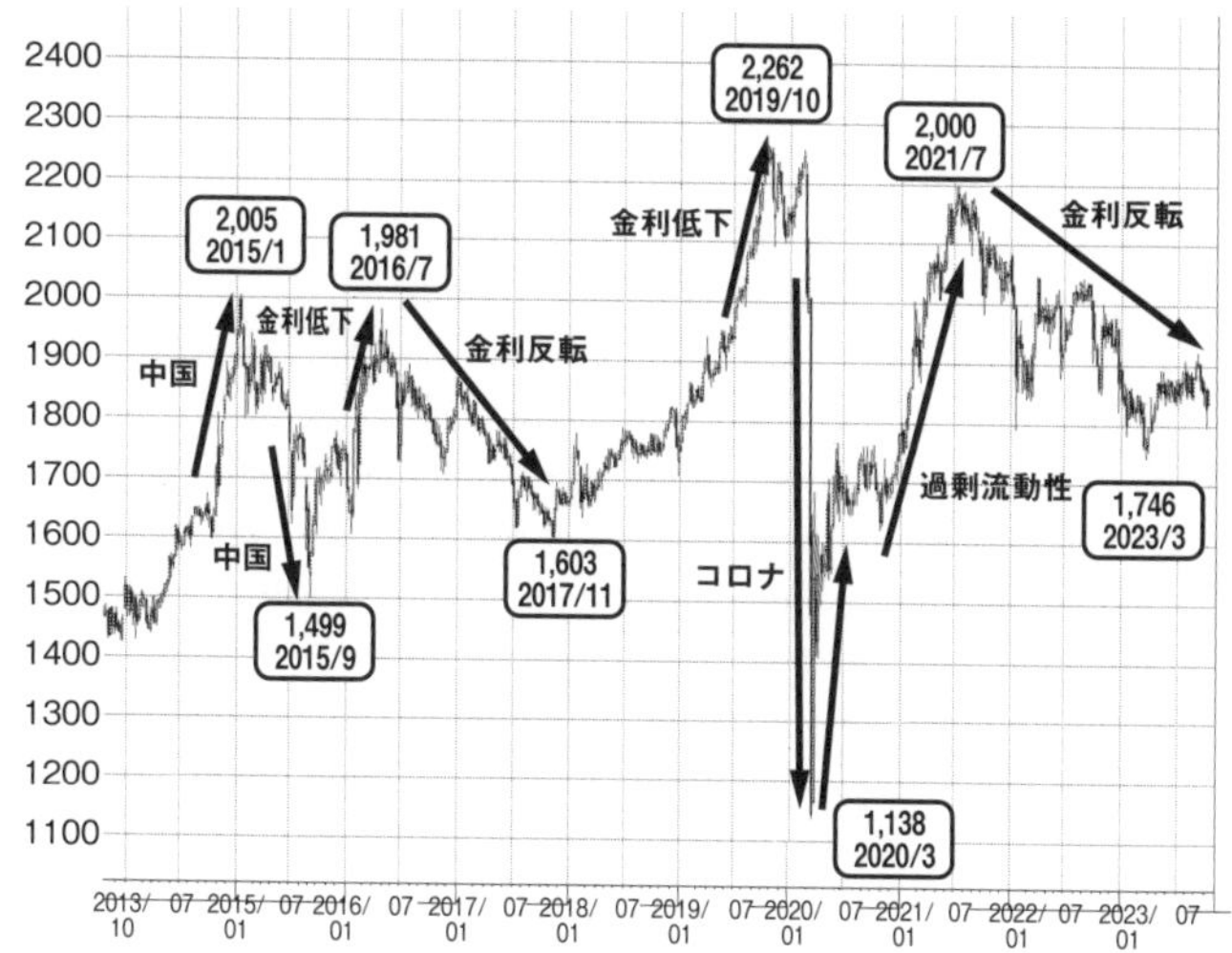

最終的に重要な点は、運用資産全体の利回りをいかに引き上げるかである。円資産と外貨資産の区分、それぞれの通貨資産における株式、債券、不動産＝ＲＥＩＴ、金地金の区分が重要で、金利・為替・株価の変動を的確に予測し、柔軟に資産配分＝アセットアロケーションを変動させることが求められる。

資産配分比率を変動させる際に留意すべきことは〝流動性〟の確保である。資産を売却したいときに、速やかに売却できないことは大きな制約になる。現物の不動産は瞬時に売却することが極めて難しい。時間を優先すれば価格が暴落値になってしまう。この点でＲＥＩＴ（不動産投資信託）は優れている。不動産の特性を持ちつつ、いつでも速やかに適正価格で売却できる〝流動性〟を保持する金融商品であるからだ。

株式資産でも流通量の少ない銘柄の売却は容易でない。資産運用において常に留意しておかなければならないのは、この流動性の確保、換金性である。

広く推奨できないバイアンドホールド戦術

多種多様な投資のスタイルが存在する。これが〝絶対〟というものはない。それぞれの個人が、「自己の責任」において、投資スタイルを選択する。何よりも重要なことは、「自己責任」に基づくこと。筆者は各種投資情報を読者に提供するが、常にすべての最終判断は投資家の自己責任において行われるべきことを徹底して伝えている。

投資には常に結果がつきまとう。大きなリターンが発生することもあれば、巨大な損失が表面化することもある。その結果に対する責任は、常に投資家自身が100％負わなければならない。この点を了解できない人は、投資に関与すべきではないと言える。

ここでは、投資のスタイルとして3つの類型を提示する。

1　バイアンドホールド

2　アクティブ運用

3　先物取引

本当に優れた投資眼、選別能力を持つ投資家は、バイアンドホールドに進むべきである。この投資スタイルで成功を収めている代表者が、世界的な著名投資家であるウォーレン・バフェットだ。彼の投資スタイルの基本はバイアンドホールドである。

徹底して投資対象を選別する。そして投資を行った場合、基本的に長期保有する。そのための最大の鉄則は「暴落時に買う」というもの。人間心理として生じやすいのは、暴落時に売り、暴騰時に買う、ことである。

バイアンドホールドで成功する秘訣は、その逆を実行することだ。「人のゆく裏に道あり花の山」なる相場格言がある。しかし、暴落時に投資を行っても、投資対象が優良企業でなければ利益を生まない。最悪ケースの企業破綻に直面すれば、投資資金は紙くずと化す。

長期的に株価が上昇する企業を選別する。その上で、その投資対象企業の株価が暴落した時点で買い付ける。売却するのは、その投資対象株価が暴騰する局面である。多くの人が買いに殺到する局面で売却して利益を〝確定〟させる。これを成功させる自信のある投資家は、バイアンドホールド戦術を採用するべきである。

金融市場全体の変動を総合的に判断して、株価変動のボトムとピークを的確に判定する能力と、中長期で成長する優良企業を選別する能力。この2つの能力を備える最優秀の投資家は、バイアンドホールド戦術を採用することが適切だ。

現実にウォーレン・バフェットはこの投資手法で世界トップレベルの富裕者の地位を獲得している。

金融市場で大成功を収めた投資家は多数存在するが、大成功を収め続ける投資家は多くない。巨大な利益を上げても、逆に巨大な損失に直面し、破綻してしまう投資家も多い。

バイアンドホールド戦略の核心は〝逆張り〟である。人が株式市場に背を向ける局面で株式を買い付け、誰もが株式投資に突進する局面で売却する。同時に、優良な個別企業を発掘する「利き目」の能力が必要である。

バイアンドホールド戦略が容易ではない理由は、投資対象の株価が投資開始後に大幅に変動することにある。

大底であると判断して投資を始動させても、大底でないことはいくらでも存在する。バイアンドホールド戦術では、ひとたび保有した株式を長期保有することになるが、その過程で巨額の〝含み損〟が表面化することがある。

「利き目」能力が絶対で、暴落後に必ず上昇し続けるなら問題は生じないが、「利き目」能力に問題があり、株価が下落し続ければ損失が確定してしまう。企業が倒産して投資資金がゼロに帰す場合には、修復不能な打撃をこうむる。

このことから、一般個人投資家にバイアンドホールド戦術を広く推奨はできない。

基本的に逆張りのアクティブ運用スタイル

バイアンドホールドスタイルに代わる、筆者が提唱する運用スタイルがアクティブ運用スタイルだ。アクティブ運用スタイルの投資極意が、後述する〝５箇条の極意〟である。

投資資産の流動性確保を重視すべきだと既述した。内外の政治・経済・金融・社会情勢を読み解き、金利・為替・株価の変動を的確に予測する。さらに、金利・為替・株価変動の〝潮流〟と、個別株式銘柄等の〝波動〟を的確に予測する。

この洞察に基づいて円建て資産、外貨建て資産の配分を決定。そのうえで、株式、債券、REIT、金地金等への投資比率を決め、さらに売買タイミングを判断する。

投資における利益は、買い付けを行ったうえで売却を行って初めて確定＝実現する。利益を確定せず、過去のあの時点では株価がこの水準まで上昇したと、後から悔やんでも、何の意味も持たない。

きめ細かい、アクティブな投資活動を積み上げることによって、年間8％のリターンを確保する。その8％リターンを9年継続すれば、資産が倍増する。手間ひまのかかる運用手法だが、金利がゼロの時代に8％のリターンを確保するには、その手間ひまを省略することは難しい。

しかしながら、個人投資家の多くは投資専業者ではない。昼間の時間を投資活動に充当できない個人投資家は、バイアンドホールド戦術とアクティブ運用戦術を折衷した〝中間〟手法を取り入れるべきである。

ハイリスクハイリターンを地でいく先物取引

投資スタイルとして第3に掲げたのが、先物取引の活用である。先物取引は少額の資金で大規模な資金運用を可能にする手法でもある。文字通りの〝ハイリスクハイリターン〟の側面を持つ。

ただし、現物の株式を保有し、株価下落が予想される局面で、先物を売る戦術は「リスクヘッジ」手法だ。現物株価下落に伴う評価損失発生を先物の売りによる利益でカバーする。株価が上昇する場合には現物株式で評価益が発生するが先物の売りにより損失が生じ、現物株式の利益が帳消しになる。リスクヘッジのための先物取引利用があることを知っておく必要がある。

利益を獲得するための先物取引利用はハイリスクハイリターン手法である。ハイリターンの裏側にはハイリスクが潜んでいる。したがって、先物取引を行う際には、先物取引の仕組みを〝熟知〟することが必要不可欠になる。同時に、先物取引のリスクを限定する手法が存在するので、その手法を100％確実に活用することが求められる。

「ミニ日経225先物取引」が存在する。

ミニ日経平均先物（2023年12月限月）（日足、直近6カ月）

たとえば日経平均株価が３万２０００円の時点で、１枚の取引で３２０万円の買いを〝発注〟できる仕組みになっている。そのために必要な〝証拠金〟は19万円程度。証拠金率は株価変動によって随時変更される。相場の変動が大きくなればリスクは高くなり、拠出しなければならない証拠金の金額が拡大する。

日経平均株価を３万２０００円で買い付けたとする。買い建て金額は３２０万円、必要証拠金が19万円程度であれば、拠出金の約17倍の取引が可能になる。３万２０００円の株価が３万３０００円になると、10万円の利益を確保できる。日経平均株価が１０００円上昇すると、19万円の元手で10万円のリターンを獲得できる。

日経平均株価の1000円幅の変動は2、3日で生じることが頻繁にある。投資資金が190万円なら、2、3日で100万円の利益を手にできるということになる。この逆のケースを想定すると恐ろしい。190万円の投資資金なのに、わずか2、3日で100万円を失うことになるからだ。これをハイリスクハイリターンという。

「金利・為替・株価特報」では、ミニ日経225先物価格日足チャートと、変動性指標のRSI・シンプル14変動を併記して表示することが多い。投資タイミング選定においてRSI・シンプル14変動の利用価値が高いと判断しているためだ。もちろん絶対ということはないが、経験則として、有効性が高いとは言える。

先物取引においては、価格変動が想定と逆方向に生じた場合に、利益の縮小、あるいは損失の拡大を阻止するための指値発注が可能である。これを「逆指値」発注と呼ぶ。逆指値発注は損失拡大を未然防止するための手法。「損切りルール」を執行するための最強手段である。「逆指値」で「損切りルール」を執行することが先物取引においては必須である。

株価変動を予測することは容易でないが、内外政治・経済・金融・社会情勢を分析して、金利・為替・株価変動をある程度的確に予測することが可能な場合はある。

第3の手法として紹介した先物取引は、取り扱いを誤ると悲惨な事故が発生する。したがって、この取引手法を活用する場合には、取引の特性を完全に把握し、かつ、完全な安全装置を装着して対応することが必要不可欠だ。この点を踏まえて対応する場合、先物取引の活用意義は極めて大きいと言える。投資チャンピオンは先物取引を制覇した者に与えられることになる可能性が高い。しかしながら、投資事故を回避するために、完全なる知識の獲得が大前提になることを銘記しなければならない。

陰の極と陽の極を見極める

年次版ＴＲＩレポートにおいて、投資戦術の極意として「５箇条の極意」を掲載してきた。ご存知の方も多いと思う。

しかしながら、現実の投資実績を伺うと、拙著に記述した投資極意を遵守している人ばかりではないことがわかる。他方、投資極意を遵守した多数の方から、極めて優良な投資パフォーマンスを獲得したとの報告もいただいている。

５箇条の投資極意を改めて列挙すると、「損切り」「逆張り」「利食い」「潮流」「波動」になる。前三者は重要性の高い順序に並べてある。

最重要の極意は「損切り」だ。損切りについては〝賛否両論〟があるが、本書は「損切り」を最重要極意としている。もちろん、常に損切りをしていれば、保有財産はいつかゼロになる。これでは元も子もない。

多くの投資家は値下がりしたら、元値に回復するまで耐えて待つスタイルを取る。長期塩漬けということ。1990年から2003年までの長期下落トレンドの時代においては、株式投資が平均して大きな損失を生み出した。

この局面では、下落した株式を塩漬けにしても、株価が値を戻すことは稀にしか生じなかったはずだ。この期間に多数の企業が倒産した。塩漬けしているツボが爆発して、大被害をこうむった方も少なくない。

個人投資家が、一定のリターンを確保するために最重要の作業が損切りである。あらかじめルールを設定し、損失が一定比率を超えた場合には確実に損失を確定する。したがって、損切りルールに定める損切り比率は極めて〝小さな水準〟に留める必要がある。

損切りルールの損切り比率が10%なら、あっという間に資産全体が〝消滅〟することも生じ得る。損切りルールとして設定する損切り比率の目安は1%、最大で3%だ。

損切りルールを厳格に執行することが、いい加減な買い付けタイミング選定を排除する原因になる。損切りルール適用を回避するために、買い付けタイミングの選定において、慎重の上にも慎重を期さねばならなくなるからだ。

損切りに直面しないためには、買い付け直後に価格が大幅下落しないことが必要。このことが、適正な買い付けタイミング選定能力の向上をもたらす。そして、その適正な買い付けタイミングを生み出す極意が「逆張り」である。

第2の極意は「逆張り」。投資で高いリターンを上げる〝究極〟の極意は逆張りといえる。既述した相場格言「人のゆく裏に道あり花の山」が「逆張り」の真髄を表している。最近の事例では、2023年の年初、多くの金融市場関係者が同年は株価暴落の年で、インフレと景気後退、金融システム崩壊を予想した。しかし現実には、日経平均株価が年初からの5ヵ月強で32%の暴騰を演じた。この株価急騰を捉えることができていれば、極めて高い投資リターンを獲得できたはずだ。筆者は前著『千載一遇の金融大波乱』で日本株価急騰を予測した。

「逆張り」での失敗は「性急さ」に起因する場合が圧倒的に多い。株価が下落する局面で、大底を判定するのは極めて難しい。「性急な」買い付けは確実に「損切り」に直結する。「下げ潮」が「上げ潮」に転じるのを待つ。引き潮でも波は押し寄せる。引き潮の途上で押し寄せた波を見て上げ潮に転じたと早計するのを防がねばならない。

「一呼吸置いて」潮目の転換を読み取らねばならない。「損切り」を回避する秘訣は、「大きな逆張り」と「小さな順張り」を組み合わせること。大きな流れでは「逆張り」の発想を基準にするが、実際の着手は必ず「順張り」にすることだ。大底を確認したと判断した直後の順張り初期を狙う。値上がりすれば「利食い」を実行しても良い。いきなり損切りに直面することを回避できる確率が格段に上昇する。

第3の極意は「利食い」。投資の利益は売却によって初めて確定する。過去のある時点で株価が史上最高値にあったと吹聴しても意味がない。利益を積み上げるには、当初は利食いの利益率を低位に設定する。「利食い千人力」である。小さな利益でも積み上げれば大きな利益になる。利益が積み上がれば、ケースバイケースで利食い目標利益率を引き上げてもよい。初めは利食い目標利益率を低位に設定し、小さな利益でも確実に積み上げることに注力すべきである。

第4の極意は「潮流」。金利・為替・株価の中短期変動を的確に捉えること。これが「金利・為替・株価特報」のメインテーマである。金利・為替・株価の中短期変動を的確に捉えるには、内外政治・経済・金融・社会変動を総合的に分析する能力が必要になる。個人投資家には優良な水先案内人が必要になる。優良な水先案内人を保持するべきだ。筆者ならびに「金利・為替・株価特報」は優良な水先案内人であることを目指している。

第5の極意は「波動」。個別銘柄等に独自の「波動」がある。変動商品である債券、為替、株価の変動を的確に予測するには、それぞれの指数・変数の固有の波動を捉えることが必要になる。

この5つの極意を完全習得することで年間リターン8％＝〝ゴールデンエイト〟をコンスタントに達成することが可能になる。

この過酷社会を生き延びるために

金融投資戦略戦術を提示し、リターンを確保することを提唱するのは、日本経済が極めて困難な情勢に置かれていることを背景にしている。

巨大な金融資産を保持していない個人であっても、なけなしの虎の子預金をいかに有効に活用するかを考える必要が生まれている。団塊の世代が退職世代に移行し、退職後の生活を虎の子預金と年金によって支えていかなければならない。

老後資金が2000万円も不足すると言われる時代、わずかではあっても、投資のリターンを〝確保〟することが重要である。もちろん、国家として、社会全体としては、国家がすべての国民に保障する生活最低水準を大幅に引き上げることが何よりも重要だ。

日本は重税国家でありながら、国が国民に保障する生活水準が〝著しく〟低い。財政の規模が小さいわけではない。2020年度には、いきなり73兆円の補正予算が編成されて、湯水のように使われた。

国が政策支出として予算計上するお金は、社会保障と軍事費、コロナなどの特殊な支出を除くと、1年間で23兆円だ。それなのに、補正予算と称していきなり70兆円もの散財が行われることに驚異と脅威を感じる。

これだけの資力があるなら、最低賃金1500円や全国小中学校の学校給食完全無償化などを優先して実施すべきだろう。

しかし、残念ながら、国家財政は利権にまみれ、圧倒的多数の国民、労働者は賃金減少、物価高騰、増税に次ぐ増税に苦しめられている。

そうなると日本に生きる国民は、必然的に自分の力を活用するしかなくなる。まさに専守防衛である。独立自尊の気概で危機に立ち向かい、専守防衛を果たさねばならない。

資本主義は終末の様相を色濃く示す。利潤を求めて戦争に走り、財政による民衆からの収奪に走り、国際特殊詐欺とでも呼ぶべき壮大な偽装ビジネスに走る姿は、資本主義の行き詰まり、巨大資本の断末魔の姿を示すものと言える。

世界を一握りの富裕者と圧倒的多数の奴隷によって構成される社会にしてはならない。その前にパラダイム転換を実現しなければならない。市民は過酷な状況下で、新しい次元を切り拓(ひら)くまでの間、独立自尊の精神と自助努力によって過酷社会を生き延びなければならない。そのための自己防衛策としての金融投資戦略構築である。

前著『千載一遇の金融大波乱』掲載注目銘柄の株価上昇率実績一覧

（1月1日終値とその後の高値、2023年11月24日現在）

押し目チャンス

銘柄コード	銘柄	1/1終値	高値	上昇率
3407	旭化成	931	1,031	10.7
4063	信越化学	3,163	5,289	67.2
4307	NRI	3,115	4,363	40.1
4452	花王	5,143	5,828	13.3
4519	中外製薬	3,300	5,105	54.7
4901	富士フイルム	6,578	9,192	39.7
5411	JFE	1,505	2,437	61.9
5713	住友金属鉱山	4,577	5,515	20.5
6098	リクルートHD	4,180	5,480	31.1
6367	ダイキン工業	19,925	31,330	57.2
6571	キュービーネット	1,325	1,750	32.1
6971	京セラ	6,512	8,315	27.7
7733	オリンパス	2,318	2,532	9.2
9449	GMO	2,448	2,995	22.3
9880	イノテック	1,279	1,710	33.7
9962	ミスミグループ	2,820	3,590	27.3

反騰初期

銘柄コード	銘柄	1/1終値	高値	上昇率
6857	アドバンテスト	2067.5	5593.7	170.6
6890	フェローテック	2,806	3,925	39.9

個別材料

銘柄コード	銘柄	1/1終値	高値	上昇率
4507	塩野義製薬	6,403	7,189	12.3

押し目待ち

銘柄コード	銘柄	1/1終値	高値	上昇率
4543	テルモ	3,607	4,837	34.1
7267	ホンダ	1,013.9	1,820.9	79.6
8801	三井不動産	2,374	3,528	48.6
9843	ニトリHD	17,395	19,410	11.6

右肩上がり

銘柄コード	銘柄	1/1終値	高値	上昇率
3774	IIJ	2,389	3,040	27.2

注目すべき株式銘柄21

押し目好機

2371 カカクコム　PER 18.1倍　利回り 5.5%　株価 1,659.5円

(2023/11/8)

グルメサイト『食べログ』と価格比較サイト『価格.com』運営。掲載店からの手数料が柱。食べログが回復傾向。営業益続伸。株価は１年間の大幅調整を示現。押し目買いチャンスか。

3182 オイシックス・ラ・大地　PER 12.5倍　利回り 8.0%　株価 1,266円

(2023/11/8)

安全配慮の青果物軸にネット販売。大地を守る会、らでぃっしゅぼーやも。販促での顧客解約多く会員数想定下回り株価大幅調整進行。シダックス子会社化。収益回復基調。株価は１年間の大幅調整を完了か。

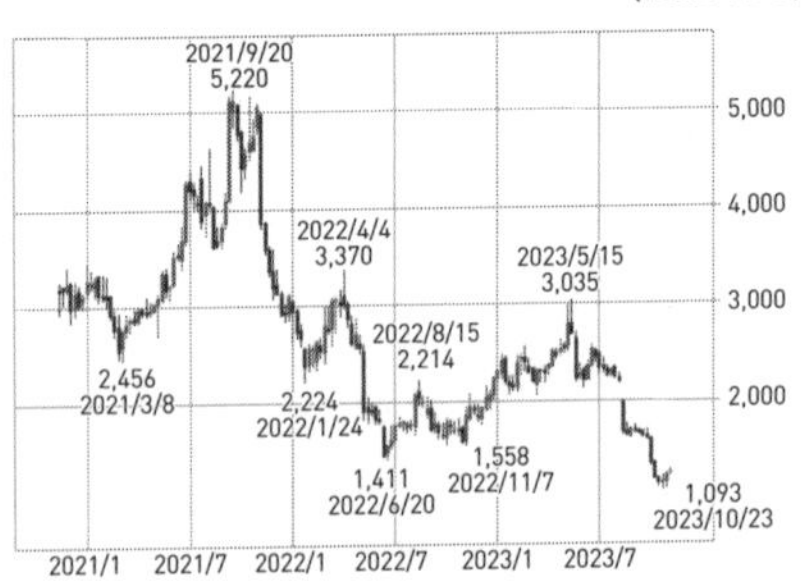

4921 ファンケル　PER 34.2倍　利回り 2.9%　株価 2,262円

(2023/11/8)

通販主力無添加化粧品メーカー。サプリや健康食品も展開。キリンＨＤと資本業務提携。主力の国内化粧品回復基調。インバウンド需要も回復傾向。営業益急反発。株価調整丸３年経過。押し目好機か。

6098 リクルートHD

PER 30.3倍　利回り 3.3%　株価 4,980円

(2023/11/8)

求人情報検索エンジン『インディード』、生活情報分野の販促・人材メディア、人材派遣の３本柱。販促関連は国内外出需要回復で好調。インディード・人材派遣は雇用圧縮で不調。営業減益。株価押し目慎重に狙う。

6367 ダイキン工業

PER 25.0倍　利回り 4.0%　株価 22,585円

(2023/11/8)

エアコン世界首位級。国内は業務用断トツ。M＆Ａも駆使して各国で存在感。フッ素化学事業も。欧米苦戦だが、国内は価格改定が寄与。インド・東南アジアが成長。連続増益。増配も。株価調整進展で押し目好機か。

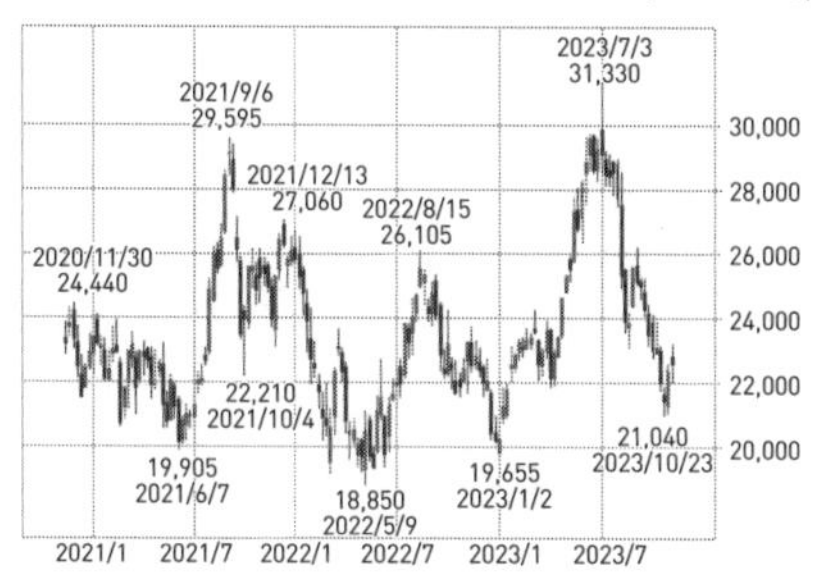

6674 GSユアサ

PER 13.7倍　利回り 7.3%　株価 2,547.5円

(2023/11/8)

車載用鉛電池、産業用電池電源主力。鉛蓄電池で世界２位。リチウムイオン電池の育成注力。車載鉛電池は国内・欧州向け価格改定効果大。営業益拡大。ホンダと車載リチウムイオン電池合弁会社。押し目好機か。

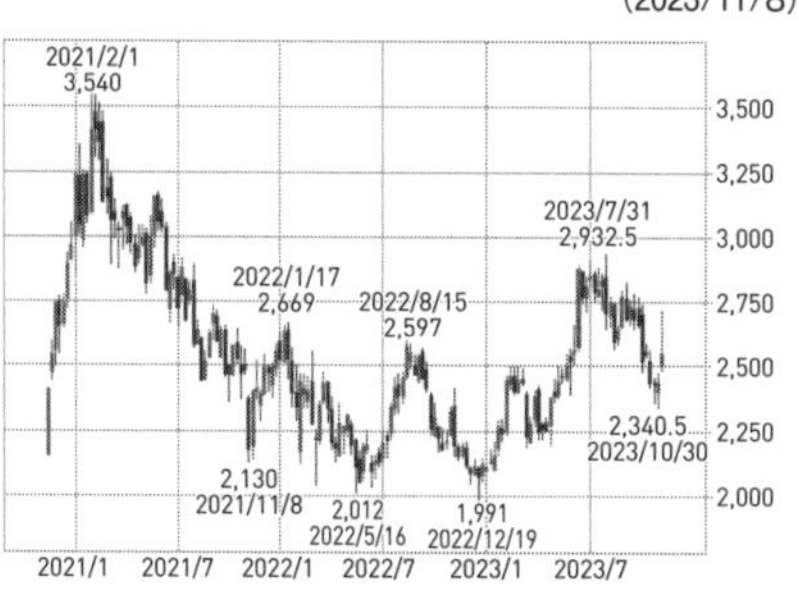

6965 浜松ホトニクス　PER 21.9倍　利回り 4.6%　株価 5,951円

(2023/11/8)

光検出器関連で高技術。光電子増倍管で世界シェア約90%。医用など高性能品多数。開発型企業。EV電池の検査向けで非破壊検査装置拡大。最高純益。23年後半に株価大幅調整。押し目好機か。慎重に狙う。

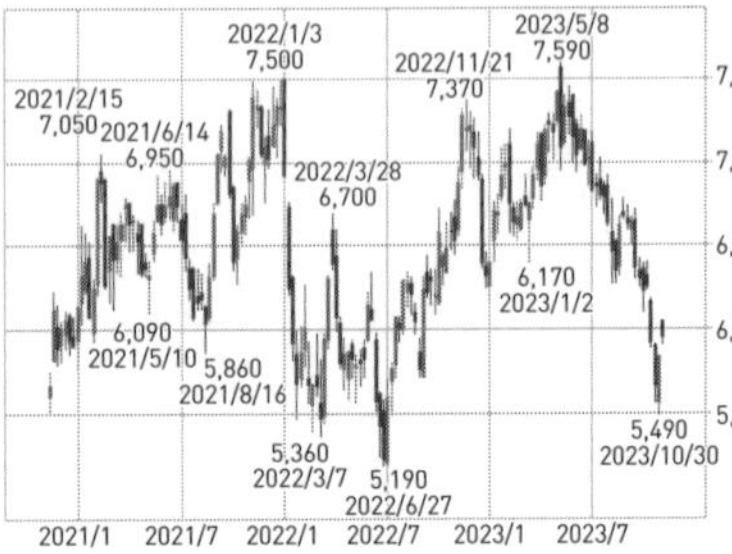

7564 ワークマン　PER 19.8倍　利回り 5.1%　株価 4,245円

(2023/11/8)

作業服、関連用品専門チェーン。FC主軸『ワークマン』『ワークマンプラス』を展開。女性向け衣料などで客層拡大。ロイヤルティ収入拡大。原価低減・PB投入で粗利率改善。営業益好転。株価調整進行で値ごろ感。

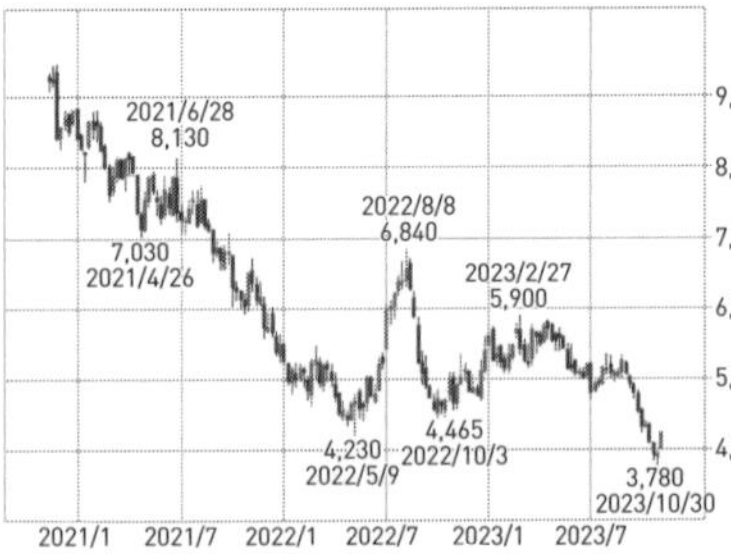

9627 アインHD　PER 17.8倍　利回り 5.6%　株価 4,193円

(2023/11/8)

調剤薬局首位。大型店得意。都市部で女性向けドラッグストア。セブン&アイと資本・業務提携。薬価改定で調剤は逆風だが、新規出店・処方箋枚数増でカバー。インバウンド追い風。子会社不祥事で株価調整。打診買い。

右肩上がり

3774 IIJ

PER 22.4倍　利回り 4.5%　株価 2,620.5円
(2023/11/8)

ネット接続の草分け。法人向けシステム構築、クラウド、セキュリティに強い。ＭＶＮＯ大手。好採算法人ネット接続がＤＸ化背景に好伸。ＳＩは受注残多し。最高純益。増配。堅調地合い株価の押し目を狙う。

4901 富士フイルム

PER 14.8倍　利回り 6.8%　株価 8,402円
(2023/11/8)

写真、医療機器、医薬、液晶フィルム、半導体材料、事務機器展開。医療に注力。Ｍ＆Ａ積極的。成長支柱の医療機器はＡＩ診断搭載機種が伸長。円安好材料で連続最高純益更新。株価波動の低位局面狙う。

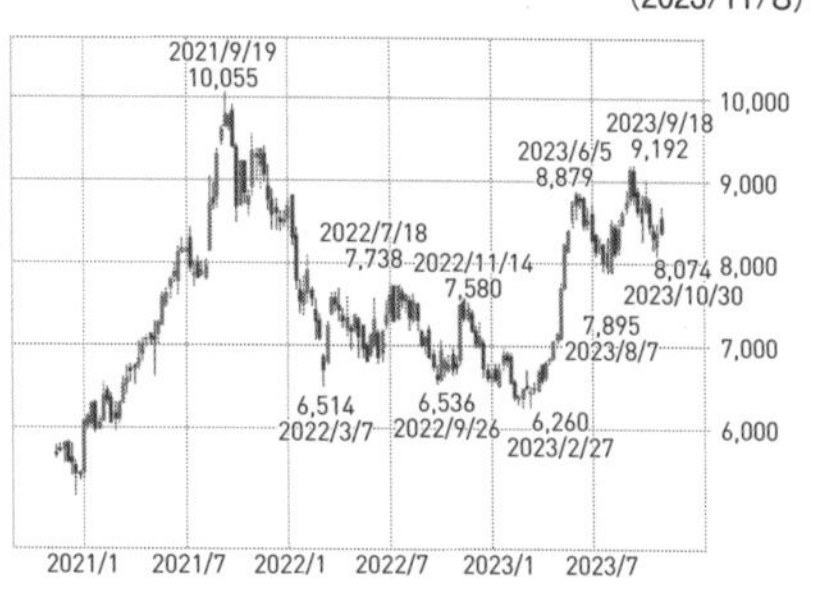

5108 ブリヂストン

PER 11.4倍　利回り 8.7%　株価 5,849円
(2023/11/8)

タイヤで世界首位。米ファイアストン買収など世界展開。タイヤ管理など新規サービス事業を拡大。自動車生産回復、値上げ浸透等で営業増益。高採算高インチタイヤ増勢。増配。株価堅調地合いの押し目を狙う。

5411 JFE　PER 6.5倍　利回り 15.4%　株価 2,119.5円
(2023/11/8)

粗鋼生産国内２位・世界10位台のＪＦＥスチールを中核とする持株会社。商事、エンジニアリングも。コスト高の価格転嫁や高付加価値シフトでマージン改善。営業増益。高配当利回り。堅調株価の押し目を狙う。

9101 日本郵船　PER 8.1倍　利回り 12.3%　株価 3,521円
(2023/11/8)

海運で国内首位。総合物流企業化目指す。傘下に郵船ロジ。コンテナ船収益源。自動車船回復し燃料輸送堅調。営業減益幅縮小。コンテナ船市況は下落。ＡＮＡと航空貨物事業譲渡合意。高益利回り。押し目買い徹底。

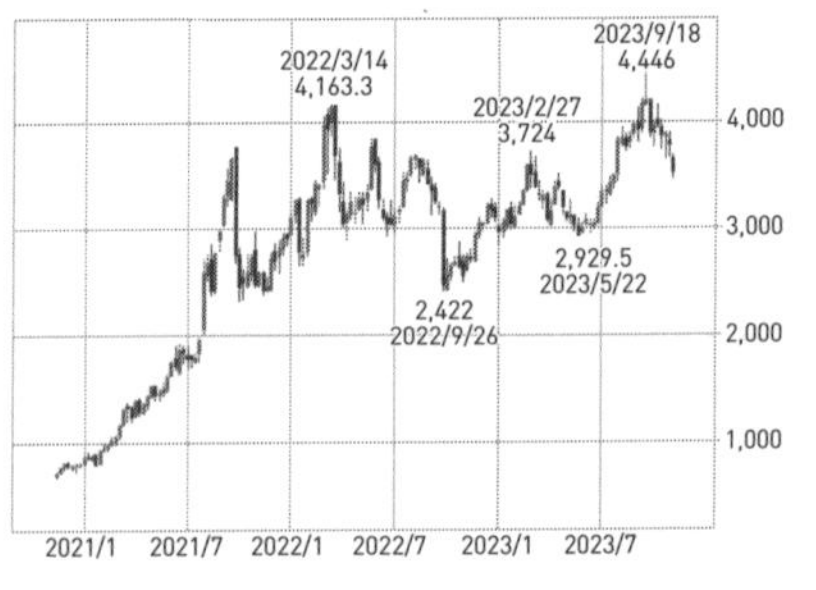

6301 コマツ　PER 10.0倍　利回り 10.0%　株価 3,513円
(2023/11/8)

建設機械で世界２位。アジアで幅広く展開。ＩＴ活用強み。基幹部品は日本、組み立て現地。建設機械・車両は北米需要底堅い。鉱山機械も好調。販売価格値上げ、円安が追い風。最高純益更新。株価急伸後の好押し目。

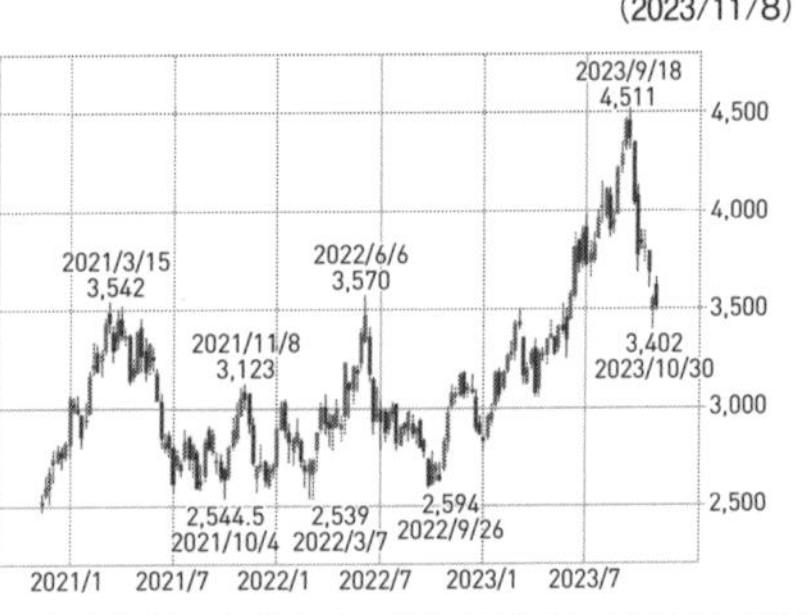

世界経済改善

金融正常化

7270 SUBARU　PER 8.1倍　利回り 12.4%　株価 2,716円
(2023/11/8)

水平対向エンジンや４駆車、安全技術に強み。米国比率高い。航空機も。トヨタが筆頭株主。想定以上の円安が利益押し上げ。米・加・豪で堅調。営業益上振れ。30年にEV５割目標。押し目を慎重に狙う。

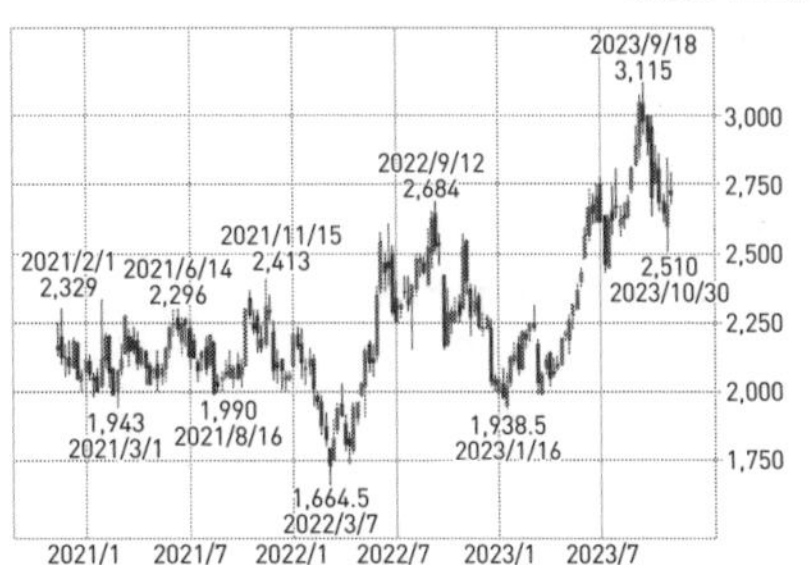

8253 クレディセゾン　PER 7.5倍　利回り 13.4%　株価 2,219円
(2023/11/8)

流通系カード首位。セゾンカード軸に高島屋などと提携。個人消費回復に連動してショッピング、リボ残高増勢。キャッシング底打ち。住宅ローン保証伸長。最高益更新。増配。株価地合い堅調で押し目を狙う。

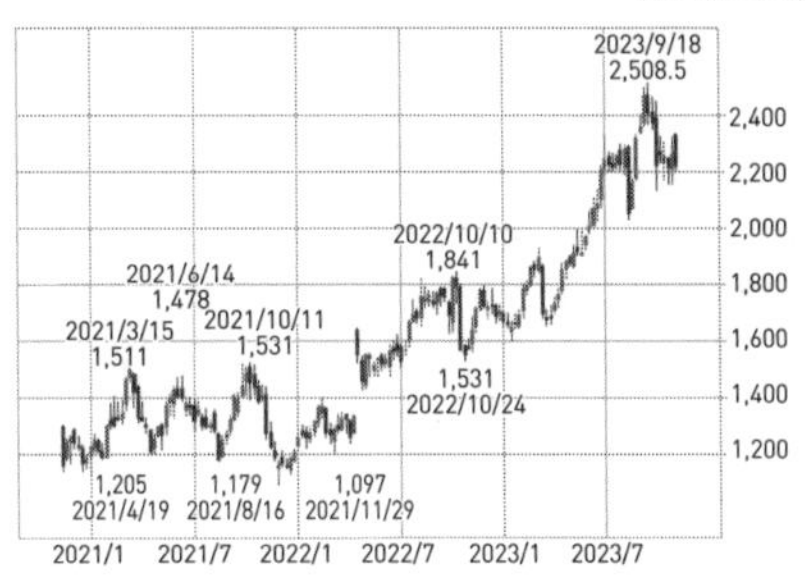

8591 オリックス　PER 9.2倍　利回り 10.8%　株価 2,614円
(2023/11/8)

リースを土台に生保、不動産など多角化、海外展開突出。エネルギー、空港運営など事業投資も。インバウンド急回復で空港好調。旅館・ホテル客単価上昇。航空機リース回復。最高純益更新。増配。株価急伸後調整局面。

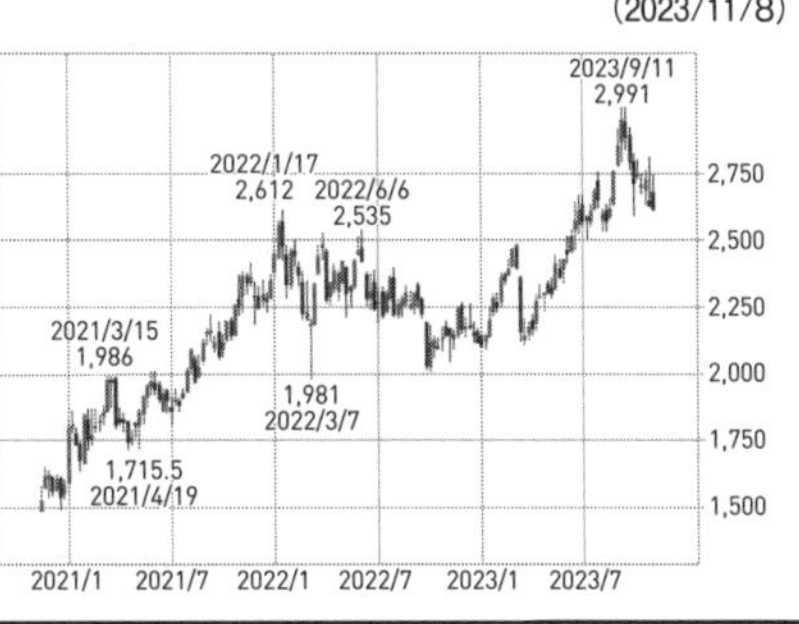

8750 **第一生命HD** PER **10.7**倍 利回り **9.3**% 株価 **2,981**円

(2023/11/8)

生保大手。契約者800万人。M&Aで海外事業拡大。ドル高で外貨建て保険新契約が大幅増進。コロナ収束で入院給付金収支改善。世界的金利上昇で為替ヘッジコスト増大。純益拡大。押し目を慎重に狙う。

4578 **大塚HD** PER **15.7**倍 利回り **6.4**% 株価 **5,441**円

(2023/11/8)

国内製薬大手で抗精神病薬が主力。ポカリスエットなど機能性食品も拡大。世界90ヵ所に工場。抗精神病薬『レキサルティ』など主力品が円安効果で拡大。アルツハイマー型認知症周辺症状向け治療薬も。押し目を。

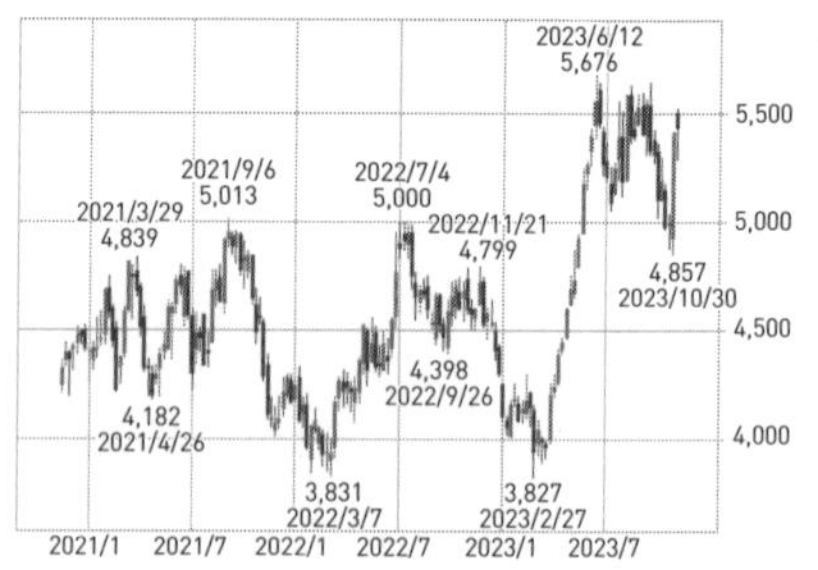

6857 **アドバンテスト** PER **10.1**倍 利回り **9.9**% 株価 **4,274**円

(2023/11/8)

半導体検査装置で世界大手。非メモリー用中心。DRAM用では首位。システムレベルテストも。メモリー向け市況悪化で後退。エヌビディア向け検査装置ほぼ独占。23年に株価暴騰。暴騰後の株価調整進展局面。

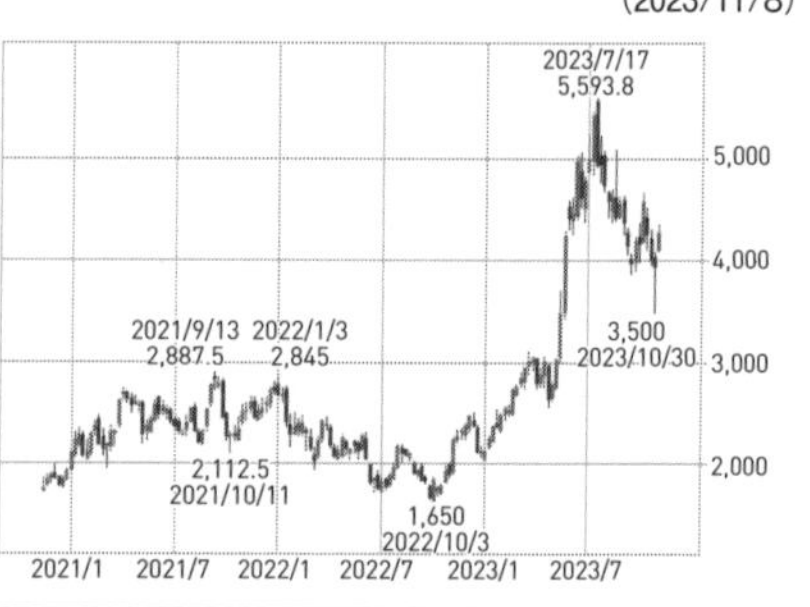

[著者略歴]
植草一秀（うえくさ・かずひで）
1960年東京都生まれ。東京大学経済学部卒。大蔵事務官、京都大学助教授、米スタンフォード大学フーバー研究所客員フェロー、早稲田大学大学院教授などを経て、現在、スリーネーションズリサーチ株式会社代表取締役、ガーベラの風（オールジャパン平和と共生）運営委員。事実無根の冤罪事案による人物破壊工作にひるむことなく言論活動を継続。人気政治ブログ&メルマガ「植草一秀の『知られざる真実』」を発行。1998年日本経済新聞社アナリストランキング・エコノミスト部門1位。『現代日本経済政策論』（岩波書店、石橋湛山賞受賞）、『アベノリスク』（講談社）、『国家はいつも嘘をつく』（祥伝社）、『25%の人が政治を私物化する国』（詩想社）、『千載一遇の金融大波乱』『日本経済の黒い霧』『出る杭の世直し白書』（ビジネス社）など著書多数。
TRIレポートについては下記URLを参照。
スリーネーションズリサーチ株式会社
URL：https://www.uekusa-tri.co.jp
E-mail：info@uekusa-tri.co.jp
ブログ：植草一秀の『知られざる真実』
https://uekusak.cocolog-nifty.com/
メルマガ：植草一秀の『知られざる真実』
https://foomii.com/00050

資本主義の断末魔

2024年1月1日　第1刷発行

著　者　植草 一秀
発行者　唐津 隆
発行所　株式会社ビジネス社
〒162-0805　東京都新宿区矢来町114番地 神楽坂高橋ビル5階
電話　03(5227)1602　FAX　03(5227)1603
https://www.business-sha.co.jp

〈装幀〉大谷昌稔
〈本文組版〉茂呂田剛（エムアンドケイ）
〈印刷・製本〉大日本印刷株式会社
〈営業担当〉山口健志
〈編集担当〉本田朋子

ISBN978-4-8284-2585-6

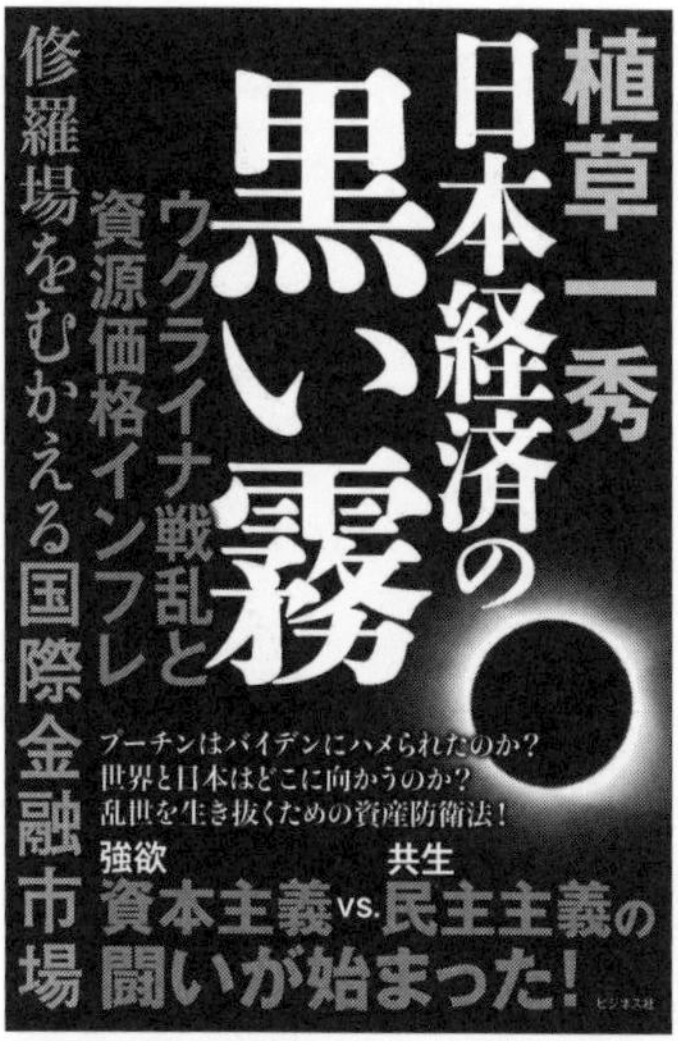

ビジネス社の本

千載一遇の金融大波乱

2023年 金利・為替・株価を透視する

定価1760円（税込）
ISBN978-4-8284-2475-0

植草一秀……著

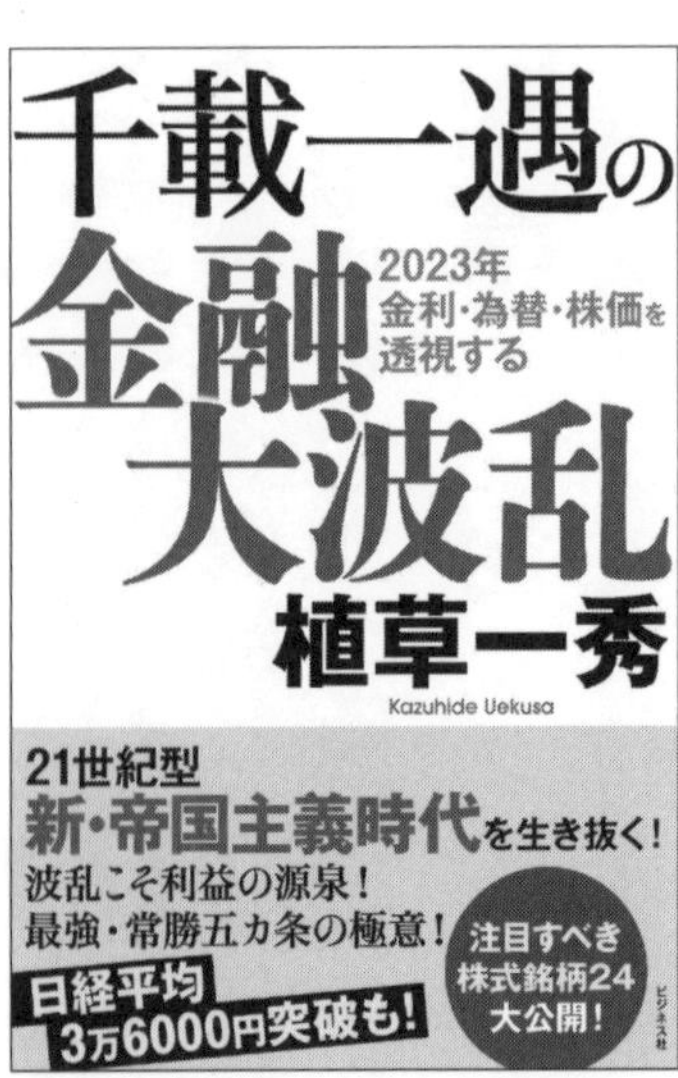

21世紀型新・帝国主義時代を生き抜く！

波乱こそ利益の源泉！
最強・常勝五ヵ条の極意！
日経平均3万6000円突破も！
【注目すべき株式銘柄24　大公開！】
暗雲垂れ込める黄昏時にチャンスあり！

本書の内容